幕末未完の革命

水戸藩の叛乱と内戦

長崎浩

作品社

幕末未完の革命

水戸藩の叛乱と内戦●目次

はじめに

水戸藩は狭い。現在の茨城県と比べても面積にして半分にも達しない。県南の霞ケ浦―土浦―友部の線から南西側は他藩、天領そして旗本領が占めている。鹿島灘に沿った地域も水戸藩には属さない。

水戸藩は江戸に近い。水戸街道を南下すればもうそこは江戸である。距離ばかりではない。徳川御三家の一つ、その上「御当家は天下の副将軍」という誇りが士民にまで身についている。江戸藩邸に藩主が常住し、ことあれば将軍を補佐すべき地位にある。政務の中心も江戸藩邸にあり、国許とは水戸街道がパイプのごとくに繋いでいる。江戸幕府の弾圧がパイプラインを通じて城下に迫ってくる。街道にあふれた民衆の抗議行動が江戸を目指す。

水戸藩は貧しい。天下の副将軍とは聞こえはいいが、石高三十五万石を称していても実質は二十八万石に過ぎない。尾張・紀州藩の半分以下である。藩主から農民に至るまで、やりくりの困難はこの藩二百年の歴史を通じて宿痾のごとくに取りついてきた。その代わりというわけでもあるまいが、藩は教育熱心で「武士は食わねど」を地でいくように、道徳と観念の抽象に走る。名高い水戸学である。

そんな水戸藩に、幕府大老井伊直弼による安政の大獄が降りかかった。「水戸の陰謀」を粉砕せんとする弾圧である。幕府が長年の鎖国政策を放棄せざるをえない時期のこと、尊王攘夷を国是とする水戸藩は存亡の危機に立たされた。さあどうするか。藩主から郷中の農民に至るまで、藩を挙げて国難に立ち向かおうとする。幕政にたいする水戸の叛乱である。そして叛乱の必然のように、藩論は四分五裂に陥ってしまった。

さらに明治維新も間近、藩内の党派闘争が決裂して、藩を挙げての内戦に突入していった。尊王攘夷の過激派とこれまた過激な封建反動（門閥諸生派）との対決がきっかけとなった。内戦は、藩主から農民までを巻き込んで水戸藩内部をずたずたに切り裂いた。人身を濫費し精力を使い果たし、ほとんどへとへとの状態で維新を迎えた。早とちりもいいとこだった。「薩摩警部に水戸巡査」と評されたように、この維新の先駆け集団には、もう革命政府に提供できる活力と人材は残っていなかった。

幕末水戸藩とその過激派といえば、桜田門外の決起（井伊直弼の暗殺）と天狗党の遠征とが挙げられる。歴史小説にも語られてよく知られていることだが、本書はわずかに触れるに留めている。訝しいことに思われるだろうが、ほかでもない。私の関心は両事件の地盤になった水戸藩という存在、危機に直面したポリス（政治体）ともいうべきこの集団の振舞い方に向けられている。

ことに安政の大獄の時期、多彩な人士による多様な言論を集めてこの叛乱するポリスのビヘイビアを構成しようとした。加えて、藩の内部から言論を駆動する衝迫力として、郷村からの農民の蜂起を取り上げた。さらに、青年たちを走り出させた観念の起源を、会沢正志斎の水戸学に読もうとした。

その後の水戸の内戦は、こうして浮き彫りになる水戸の叛乱の不始末の結果である。そう見なして私は次に内戦における勝利者、門閥諸生派の信念と行動とを水戸のもう一つの過激派として追うことにした。彼らが壊滅するのは明治元年になってのことである。筑波山に挙兵した他方の過激派と、それぞれに水戸の叛乱の経験（遺産）を蕩尽しつくして潰えた。その結果、農民の蜂起は根絶やしにされ、無差別の一揆打ち毀しに席を譲る。藩という存在自体が瓦解していった。

革命と反革命、いずれにしても革命はその息子たちを喰らって進む。

第Ｉ部

水戸の叛乱

第一に、あれには思想がからんでおった。いわゆる尊皇と佐幕の争いでございますが、他藩のたてまえとちがい、その尊皇は黄門さま以来のもので、水戸学という思想、思想というより一種の宗教としてシミついており、一方、佐幕のほうも、これは水戸家が徳川ご三家の一つである以上、これはほかの藩とは同日に論じられない重さを持っておった。この尊皇佐幕が両立している間はよろしいが、たがいに矛盾して来るようになると、当然そのくいちがいが深刻化せざるを得なかった。（山田風太郎『魔群の通過』、p12）

第一章

街道の氾濫　君臣の情耐え難く

1　水戸街道

水戸街道は城下から江戸まで南西へ約三十里、ほぼ直線で結ばれている。小金《こがね》は江戸への出口に当たる水戸街道の宿駅であるが、安政五年（1858）の八月から九月にかけて水戸藩の士民・領民が小金宿を占拠した。第一次の小金屯集《とんしゅう》である。

去月（八月）初より又一段人気立候趣にて、追々御国許を抜掛に発足致し候者これあり、右は小金宿にて差留、当月（九月）八日九日頃より同宿に五百人も止宿致し居り候由、同宿は水戸殿鷹場内にもこれ有り、宿内に旅館これ有り、右場所は相守候家来日暮豊次郎と申す者定住致し居り候につき、右旅館内へも百弐三十人も止宿致し居り候。（水戸市史中巻四、21章。以下市史と略記）

井伊家が放った探索者の報告にこうある。さらにこれ以降、小金に士分の者百五十二人、小金付近の屯集者およそ千人ほど、また小金勢およそ千二百から千三百人など、日を追って人数が増えていく有様が報告されている。江戸に出て幕府に訴えようという藩士と農民たちである。士分の者は江戸に入ったが、それ以外郷中から参加した者たちはここに留められたのである。

『幕末の水戸藩』（1977）の著者山川菊栄の実家青山家は水戸藩校弘道館の学者の家系であり、彼女の祖父が当時助教の青山延寿、そして延寿の長兄が教授頭取延光であった。小金屯集のこの時期、二人は藩命により、あるいは率先して江戸に上った。

やがて役人は勤務をすて、学生は学業をすて、百姓町人の中にもスキ、クワ、ソロバンをすてて、きそって江戸へ、江戸へと街道へ走り出る者が群れをなした。下総小金宿の付近は水戸藩主の狩り場となっており、かねてなじみが深いので、江戸に入ることをくいとめられた士民はこの宿場に集まり、その数五〇〇とも一〇〇〇人ともいわれた。延光は彼らの説得役を命ぜられて出張し、同じくこの宿場に滞在してその仕事を手つだった金子孫二郎や久木直次郎と江戸藩邸、小金の間を忙しく往来した。

この間、年も一二歳下の三〇代なら、気性も兄とちがって積極的、活動的な青山延寿は、兄の反対を意とせず、兄を出しぬいて数名の友人とともに別の道をとり、水路ひそかに江戸に入り、小石川、駒込の藩邸に友人知己を訪うて情勢をさぐり、気勢を上げていた。（岩波文庫版、p236）

何かことがあれば街道沿いに江戸に上ろうとするのは水戸士民にはなじみの行動形態であった。出府であり南上である。かつて藩主に斉昭《なりあき》を擁立せんとして会沢正志斎・戸田忠敞《ただあきら》・藤田東湖らが必死の思いで無許可出府して処分された。次いで、斉昭自身が謹慎処分を受けて藩主を十三歳の慶篤《よしあつ》に譲った時も（弘化元年）、処分に抗議する士民が群れをなして南上しようとした。そして堰き止められるようにして小金宿に滞留した。今回は先にも増して多く在郷の者たちが参集した。江戸に漏れ出る者あり村から小金に集まる者もありで、その重心が小金宿ということである。つまりは、水戸街道そのものが民衆の蜂起と占拠の場所なのだった。

水戸藩は定府制といって藩主が江戸に常駐しており、日常的にも人馬が水戸街道を頻繁に往来している。領民にとって水戸藩とは、水戸街道をいわば導管として江戸藩邸とつながっている。そういう形としてイメージされていただろう（巻末地図参照）。水戸街道といっても城下を出ればじきに固有の水戸藩領を離れて、後は江戸までは他藩の領内を通る。それだけに一層、パイプラインの印象が強い。屯集とは領民の占拠によってこの導管が目詰まりを起こして氾濫する事態であった。

領地からパイプが延びて江戸城下に繋がっているという水戸藩の特異な形は、逆に言えば江戸幕府が、ひいては日本全国の政治がこのパイプを通して水戸城下に逆流してくることでもあった。幕府江戸とのこの「近さ」が幕末動乱期の水戸藩を翻弄していくことになる。なお、水戸藩の人口は天保年間に二十四万人、その内従卒まで含めた藩関係者が六千余人でこれが「士民」と呼ばれる。このうち藩士は一千余人である。

2　激昂する屯集

今回の水戸街道占拠、小金勢の言い分を一つだけ聞いてみる。藩主慶篤への諫言である。

斉昭・慶篤様の御処分以来、日夜苦心していたところ、八月中旬には公辺（幕府）のために重い勅諚（戊午の密勅）を戴き、また讃岐守（支藩の松平頼胤）の藩政干渉も見合わせとお聞きして安心していたところ、お心変わりでもあったのか、藩の重役衆に続々隠居を命じておられる。しかし、外寇切迫のみぎり、こうしたやり方では今後人心の居合（統一）にもかかわることになる。家中の面々や天下有志の諸侯でこれ（勅諚）に服さない者もあり、恐れながら、天朝公辺への忠節、かつまた威義二公を初め代々様、前中納言様（斉昭）への孝道を存分に尽くすこともできかねるのではないか。我々一同深く痛心のあまり、嘆願致すところである。他出は差し止められている身ではあるが、君臣の情耐え難く罷り出た次第だ。（水戸藩史料上編、巻21。以下史料と略記）

引用文中の「御処分」や「勅諚」については後に説明する。小金占拠を続ける者たちには藩から寝具や食料が支給されたようである。藩の支給額は一人当たり一両から五両だったとする記事もある。というのも、この人数が素志を貫徹、江戸へ暴発でもしたらそれこそ藩の命運にかかわる。藩としては懸命に鎮撫（占拠の解散）しなければならない。小金の宿で無為に滞留しているかに見えるが、江戸を目指す者も押し止める者もともに必死なのである。とりわけ士分の身には覚悟が要った。青山兄弟の兄延光は藩命により九月五日に水戸を発ったが、同行の助教二人に「一同家を出た時より死を期して登ること故このたびは生きて帰る了簡はない」と覚悟を促している。それに、士民の江戸乱入を阻止する役割の藩役人にも志を同じくする者は多い。鎮撫しているのか扇動しているのか、その境目は本人たちの内でも揺らいでいただろう。

小金占拠の一種殺気立った雰囲気を示すものに、藩士たちの相次ぐ自刃がある。九月八日に梶八次郎が小金で割腹、同じ日に野村信一郎が高浜で割腹。これに続いて切腹が七名、未遂が七名に及んだ。幕府にたいする憤死であり諫死であった。小金勢は慶篤の達しと斉昭からの内々の諭《さとし》があり十九日には帰藩することに決したが、ここでも議論は紛糾した。その一場面が記録されているが、こんな具合だった。家老太田資忠が屯集士民の面立ちを招集して鎮撫に努めたが、志願の趣旨が何も解決されていないと反論が続出した。その一人斉藤叢（留次郎）という藩士が要求断固貫徹を声高に主張した。その建言やはなはだ良し、戻ったら私からもよくよく言上しようと太田が答える。斉藤はしかしこれに逃げ口上を感じ取って激しく食い下がった。貴殿がよくよく言上するとして、君公がもしこれを容れないときはいかに進退するのか、その決意のほどを聞かせてほしいと。答えに窮して太田が逃げ腰になる。すると斉藤は身を反して短刀を掴んで太田に迫ろうとした。斉藤の兄の徒目付が慌てて取り押さえる。満座が興奮して議論が沸騰した。すると、たまたま臨席していた側用人久木久敬《ひさゆき》（直次郎）が立って満座を睨めつけたうえで言い放った。「君公もし容れ給わずば家老衆も縊《い》死する（首くくる）の外なかるべし」。これには一座呆然としてしまい、家老たちはこれをしおに皆退席した（史料上編、巻21）。――最近でも、ついこの間までよく見かけた光景である。

小金退去に当たっては上書を残す者たちも多かったようで、中に村長役の農民五人のものがある。それによれば、この間の情勢展開に動揺して、郷村でも早速両君の安危を伺いに馳せ上る者たちが出たこと、取締方である我々も郡方に協力して連中を各地に留めて帰村を促してきた。だが中々承知せず、間道を抜けてまで馳せ登る者が多数に上ったので、当地まで出向いて見つけ出し次第国許に帰しているのだと言う。彼ら村長たちの文面からは、斉昭の天保以来の事業と仁徳に感謝してきたこと、それが今回の件で捨てられるのではないか（御政治御変革）、それが心配だという郷村の者らしい気持ちがにじみ出ている。小金勢が士分から郷中にまで広がっていたことを物語っている（史料上編、巻21）。

さて、小金屯集は大略以上のような経過を経て一応の鎮静化を見た。だが、水戸の叛乱はまだ始まったばかりに過ぎない。

3　お公家さんの大衆蜂起　　条約違勅調印

それでは小金屯集は何に抗議し、いかなる目標を掲げて始まったのだろうか。実はこの同じ時期安政五年に、水戸藩には容易ならざる難題がまるでわざとのように折り重なって降りかかっていた。日米修好通商条約調印（六月十九日）と新将軍公告（六月二十五日）。斉昭・慶篤の処分（七月五日）そして密勅降下（八月十九日）と続く。そして八月から九月が小金屯集だった。条約調印や将軍代替わりなど一見ばらばらの事件に見えるが、水戸藩にとってはすべてが繋がっていた。それに、すべてが息つく間もなしに生起した。一言で言って、水戸の大獄である。「安政の大獄」は大老井伊直弼が主導して、吉田松陰など幕末有志を死に追いやった大弾圧としてよく知られている。だが実のところ、弾圧は終始執念深く水戸藩に向けられたものだった。水戸人からすれば「戊午の大疑獄」である。また、「尊王攘夷」といえば水戸藩から発して幕末志士共通のスローガンとなった思想だが、これによれば上の諸事件は押しなべて尊王攘夷に敵対するものと受け取られた。とりわけ水戸藩では、藩に染み着いてきたこの心性が改めて刺激され、激しく反発を招くものとなった。一言で言って、井伊の大獄に抗議して始まった、藩をあげての叛乱であった。

まずはじめの二つ、条約調印と将軍継嗣の経緯を簡単に見てから、続いて水戸藩に直接にかかわる藩主処分と密勅問題に取りかかることにしよう（市史中巻四、21章）。

今からちょうど一年前の安政四年六月二十三日、斉昭は幕政参与を辞任したが、そこに持ち上がったのが米領事ハリスの江戸城登城事件だった。斉昭父子が「神祖家康以来の盛徳にかかわる事態」だとしてこれに抗議したのは当然である。だがハリスは十月二十一日に登城して将軍に謁見、次いで老中堀田正睦《まさよし》と談判六時間に及んで条約調印の必要を説得に努めた。大名たちの意見も調印やむなしが大勢となる。こうした中で、斉昭は独断で激越奇矯とも言うべき建言を提出するのだった（十一月十五日）。ハリスの要求を許可すれば容易ならざる国難を引き起こす。そこで内地での貿易は拒否、自ら浪人や百姓・町人の二、三男を引き連れて米国に渡り出貿易に当たりたい。また、百万両の貸与を願い大艦大砲を製造して御役に立ちたい。同時に御所の警備に当たりたい云々、何やら支離滅裂である。さらに年末には、説得に訪れた川路聖謨《としあきら》・永井尚志を前にして暴言を吐いた。自分の建言が容れられなかった、「備中（堀田）伊賀（松平忠固《ただかた》）は腹を切らせ、ハルリスは首を刎ねてしかるべし、切ってしまえ」、今後のことは「此方の知らぬことなり。勝手にすべし」といった塩梅である。これも立場を逸脱した無謀な振舞いだったが、それ以上に斉昭反対派の警戒心をいたずらに高めてしまう。

年が明けて翌安政五年、幕府は条約調印の勅許を得るために老中堀田に川路と岩瀬忠震《ただなり》を付けて上京させた。「人心居合い」（国論統一）のためには勅許が得策との判断からであり、従来の慣行からして朝廷は従うほかないと読んでいたという。幕府は時勢を読み間違えたのであり、これが裏目に出た。政治問題は朝廷に関与させないという徳川幕府の長年の慣例は、この時点でなし崩し的に破られていたのである。

朝廷では調印不賛成の孝明天皇が参議から頭中将・頭弁にまで広く公卿たちの意見を求めたが、意見は割れた。調印やむなしから神州之恥辱で絶対反対の極端までが寄せられたのである。攘夷をめぐる公家たちの分裂、というより、なまじ朝議外に意見を求めた結果異論百出、ばらばらの現状が露呈したのである。何しろ、国の政治問題などもう長いことタッチしたこともない公家たちだから、異論をまとめる制度も機能しない。なまじ政治問題に関与を促されて、公家たちの右往左往がここから始まるのである。なお、当時の朝廷の政務処理（幕府の申請による武家の叙位任官など）は以下のようであるという。天皇のもとに関白、次いで左右内の三大臣が摂関家から選ばれる。政治決定は朝議においてなされるが、朝議は議奏と武家伝奏から構成される。決定は天皇の裁可を得て職事（蔵人）に下ろされる。関白・大臣は朝議に参加できないが、重要問題ではその意見を陳述する。今回の日米修好通商条約調印問題では、公式の朝議の外部にまで意見を求めたのである（刑部芳則『公家たちの明治維新』）。

さて、この問題に関する関白九条尚忠の意見は幕府一任であり、紆余曲折の末その趣旨で幕府への勅書案が作成された。ところが、これを契機に中下級の公家たちの「大衆蜂起」が引き起こされる。中山忠能らを中心に連署して異議を唱えたが、次のように過激なものだった。1．蛮夷の国との交際は神国を汚辱するもので祖先に申し訳が立たない。2．幕府は朝廷を盾にして諸藩を抑えようとしているが、かえって信義を失う恐れがある。３．外国の要求を飲み続ければ戦わずして降参することになる。幕閣をはじめ諸大名の意見を集めたうえで御沙汰を出すべきではないか。こうして、関白九条の勅書案に反対の公家八十八人が連署して抗議の声を上げた。これが安政五年の三月十二日のことであった。前代未聞、お公家さんたちの下剋上である。幕府一任の九条案は修正を求められ、結局天皇も御三家や諸大名の意見聴取に固執して、幕府の条約調印は勅許が得られなかった。

堀田はかくて三か月の在京もむなしく江戸に戻った。だが勅許なしで、日米修好通商条約は調印された。六月十九日のことである。その結果、「無断調印」「違勅調印」というレッテルが幕府外交に貼られることになるが、尊王攘夷の運動にとってこれは大きかっただろう。というのも、「攘夷」についてはともかく「尊王」は大衆運動にとってなお観念的なものであったのに、ここで一挙にこれが具体的なイメージを結んだからだ。天皇の意向を無視してまで、井伊は開国に踏み切ったからだ。攘夷はすなわち尊王の主張になる。

4　水府陰謀への大獄　慶喜将軍擁立を断て

次いで、次期将軍の継嗣問題である。すでに早く（安政二年）から、斉昭・松平慶永・島津斉彬《なりあきら》らは国難の折から英明な一橋慶喜後継を望んでおり、これに対抗して井伊直弼らは将軍の従兄弟に当たる紀州の慶福《よしとみ》を継がせようとしていた。井伊らに言わせれば、近縁を除外して英明を選ぶのは外国の風習であり皇国の美風にあらずという建前だった。まして慶喜は斉昭の子である。天下が水戸家のものになる危険は必須という判断だったろう。こうした両派の暗闘が底流をなしてきたのだが、将軍家定の病状悪化とともににわかに表面化する。

実のところ、すでに安政五年の正月に井伊主導の老中会議が慶福後継を内定しており、両派の抗争の舞台はこれも京に移る。一橋派は慶永、斉彬そして斉昭が、それぞれ慶喜後継の内勅を得るべく旧知の公家たちに働きかけた。楽勝のムードになっていたという。これにたいして紀州派では井伊の腹心長野主膳が関白九条尚忠に工作し、猛然と巻き返しに出る。この過程で「水府陰謀」説が京都政界に浸透していくのだった。いわく、斉昭は石河幹忠を使って前関白鷹司から天皇へ、現将軍愚昧の説を吹き込んでいる。隠居の身でありながら裏へ回って過分の内奏をした、「卑劣千万なる御所為にて御座候」。こうして両派の入説の結果三月二十二日に朝廷の沙汰書交付の運びとなったが、関白九条の独断で将軍後継は「年長・英明・人望」という条件が削除された。まったくのところ訳の分からない内勅に終わった。これを逆手にとって井伊の大老就任、新将軍指名、そして条約調印へと、文字どおり電光石火で事態が進んだ。以上を顧みて、井伊直弼の斉昭にたいする敵愾心には根深いものがあったことに気づかされる。「当将軍（家定）を押込め、慶喜を将軍の後継に立て、自身が権威を振るおうとする」水府陰謀を信じていたふしがある。それだけに、斉昭らの朝廷工作に現実味があったということでもあろう。井伊の言葉では、「内患一洗のうえ、外患の処置に取り掛かるの所存」であると。内患一洗がまずは斉昭らの処罰となったが、これは始まりに過ぎなかった。続いて息も切らずに水戸藩そのものに「一洗」の刃が向けられる。安政の大獄である。

5　藩主父子、急度慎み罷り在るべし

安政五年の七月五日、斉昭は閉居謹慎の処罰を受けた。処分は支藩の讃岐藩主松平頼胤《よりたね》ほかに登城を命じて通達されたが、理由は「（将軍の）思召」とあるだけのそっけない文書である。

水戸前中納言殿の御事、思召しの御旨もあらせられ候につき、駒込屋敷へ居住し、穏便に急度御慎み罷り在らせらる旨、仰せ出され候。この段松平讃岐守・松平大学頭・松平播磨守をして、前中納言殿へ相達すべき旨、御意に候。
水戸前中納言殿、急速駒込屋敷へ引移られ候よう取り計らわるべく候。かつまた、前中納言殿付の家来どもは一同夫々御引換えなさらるべく候。かつまた、御近親の面々その外総ての書通往復等これなきよう、家来どもはじめへ急度申渡すべしとの御沙汰に候。（史料上編、巻20）。

本人の処分だけでなく、謹慎中は近親の面々その外の「総ての書通往復等」が禁止された。また、慶篤も差控え（登城禁止）の処分を受け、そればかりか尾張藩慶恕《よしくみ》が隠居慎み、越前藩慶永（春嶽）が隠居急度慎み、そして慶喜も登城禁止を命じられた。

処分理由には「思召」「御意」としか書かれていないが、「水府の陰謀」にたいする井伊直弼の懲罰であったのは明白である。条約調印にたいする斉昭の度重なる抗議、それに新将軍に慶喜を擁立せんと暗躍した疑いがこれであった。とはいえ、今回の処罰の直接のきっかけになったのが、斉昭たちの「急登城」事件である。通商条約の「違勅調印」（六月十九日）を聞かされて、二十四日、指定日でもなくまたアポイントも取らずに、斉昭は慶篤と尾張の慶恕を連れて登城して井伊直弼との面会を要求した。これは井伊の家臣（宇津木景福）の報告だからいささか悪意が混じるが、こんな調子だったという。「御三家方御廊下にて此度仮条約に調印致し候儀御違勅につき、今日は掃部頭（直弼）に腹切らせ申さずては退出致さずとて、大音に御罵りなられて……」（市史中巻四、21章）。

老中連中もこれには慌てた。腹心の間部詮勝《まなべあきかつ》が同役とともになだめすかす間に、井伊に注進におよびお会いしてはいけませんと説得した。しかしそれではこちらが臆しているかに受け取られて将軍の御威権にかかわるからと、斉昭らを四時間待たせたうえで井伊は面会に応じたという。閣老の太田資始《すけもと》・間部詮勝ら六人が同席した。まず斉昭が違勅調印を詰問し、井伊が世界の大勢を説いて陳弁した。松平慶永の同席を要求したが断られた。将軍との面会要求も断られた。斉昭としては違勅調印問題で追い詰めたうえで、直に将軍に慶喜の継嗣を飲ませようとしたのだろうが、この期に及んで井伊が従うはずはない。「御三家様方には八つ時過ぎ手持不沙汰、初めの御勢いに事変り、すごすごと御退出」といった結果に終わった。

この日には慶永そして慶喜も井伊に面会して、違勅調印と将軍継嗣問題で直談判に及んだ。波状攻撃である。ことに問題を直に将軍家定に上告すると迫ったことが、井伊を慌てさせた。家定はすでに危篤状態、明日には新将軍を公示する段取りだったからだ。慶喜と井伊のやりとりはこんな具合だ――「ただ今御対顔あるべしと仰せ出されければ、卿（慶喜）はツト御座を起られ、さらに御直に申上るぞと御前（将軍）をさして入らせらる。大老初めは暫し待たせ給えとて、ハタハタと立て十間ばかり追い奉り御たもとに縋りて、御使のこと今日は是非とも取り決め候えば、御直に仰せ上げ候ことは御免下され候えかしと、ただただ願われければ、……」（史料上編、巻20）。慶喜もまだ若かった。

6　君の冤罪を雪がん

一方、井伊直弼のほうはどうだったかといえば、前宇和島藩主の伊達宗紀に「実に昨日の営中の有様不穏」と書いている。ことに斉昭らが新将軍発表の予定を延期せよと迫ったことに、強いこだわりを見せている。条約調印と慶喜将軍の芽を断つことが同時・喫緊の課題だったのだ。井伊の独白、「老公・尾州殿・越前など目指すところはみな小生一人のこと、昨日のことも何が何でも小生を取り落とそうとする企ての現れである。上様のためならば身は捨てても苦しからずであるけれども、連中のために落とされては心外の至り。ただ今は、はばかりながら小生が退いては、いかなることになることか」。斉昭をめぐる権力闘争の根は深い（史料上篇、巻20）。

斉昭にとっては処分は弘化元年（1844）の「甲辰の国難」以来これで二度目だが、前回の形式的処罰と違って今回はそうはいかない。後から見れば幕末水戸藩の変転のきっかけとなるのだが、処罰の直接の原因はいささか大人げない斉昭自身の振舞いにあった。前回にも寺社改革という勇み足が災いして藩主を辞めさせられたばかりか、その後十年に及んで藩政から遠ざけられた。斉昭はすでに昨年七月、幕政への参与を一切やめている。その政治経歴の絶頂に上り詰めていたのだが、実態は幕府に建議しても何も通らない状況が続いた末のことである。積年のイライラが募った結果の押しかけ登城であったろうが、水戸の斉昭たるものが演じるべき行動ではなかった。今回もこれがために斉昭の政治的生涯に終止符が打たれてしまう。そのきっかけが不時登城（押懸登城）であったが、ここから水戸藩への矢継ぎ早の圧迫と弾圧が続く。

翌日には、将軍世子は紀州慶福と正式発表がありダメを押された。斉昭は駒込藩邸に事実上幽閉された。外部との通信の一切が禁止され、厳重な監視のもとに置かれることとなる。何よりも、斉昭が京都に通じて処分を解くことを井伊は恐れたのだった。次いで、藩政そのものへの干渉が始まる。門閥派として知られる国許家老の鈴木重矩と太田資春とを江戸に呼んで任に当たらせた（七月十一日）。連枝讃岐藩主の松平頼胤は斉昭最初の処分の時に後見役を務め、藩士の恨みを買っていた人物である。それが今や井伊直弼と縁戚関係を結んでおり、井伊の手先として迫ってきた。まずはその家来たちを駒込邸に詰めさせ、目付にも邸内を巡視させ、町奉行に命じて水戸藩士の取締りを強化させた（七月二十八日）。そして八月一日には、駒込邸から水戸藩士を退去させて連枝の兵に入れ替えるとの報告が入る。同時に、斉昭が他藩に連行されて幽閉かと流言が飛んだ。こうして、血相を変えた水戸藩士が決死の覚悟で守りを固めた。ある藩士の証言によれば、「同志一同もはやこれまでと、戦いて後已まんの時と思い詰めて」、家老をはじめとして五、六百人も駒込邸に詰め必死の覚悟で上使の到着を待ったという。この件は沙汰止みになったが、事態は水戸にも伝えられ大騒ぎになった。藩士らはすわ南上といきり立った。

こうして、小金屯集が始まった。この蜂起の直接の目標は、だから、斉昭・慶篤の冤罪を晴らすこと、雪冤運動であり、相手は井伊直弼の幕閣であった。ところが、藩と幕府のこの緊迫した状況の中に、またたとんでもない事態が降りかかるのである。

第二章

密勅降下す　宸襟を安んじ奉るべし

1　吉か凶か　密勅降下

「光芒長さ五六尺」――この年安政五年八月初めから出現した彗星は二十日にはひときわ夜空に光の尾を引いていた。当時江戸ではコレラが猛威を振っていたから、彗星はむろん凶事の徴と受け取られた。だが、この日さる水戸藩士の言葉によれば、「今夜の一事天降りたるにつき甚だ吉事」とある。彗星とともに天降って来たこの吉事「今夜の一事」とは、すなわち「戊午《ぼご》の密勅」であった（市史中巻四、21章）。

孝明天皇のこの勅諚が水戸藩に届いたのが安政五年（戊午）（1858）八月十七日、以降水戸藩は藩を挙げての大騒動となる。日米修好通商条約の「違勅調印」と将軍継承問題を背景にした斉昭・慶篤の処分そして小金屯集と、水戸藩の状況が極めてセンシティブなこの時期に、戊午の密勅の降下が火に油を注ぐことになる。水戸の安政の大獄が猛威を振るう。猛威に抗うべき藩を挙げての叛乱は、勅諚の扱いをめぐり四分五裂して、ついには内戦へと水戸藩を引き裂いていった。密勅降下は吉事にして凶事となった。

この勅諚は去る八月八日に朝廷から水戸藩に下された。伝奏広橋・万里小路から水戸中納言（慶篤）に宛てた勅諚の文面は次のようなものだった。

先般墨夷（アメリカ）との仮条約は余儀なき次第であり、神奈川において調印され使節へ渡された由。また委細は間部下総守が上京して言上に及ぶとのことである。けれども、先の勅書にて条約調印については諸大名で十分衆議を尽くすよう申し上げたことが、これでは詮無いことになる。まことに皇国重大の儀を調印の後に言上されるとは、大樹公（将軍）が事前に叡慮をお伺いするとの約束に反することである。勅意に背く甚だ軽率の取計いである。大樹公は賢明とはいえ、関係者有司は何と心得ているのかと、（天皇は）御不審に思召しである。このようなやり方では、蛮夷の件は暫く置くとしても、現今の国内の治乱はどうなることかとさらに深く叡慮を悩ましておられる。なにとぞ公武の実情を尽くされ、公武合体が永久に安全のようにと、ひとえに思召しになっている。かねてから朝廷では、三家あるいは大老が上京して協議するよう申し上げてきたが、聞くところでは、水戸尾張両家が謹慎中であり、かつまたそのほかの宗室も同様の処分を受けているという。これはどんな罪状によるのか計り難いところだが、柳営羽翼の面々にほかならない。外夷が続々入津して容易ならざるこの時節に、これらの処置は人心の帰趨にもかかわることになるのではと、宸衷を悩まされておられる。

かねて三家以下の諸大名の衆議を勧められた趣旨は、まったくのところ永世安全と公武合体によって叡慮を安んじるようにとのことである。外慮ばかりかもしも内憂にも及べば、ことさら深く宸襟を悩まされることになろう。国家の大事多端の折から、大老閣老そのほか三家三卿家門、列藩外様譜代を含めて一同群議評定を尽くして、誠忠の心を以てとくと相正し、国内の治平と公武合体がいよいよ長久であるように。こうして徳川家を相助けて、内を整え外夷の悔いを受けぬようにと、思召しになっている。早々に商議に入るようにとの勅諚である。（史料上編、巻21）

右に便宜上三段に区切って書き写したが、何とも持って回った勅諚である。第一に、違勅調印を叱責していてこれははっきりしている。第二に、水戸をはじめとした今回の処分を危ぶんでいる。その上で、今後の幕政は外様まで含めた諸大名との衆議により進めることを求めるものであった。そうはいっても、全体として「徳川家扶助」のため尽力せよとの建前を講じた勅書である。「公武合体」と繰り返されている。この勅諚がどうして水戸藩を、そして「水府の陰謀」に神経をとがらせている井伊直弼を、かくも震撼させたのだろうか。まずは、勅書が（幕府ばかりか）ことさらに水戸藩に下された事情が前代未聞であり、この点は後に述べる。もう一つ、実はこの勅諚には水戸藩宛の「別紙」が添えられており、勅書を列藩一同に伝達せよとの命令であった。水戸藩はにわかに行動を迫られたのである。

別紙
勅諚の趣仰せ進められ候。右は国家の大事は勿論徳川家御扶助の思召に候間、会議これありて御安全あるべく勘考の旨、以て出格の思召し仰せ出され候間、尚同列の方々三家家門の衆以上隠居に至るまで、列藩一同にも御趣意相心得られ候よう、向々へも伝達これあるべく仰せ出され候。

以降この別紙の要請が、勅書の伝達・通達・回達と呼ばれて水戸藩を振り回すことになる。というのも、幕府による勅書の回達ならともかく、幕府を差し置いて一水戸藩が諸藩に勅書を通達するなど、未曾有の破天荒にほかならない。まさに水府の陰謀そのものと井伊直弼には受け取られただろう。かくて、回達か否かに端を発しこの勅書の扱い方いかんが、藩論を引き裂いていくことになる。

2　天皇憤激　朕は有れど無きが如し

戊午の密勅について、山川菊栄が述べている。

当時の鷹司（前）関白は斉昭の姉婿であり、石河徳五郎という思慮綿密な、藩の代表にふさわしい人物が連絡係として常駐していた。後にこの人が中気で急死し、そのあとへ水戸の事情にうとく、人柄も大したものでない鵜飼父子をおいたので、梅田源次郎らのようなうすっぺらなアジテーターに乗せられて、密勅奏請のようなですぎたことをしでかしたという人が水戸には多い。（『幕末の水戸藩』、p180）

確かに水戸藩にとっては有難迷惑とも言うべき勅諚が、なぜ下付されたのだろうか。そもそも幕府は大名が直に朝廷に接触することを許していない。ましてその逆、いくら斉昭の幕府での活躍が評価されたとしても、朝廷が勅書を一大名に下すなどというのは前代未聞のことであった。ただ、前代未聞のいきさつは山川が右に要約するよりはもう少し込み入っていた。

ことの起こりは日米修好通商条約の調印である。これはすでに前章で述べたが、調印については幕府一任との九条案は修正を求められ、天皇も御三家や諸侯の意見聴取に固執して、幕府の条約調印は勅許が得られなかった。これが先の戊午の勅書に言う「諸大名の衆議聞し召されたし」との朝廷の承認留保の回答だった。堀田とともに上京した井上清直・岩瀬忠震両人がハリスに語っていたところでは、「政府は京都よりの異議の勅答を受くること、決してなしと確乎たる見込みあり」であったし、それこそ諸大名の意見聴取など入念な準備の下に諮問に臨んだ堀田にしてみれば、まさに「正気の沙汰とは存じられず」という朝廷の挙動だった。

けれども、条約の無断調印に孝明天皇は「朕は有れども無きも同様のこと」と激怒して、譲位の勅書を関白・議奏・武家伝奏に示すのだった（八月五日）。理由は無許可調印に加えて、大老か御三家の上京命令が拒否されたこと、ロシアなどとも条約を結ぶと伝え聞いたことを挙げた。天下人民のためを思って命じたことが実行されないのは自分の不徳の致すところ、譲位の意向を幕府に伝えるように天皇は命じた。公卿たち（四公、左右内大臣と前内大臣）は天皇の意向を受けて違勅調印を詰問する勅書を作成し、こともあろうにこれを水戸家に下すことを決めた。よって天皇は譲位を取り下げた。しかし、この間一貫して幕府よりの関白九条尚忠はこれに反対して四公会議を欠席した。このため、勅諚は正規の手続きを踏んでいない「密勅」とされたのである。

以上のように、戊午の密勅作成の経緯は少々込み入っている。推進派の左大臣近衛忠熙《ただひろ》と前内大臣三条実萬《さねつむ》が八月七日夜、それぞれ水戸藩京都留守居役鵜飼のところに来て、事情を縷々説明して遺漏のないように努めた。極めて異例の勅諚であるから、幕府・関白九条の介入を恐れてのことである。いわく、

墨夷等調印の儀に付き叡慮悩まされ、先達て勅諚も在らされ候ところ、調印いたし候段、益々宸襟を悩まされ候。実に以て徳川家のみならず天下の一大事にこれあり。これまで水戸尾張越前等にも精忠尽くされ候段は深く御満足に思召され候。然るところ、追々違勅の儀容易ならず思召され候に

つき、この度の叡慮の趣きっと相立て、徳川家の御輔助これありたく、（藩主が）慎み中といえども御斟酌なく厚く精忠を尽くされ、宸襟を安んじ奉り候よう致さるべき旨、仰せ含められ候こと。

（史料上編、巻21）

そして、勅諚は綸旨同様のものであり、「道中大切に致し警護相違なく水戸殿へ相渡し候ように」と言い含め、一夜たりとも留め置くことなくすぐに下向を促したのである。鵜飼としてはこれを極秘に江戸に運ぶのに腐心しなければならなかった。どうも、手続き上のこと以上に、密勅とは一部公家の秘密の陰謀の結果という趣である。ともかくもこれが当の水戸など外部からの「申込み」「口入れ」によるものでないこと、ひとえに「徳川家扶助」のためであることが繰り返し陳弁されている。翌八月八日、勅書は鵜飼吉左衛門に授け、またこの二日後に武家伝奏により幕府にも下された。同時に勅書の写しは京の要人に配布されて、すぐに公知のものとなったという。これが戊午の密勅である。

勅諚の本文は確かに公武合体と幕府扶助を訴えている。だが以上の経緯を見れば、これが水戸藩と宸襟の距離を一挙に縮める作用をするのは明らかなことだった。繰り返すが、水戸学の観念の上での尊王が、この一片の書状の到来によって目に見えるものとなった。尊王の糸が京の朝廷から江戸藩邸へ、さらに街道を通って城下にまで繋がった。だから、今度は勅書回達によって尊王のこの糸を水戸藩から直に諸藩に繋げ、直に叡慮に応えねばならない。

一部公家が密勅降下に動いたのはまた、志士たちによる朝廷工作の結果でもあった。井伊による条約調印という事態にたいして、水戸藩では安島帯刀《あじまたてわき》らが藩ゆかりの薩摩藩士日下部伊三治に依頼して、京都工作に派遣した。日下部は西郷吉之助から藩主斉彬の武装上京計画を聞かされていた。そして梅田雲浜《うんぴん》らの志士たちとも計って、幕府だけでなく水戸の斉昭にも勅諚を下して幕政改革に当たらせるよう公家要人に入説したのだという。山川が評するように「うすっぺらなアジテーター」だったかはともかく、確かに彼らは「できすぎたことをしでかした」のである。

3　勅書水戸へ　まことに一家の面目

さて、戊午の密勅は八月十七日深夜に江戸藩邸に到着した。開封の是非をまず駒込（斉昭）にお伺いして許可を得た上で、慶篤はじめ正装して正式に開封。茅根伊予之介《ちのね》が読み上げる。一同「恐悦感激」。次いで斉昭に中身を見せた上で、慶篤は重臣を集めて勅書奉行の順序を審議した。奥右筆高橋愛諸《よしゆき》（多一郎）に持たせて水戸へ伝えた。そして翌日には朝廷への奉答書を発した。「まことに以て一家の面目感涙存じ奉り候。及ばずながら幾重にも尽力仕り、成否はともかく追って言上奉り候」とある。十九日には早速勅諚の謄本を尾張と紀州、さらに田安と一橋に伝達した。同時に、「公辺の御為大切の儀に付き取りあえずご相談申したく候」と、慶篤は老中太田らを藩邸に呼んだ。本人はまだ登城禁止の身だから押しかけるわけにはいかない。慶篤としては単独で勅書を列藩に伝達するわけにもいかない。これは何より「徳川家扶助」の勅諚なのだから、幕府もこれに応えるのが当然ということである。両者こぞっての奉勅である。

だが、密勅作成の事情からも分かるように、これがすんなりいくはずもない。

十九日には勅書は幕府にも到着した。本文は水戸のものと同文だが、独自の添書と別紙が付加されていた。

添書

何分蛮夷の事件にて関東においても大改革の御時節であるから、万一この上公武が隔心がましくなっては甚だ叡慮を悩ますことになる。格別の儀を以て隔意なきよう仰せ進めたので、この段悪しからずお聞き取りを戴きたい。

別紙

勅諚はよんどころなき次第もあり仰せ進められた。風聞にある外からの口入れなどは毛頭ない。ただし、書面には角々しく聞こえる所もあり、聞き取りようによってはどっちとも取れて、実に以て深く心配している。この辺悪しからずお含みおき下されたい。（史料上編、巻21）

このしどろもどろ、言い訳めいた付属文書は関白九条の肝入りだったといい、水戸版の添書とは好対照のものとなっている。水戸からの口入れの結果では毛頭なく、書き方に少々無遠慮のところもあるが、くれぐれも公武分裂のきっかけとならぬよう配慮されたいと。この付属文書を盾にして、幕府は時を稼ごうとした。慶篤が速やかに遵奉すべしと要請したのにたいして、太田・間部は添書きもあることだし、前将軍の中陰でもあり回達はしばらく猶予を求める回答をよこした。以降今月いっぱい、両者の間でこの押し問答が繰り返される。勅書の取り扱いをめぐってすでにして幕府と藩の間に重大な対立が浮上している。それこそ徳川家を助けるどころか、まさに両者の抜き差しならない対立をもたらす爆弾となっていくだろう。

慶篤は一方で、奉勅にかかわる十三条を諮問して水戸で審議させた。勅書添書に従って列藩に速やかに勅諚伝達すべきことは自明の前提である。だが、老中が勅諚の趣を受け付けていない以上、回達については諸藩と談じた上で取り扱いを決めること。勅諚の趣旨は早々に諸藩に示すべきことなどが議論された。同時に、奉勅に伴う幕府との軋轢が藩に危機をもたらすことも自覚されている。たとえば、江戸藩邸の警護を強化しなければならない。慶篤が処分中なのを無視して強行登城することがないよう注意しなければならない。それに、藩の議論の中に井伊の「奸計」とか「暴政」とかの言葉が頻出することに注意させられる。すでに十分に、水戸藩の敵は井伊直弼なのである。弘道館の豊田量太郎が以下の建言（八月十九日）で繰り返す「奸臣」「悪謀」などというのも、井伊を中心とした幕閣からの反撃を憂慮してのことである。ご用心が第一だと。

列藩への伝達は有志の方々であればどちらへでも構わない。尾張・越前等々皆正論の有志だからお配りになるように。これは先例のない勅諚だから、奸臣共が自分の身大事とばかり、いかなる悪意をも起こし悪謀を出し、暴発するか計り難い。用心第一のことだ。夷狄の時節柄、内乱も起こりうるとの叡慮から英断された勅書である。しかるに奸臣共は暴政を以て扱わんと企てており、奸賊とも国賊とも何とも申すべきようもない連中である。上様（将軍）の意向を捻じ曲げようとしているが、奸臣共の所為は決して受けることのないように。ただ、暴政が不意に発して兵力を以て虐政を行う恐れがある。これに備えることが急務である。尾張以下へは勅書伝達、そして内には暴発の用心に当たることが肝要と心得る。（史料上編、巻21）

4　幕府、勅書回達を禁ず

「この勅書は、勅許をえずに通商条約調印した幕府への不満や泣き言をつらねた不得要領のものだが、水戸の上下は、初めはただ聖なる勅語をたまわった栄光に酔い、感激のあまり、その政治的意味や影響を考える冷静さを欠いていたらしい」。これは山川菊栄の評価だが（前掲、p235）、反面の真実でしかない。幕府との関係で勅書回達が容易ならざる事態を招くという危惧は、藩庁も弘道館も初めから共有することだった。実際、藩が警戒するとおり、幕府の伝達禁止と藩政への干渉の動きが急速に表面化していく。

井伊から間部への書簡（八月二十三日）、「上京中の長野主膳からの書状によれば、さる七日、関白九条の出席がないまま陰謀の徒が参内して今回の勅諚を出させたのだという。これほどの大事を関白が承知しないとは奇怪至極と思うが、何分にも陰謀勢が強く容易に手出しできかねて、間部の上京を心待ちにしているとのことだ」。

慶篤からは再三に渡り勅命の背反すべからざることを申し入れるが、幕府は間部が上京の後に答えると先延ばしの返事をするばかりであった。また、井伊の側近宇津木六之進（景福）が漏らしたこととして、こんな密談も記録されている（二十五日）。水野忠央《ただなか》土州守「これは水戸の手入れにより無理に出させたものであり、勅をかさに着て現幕閣を排除する策謀だ。天下の政事を取ろうとするものに外ならず、決して屈してはならない」。井伊「どこまでも押し抜くつもりだ。自慢ではないが公辺への忠誠、自分に勝る者はいない」。水野「水戸などを厳重処罰せよ、そうすれば奴ら武器を取るだろう。しかし水戸に同調する藩は二、三であり、朝飯前の仕事で片が付くだろう。新将軍宣下さえ無事にすませばこっちのもの、その時には謀反人にして死罪に処せば無事に収まることである」。井伊「どこまでも張り込むつもりだ」。（史料上編、巻21）

そしてついに八月二十九日、閣議は勅書の伝達を禁ずる決定を下した。「水戸への勅諚降下は古例無きことで争乱のもとにもなる。よって、間部を上京させ伝達差し止めを朝廷に通達させる」。かくて、太田と間部が藩邸に来て伝達は幕府の認め難いこと、朝廷に関することは間部に一任することを通告するに至った。それればかりか、翌日には岡田・大場・武田の三家老は隠居、安島は表家老に左遷され、代わって鈴木・太田を出府させ江戸家老にすること。また、讃岐の松平頼胤ら三連枝の藩主がこの後頻繁に藩政に口出しすることを許すと、藩への直接の圧迫に乗り出してきたのである。

さて以上のように、安政五年の六月から八月、まるでわざとのように水戸藩に難題が降りかかってきた。日米修好通商条約の違勅調印・将軍継嗣・斉昭慶篤処分、そして今回は戊午の密勅である。これらが折り重なって藩論は沸騰、かくして藩士も農民も水戸街道を馳せ上り小金に屯集したのである。前章の「街道の氾濫」である。そのきっかけと理由とが、まさしく「雪冤と奉勅」に集約されるゆえんである。幕府の弾圧（水戸の大獄）と水戸藩との抗争がここから迫り上がって、遂には第二の小金屯集、先とは比較にならないほどの規模と持続の大衆蜂起が始まる。この蜂起をもって水戸藩は自らを叛乱の集団（政治体）の位置に立たせることになる。密勅降下によって天皇とつながった尊王の糸は、今度は逆に幕府から藩にたいする紐の引き締めにつながった。だからといって御三家水戸藩がじきに「討幕」に走るなどはとうていありえない。ただ、勤王かつ佐幕を藩是としてきたこの藩にとって、両端が衝突する契機が生まれるのはまぎれもない。当面は徳川家と幕閣とを区別して、井伊の奸計・暴政に対抗するつもりだろうが、ことは幕藩体制そのものにかかわることである。水戸藩のこれからの試練は深く歴史に緊縛されたものとなろう。

ここで話を先に進める前に、一つだけ付け加えておきたいことがある。「水戸の上下は、初めはただ聖なる勅語をたまわった栄光に酔い、感激のあまり、その政治的意味や影響を考える冷静さを欠いていたらしい」と山川が指摘したことはすでに触れた。だが、この段階でただ一人だけ、冷静さを欠かさない者がいた。意外なことに、水戸学『新論』の著者であり弘道館教授頭取の会沢正志斎である。この人の建言は以降の藩論の紛糾の渦中でも常にその中軸をなしていく。その意味で私は会沢の発言をこれからも逐一追っていくつもりであり、下記はその走りとして聞いておいていただきたい（八月二十日前後）。会沢の意見は密勅の処置にかかわることでありながら、朝廷の軽率な振舞いが水戸藩の反幕の叛乱につながるのではと深く憂慮している。会沢の懸念は今後の水戸藩の歴史にとって不吉に響くものであった。

このたびの勅命の趣意を、公辺が穏便に受けるならこの上ないことである。そうでないとしたらいかなる変事にも及ぶか計り難い。古来、善人は少なく小人は多いと言うとおり、官軍は小勢、武家に付く者は多勢というのが古今一轍のことだ。第一に、諸家とは違い御当家の危殆《きたい》はまことに寒心に堪えない。京都では関東の情勢を委細には御存じなく、当家が引き受けさえすれば叡慮のとおりになると見込んでおいでだとすれば、いざとなれば京都は狼狽するだけということになろう。万が一天下の忠勇の士が戦いに倒れて濁世にでもなり、そこに外虜が付け入るならば、天朝も国体もどうなるか計り難い。京都がこれらのところまでお見通しの上でのことならば、この上何が起ころうとも止むを得ないことだ。しかしここまでのお見通しもなく、軽率に勅諚を発したのであれば、天下のため深慮の上での叡慮とはとても言えないのではないか。京都では分からなくとも、関東から見通せば、第一にこれが深く憂えている点だ。この事情を内々廣幡家などへ連絡することができないものか。以上気にかかる点を腹蔵なく内密に申し出る次第である。（史料上編、巻21）

第三章

街頭占拠闘争　常総の野に充満す

1　大獄、水戸に迫る

水戸藩への戊午の密勅の降下が、「水府陰謀」にたいする井伊直弼の猜疑心を決定的にしたのは当然である（市史中巻四、21章。史料上編、巻23）。安政五年八月末までに密勅伝達を抑止した幕府は、次いで九月三日に老中間部詮勝《まなべあきかつ》を上京させ集中的な工作に当たらせた。眼目は三つ、密勅問題で立場が危ない関白九条を復位させること、密勅降下の首謀者を捕縛すること、そして水府陰謀説を朝廷に呑ませることだった。「実に猛火の中へ飛び込む」決意が必要だと井伊は間部に発破をかけた。間部は間部で「かくなる上は、斉昭に切腹仰付け、慶喜を水戸か紀州に押込め、京地の敵は残らず糾明し、閉門・押込・隠居などに処するから、東西呼応して一味の捕縛に努められたい」と井伊に督促した。そして、「私儀も此度は天下分れ目の御奉公と存じ、一命にかけ相勤め候心得に御座候」と決意を伝えた（九月十三日）。

まず、戊午の密勅の斡旋に動いた梅田雲浜が逮捕され、続いて鵜飼父子が京都町奉行所に拘引された（九月十八日）。逮捕は鷹司家など堂上公家の家臣たちにも及び始め、公家たちを震え上がらせた。こうして年末までに、京都での逮捕者は四十人に達し、その内三十人は公家の関係者だったという。天皇は幕府べったりの九条尚忠を関白と内覧の地位から外そうとした。これには間部が圧力をかけ、逆に、密勅の公布に動いた四公（左右内大臣と前内大臣）をはじめ、皇族の青蓮院門跡までも謹慎・落飾などの処罰に追い込んだのだった。天皇はその重臣たちを根こそぎもぎ取られた格好である。これによって朝廷内での関白九条の地位は回復し、徳川家茂新将軍の宣下も得ることができた。そして、十二月三十日には条約調印についての疑念が氷解したこと、鎖国の儀は武備の充実までしばらく猶予することの二点を盛り込んだ勅諚が間部に下された。いずれも間部の強引な工作の結果にほかならない。

その間部の公家オルグはデマゴギーの域に達して、十月二十四日には上洛後初めて参内して、斉昭にたいする誹謗中傷を吹き込んだ。いわく、「外夷の件にことよせてこの虚に乗じ隙をうかがって、容易ならざる陰謀を企てる者がいる。幕府の処置を非難して非分に陥れる邪謀は明白である。加えて堂上方などにもこの陰謀に荷担する者がいる」。条約は「井伊大老が病気で登城できなかった隙をうかがって、堀田正睦・松平忠固が海防掛井上清直・岩瀬忠震に命じて調印したもので、その根元は幕府を非分に陥れようとする斉昭の奸計にある」。「斉昭は高野長英を幕府に周旋し、外国船打払令を破棄して融和に転じ、それのみかかつては自領の寺塔を破壊し梵鐘を取り上げた仏敵である」。「斉昭は一橋を西丸に入れて我意を通そうとし、その後も引き続き内謀を企て幕政にも口出ししている。また元来夷人と内通しており、外交は和睦と言うかと思えば戦争だと一貫しない。条約調印のやむなきに至ったのは、全く斉昭の陰策に相違ない。それのみならず、前将軍の死去すら甚だ疑わしく、なお当将軍も紀州邸に住居の節と西丸に移ってからも、それぞれ両三度危急の場合に及んだことがあり、これも暗に斉昭の所業である」。井伊と斉昭との権力闘争のとばっちりとはいえ、お公家さんたちもいいようにあしらわれたものである。

間部の朝廷工作のダメ押しは戊午の密勅の返納を命じる勅諚を得たことであった。ただし、これには幕府もいずれ鎖国の旧法（打払令）に戻すべきだと考えているとの一文があり、これでは使い物にならず水戸藩に示達することもせず内密にした。修正した勅書返納命令を得て、これをもって水戸藩を追い詰めていくには、あと一年がかかることになる。とはいえ、以上の経緯からも分かることだが、井伊による安政の大獄とは何よりも水府陰謀を粉砕することに向けられていた。幕府が水戸に仕かけたのである。こうして、井伊の幕閣と水戸藩の敵対関係が抜き差しならないものとなる。

むろん水戸では、朝廷をめぐる間部の謀略など知らない。当初は水戸藩は家老の安島を上京させて朝廷に奉勅の説明をさせようとしたが、幕府に抑止されてしまった。安島は江戸に来ていた三条家の丹羽正康に詳細な指示を託するほかなかった。これは実に委曲を尽くした説得調の指示で、違勅調印を間部に詰問すること、大老の上京を命じること、三条実萬を勅使として下向させ勅命で密勅を伝達させることなどなど、その上手なやり方まで指示している。だが隔靴掻痒、水戸藩の京都工作の手立ては断たれてしまっている。会沢は再び建言して、勅諚にあるとおり公武合体を壊して内乱にならぬよう穏便な取り扱いを勧めた。当家が専決するのでは幕府に異を唱えることになり、国家動揺の勢いになることを心配せざるをえない。伝達は徳川家に任せよと（九月十一日）。

しかしついに、江戸の水戸藩士三人にたいする町奉行所の出頭命令が来て（十月）、大獄の矛先がいよいよ藩そのものへ及ぶかと感じさせた。また、十二月十九日には鵜飼父子たちが江戸に送られてきて、町奉行の厳しい訊問にさらされた。翌年三月十二日、京都での弾圧を終えた間部が江戸に戻って来た。不気味に水戸藩に迫るものの気配があった。

2　勅書回達、手詰まりに

安政六年の正月、水戸では祝賀行事もなく重苦しく不穏な静寂が城下に垂れこめていた。年末には新将軍家茂の将軍宣下の報が水戸にもたらされて、朝廷による慶喜将軍の実現の望みも絶たれた。以降、京都からの風の便りも途絶えて、水戸は取り残された空っぽの場所のように思われた。そうした中、幕府の間諜が徘徊する。慶篤をはじめ藩首脳は人心の暴発を押しとどめるべく必死の鎮撫と取り締りに努めていた。「先だって御下し相成り候勅書の儀に付いては、浮説流言を信じ、かれこれ心配致し、動揺に等しき始末がらもこれあるやに御聞入れ候ところ、勅書の容易ならざる段は御ふまえあらせられ候間、右様のことに心配致さぬよう心がけよ」と（三月十九日）。勅書とは無論戊午の密勅のことである。

状況の手詰まりはとりわけ若手の有志にとっては深刻と感じ取られた。じきに「激派」と名付けられる世代である。慶篤側近の奥右筆頭取高橋愛諸《よしゆき》（多一郎）、家老安島帯刀の腹心の茅根伊予之介と鮎沢伊大夫（国維）、それに郡奉行の金子教孝（孫二郎）と野村鼎実（彝之介《つねのすけ》）、野村の配下の関鉄之助など。彼らはかつて斉昭の天保改革を推進した藤田東湖・戸田忠敞《ただあきら》を継ぐべき第二世代であるが、この時期になると言うところの「切歯扼腕」「疑心暗鬼」ぶりが目立ってくる。三月十二日、間部の帰府に伴う流言飛語と藩内動揺に備えるべく彼らは会合を持ったが、金子の国許への報告にいわく（史料上篇、巻24）。「勅諚を蒙り候身柄むざと退隠仕り候は天朝公辺へ対し奉り恐れ入り候」、「ともかくも立場々々より規律を正し大義名分を唱え、正々堂々と押出候外これなく」と。野村の建言、「万が一風聞のとおり勅諚をあれこれと拒む奸計に泥《なず》んでは、伝達も遅延し以降機会を逸することになり違勅の恐れがある」。「まことに国家の大事に苦心一方ならず、切迫のあまり、家中は勿論百姓どもまで安堵しかねている」。

一方藩主は藩主で鎮撫の通達を先にも増して連発している。「この度間部が帰府して、これからの幕政につき浮説流言を受けて、辛苦のあまりに密かに（江戸へ）出府している類が少なくない。勅書の件が容易にはいかないことは十分踏まえているから、心配せず待機せよ。万が一前中納言の身にかかわるようなことがあれば、迅速に下知する」（三月十九日）。藩主の「鎮撫」はこの段階ではまだ「いろいろ手を尽くしているから暴発せずに待機せよ」であった。その度に金子らが藩主の意向を伝えて水戸街道を往復する。

第二世代激派の焦燥はこうして煮詰まっていったが、この時期に彼らは全国一斉蜂起を目指して密かに使者を西国雄藩に派遣している。また、薩摩藩有志と密会して井伊直弼誅殺の謀議も重ねるようになる。これは後に触れるが、いずれにしても彼ら激派指導部はこの後じきに井伊の手にかかるか、さもなければ脱藩して桜田門外の決起に向かうことになる。身動きが取れない昨今、彼らの論調を示すものとして以下に会沢正志斎と野村鼎実の往復書簡（三月二十五日）から抜粋しておきたい（史料上篇、巻24）。

会沢から野村へ

天朝と本家（徳川家）との間で行き違いが多く、天下の変も測り難い昨今である。万一不慮のことでも起き、たとえ朝命だとしても我が藩が本家と反目することにでもなっては、源義朝が父為義を害した類に近く、名分においても東照宮・義公の思召しの点でも、いかがかと憂えている。御三家は東照宮の深意を以て立てられた家であり、他家とは事情が違う。だから、万が一公武が分かれて争うような勢いになった時には、不興を買うことを厭わずに幾重にも本家に諫言して、朝幕ともに干戈を取るようなことにはしないことが肝要だ。藩内でもこの旨を明白に心得るよう仕向け、いずれにたいしても忠誠を尽くすのが義の当然だと思う。（水戸藩が）たとえ兵を用いても孤軍のままで天下の兵と戦うことになり、所詮国家は無きも同然、大難を蒙ってしまう。今は不利な時節だと諦めて、泰然として仁の至り義の尽くすところを守るほかはない。

野村から会沢へ

ことに当今の奸人どもが幼君を要して権威を振るい、朝命を拒み、洋夷へ親和するなどの始末、言語道断申すまでもない。この上奸勢が増長しては宗室のためにならないことはもとより、公武の合体と分争の分かれ目、天下敗亡の時となるのではないか。二三の執権がすべてを握っており、その実（勅書の）御処置は一日の猶予もならない事態になっている。東照宮が親藩を立てた深意もかような場合のためではなかったか。しかるに（幕府の）御不興を蒙ったからと引っ込んでしまわれては、急速の御尽力も遊ばされかねまい。また勅諚回達さえなされば、かえって本宗のため忠誠を尽くす御主意も天下へ明々白々となるはずだが、これまた当節はよんどころない御事情もあってなされず、さてさて残念至極と痛心している。公辺が終始叡慮を尊重しないようでは天下忠義の人心は決して感服し難く、これが第一の不作為と考える。天朝は天朝、公辺は公辺、親藩は親藩で、それぞれが名正事順にかなうよう今のうちに御処置されれば、干戈を用いるに至らず治平は疑いない。何分かくなるよう公辺を扶助することが実に専要のことと考えるが、幼主のこととて容易ならない場合と思う。

それにしても、両人の意向は見事にすれ違っている。野村の発言からは彼らの我慢が限界に達しつつあることが窺える。日米修好通商条約の調印、家茂新将軍の誕生、続いて今回の勅書回達の差し止めと、敗北に次ぐ敗北である。この事態を同志たちでどう受け止め、いかに御国に尽力したらいいのか。

会沢は幕府と言わずに宗家・本家ばかりを強調する。だが、東照宮以来の徳川家と、その幕府の権力(奸勢力)とがもう十分に乖離してしまっているではないか。この切迫感にたいして、会沢は水戸学の名分論を前面に出している。徳川本家への忠誠をことさらに押し出して、不同意なら藩主を通して諫言せよと言う。分を踏み外し本家を差し置いて朝廷に口出ししてはならない。徳川本家に体現されてきた我が「国体」と、現下の幕府の「政体」(井伊の幕閣)とを分けて、前者の意味で今回は「幕命に従うこと」(佐幕)を主張するのである。これにたいして野村のほうは、幕府と藩が叡慮を尊重することこそが名分を立てる道である。言葉は同じでも意味がまるで違う。野村は尊王に極まる我が「国体」が毀損しているからこそ、現下の政体(奸勢力)を変革しなければとはやりたつ。実はこの時期、野村たち激派は密かに薩摩藩有志と会合を始めており、打倒井伊内閣を課題にし始めている。会沢との往復書簡も背景にあるのは薩摩藩との提携の問題であった。野村にしてみれば、では、我慢以外にどうしろとおっしゃるのかと、会沢に詰め寄りたかったであろう。先の野村書簡の追伸にこうある。どれほど不興を蒙ろうが本宗家へ諫争せよと先生はおっしゃる。これには敬服致しますが、でも何ほど尽くしても用いられない。これでは、万が一南北朝のような大争乱は必至ということにでもなれば、「勤王遊ばされ候の外、これ有るまじく」、つまり勤王でいくしかないのではないか。山田風太郎の主人公の言い草ではないが、佐幕から勤王が反発乖離し始めている。

論点のこの対立はしかし、じきにもっと政治的な意味をもって再浮上することになるだろう。

3　水戸街道占拠、再び

　ところがさて、水戸藩内の手詰まり状況にたいしてさらなる一撃を加えてきたのは、今度も幕府のほうだった。四月二十四日、安島帯刀・茅根伊予之介・鮎沢伊大夫など五名にたいして評定所への出頭命令が来た。続いて拘留され、訊問される。慣行を無視し、御三家水戸藩を飛び越した幕府の直接命令である。こうなれば、もう藩内の動揺は抑えられない。昨年の小金屯集に続いて、しかし比べ物にならない規模で、五月から第二次の水戸街道蜂起が始まった。

　最初に走り出したのは神官たちと、南郡の小川・玉造周辺の農民だった。水戸藩は伝統的に神道を重んじてきたし斉昭による「廃仏毀釈」まがいの改革もあって、神官は早くから自立して今では「水戸領七連」という結社に結集している。他方、小川・玉造では郷校を拠点として農兵の組織化と軍事訓練が行われてきた。五月三日、まず、斉藤監物（一徳）ら神官連八十人余が南上を開始した。彼らは前日の日付で六十余名が署名した決起趣意書を差し出している。「家老安島などが拘引されたが、これはいかなる次第によるのか。老中間部が帰府してから、かねがね督促してきた勅書の回達が延引している。その現れなのか。間部は早速にも当家に挨拶に来るべきなのに不審千満である。この上またまた御家来に召喚があるのではないか。安島などの釈放、かつ勅諚の回達、さらに御三家の御威光を輝かすことが必要だ。これが実現されるまで、我ら一同速やかに馳せ上り、一生懸命の奉公を尽くしたいと決心した次第である。職分がら京師までも罷り上り周旋したい」（史料上篇、巻25）。

ここには今回の蜂起の趣旨が出そろっている。御三家の格式を無視して家臣の、それも家老職の出頭命令が出され拘引されたこと、老中間部の無礼への抗議。そして、勅書の速やかな回達、加えて藩主父子への処罰の解除を要求する。「奉勅雪冤」という点では一年前の小金屯集と同じだが、水戸藩を取り巻く状況は格段に切迫している。

翌四日になると農村から郷士・山横目・庄屋・組頭そして農兵らが続々城下へ集まってきた。青山延光らが動揺鎮撫のために江戸へ上った。十一日までには、農民たちで城下は大混雑になる。彼ら農民はこの農繁期にどう処置したのだろうか。街道はごった返して南上する農民が合流しその数千人を超す。当時の習いとして村ごとの割り当て動員もあったようだ。ただ、なぜ出てきたのかと問われて、彼らの応答が記録されているが、「江戸表で何か異変があったに違いない」、「とにかく両君様（斉昭父子）の御機嫌を伺わなくては」という。水戸市史は「一種の興奮状態」と評しているが、当たっているだろう。仔細も心得ず、ただ大勢の赴くまま南へ南へと足を向ける。こうした状態はいつの時代だって群衆蜂起たるゆえんである。加えて、今回も小徒目付綿引宇八が江戸藩邸で自刃した（五月四日）のに続いて、合計で七人が憤死することになる。家老白井・中山から幕府への陳弁に言う（五月十七日）。「家中の多人数が悲嘆のあまり次々に出府している。鎮静も行き届かず余儀なく小梅屋敷に引き取っている。役人はもとより我々なども道中に出て取り鎮めているが、何しろ思い詰めた者共のこととて、間道を廻り横道にまで押し出して罷り上っている。何分鎮静は行き届かず、評議を尽くしているけれどなお猶予を」。

南へ向かう農民たちは二千とも三千ともいわれる数にふくれ上がったが、江戸へ入ることはできず水戸街道の中途に屯集した。ことに小金宿では、その数は五月十八日に千人、二十日ごろには北郡農民八百、西郡農民千二百、神官百十三、湊の華厳院僧侶十五、合計二千百人と記録されている。実情はもっと多かったという。五月そして六月、幕府方の風聞探索報告にこうある。

五月

水戸道中このほど混雑に及び、追々水府より人数繰り出し、十余日に小金へおよそ七百人余、十五日に至り千人余りになる。宿舎は困窮のものを除いた中以上は残らず宿へ入れる。存外の混雑なので、小金町の旅館の空き地に陣小屋を建てるといい、間口四間奥行き十五間の小屋三か所を、十五日までに完成するようにとの厳命で取り掛かっている。さらに模様替えで、奥行き四十間の予定。昨十六日朝に一棟出来上がり、昨夜よりここに詰めている。追々右のほか、本所小梅屋敷にも詰めているとの風聞がある。十四日安孫子宿へ神主修験およそ四百人余止宿し、十五日ここから追々小金へ引き移る様子。これまでに江戸へ罷り越したものおよそ二千四百余人の由。十五日夜、小金へも人数詰め切れず、水府の目付け役よりの指図で小金から一里余の流山村へ六百人余りを回し、同所から江戸表へ繰り込んだ由。同夜百人程は日光道草加宿へ一泊し昨十六日板橋をとおり駒込方面に罷り越した由。（史料上編、巻25）

六月

> 水戸藩士民は、この度安島・茅根の尋問・拘留によって再び動揺し家老・用人はじめ諸役から郷士・百姓・町人・山伏・修験まで加わって南上、総数およそ一《ママ》万九百六十五人程が小金へ押出している。小金では幕張した野陣小屋を二か所建てて彼らを収容しているほか、松戸宿や日光道中の諸所に旅宿し、日雇稼ぎなどして逗留している。また九百六十五人程が小石川と小梅の藩邸そのほか旅宿に詰めている。（市史中巻四、21章）

今回は小金だけでなく水戸街道のあちこちの宿場にまで領民があふれ出た。士分・郷士の者たちは大挙して江戸に入り、下屋敷の小梅邸を占拠した。「士民常総の野に充満」である。民衆の氾濫としての叛乱であったろう。占拠の期間も長い。各所での屯集は最終的にはこの年の十月まで続き、最後に引き揚げたのも斉藤監物ら神官団だったという。水戸市史のまとめによれば主な屯集地は小金、小梅、そして八幡で、五月から六月にかけてが人数のピークだったようだ。抜粋すれば、小金では六月八日に千人が退去、なお二千人が残留、同二十五日に小梅に三百六十人、ここらあたりがピークだったろうか。その後、七月十九日小金に残留組四百八十、同二十八日小金・八幡など合わせて九百人残留とある。八月からは人数が減り始め、九月には各地百人前後になるようである。それにしても長逗留だった。

4　藩をあげての叛乱

では、水戸街道にあふれ出た民衆は、長逗留の間何をしていたのか。今回の蜂起と屯集は現代風に言えばオキュパイ（占拠）運動である。もとより時代も場所も違うが、日常業務を放棄して街頭の要地を占拠し続けることは、水戸ではすでに民衆蜂起のスタイルとして定着していた。それに街道の占拠といっても藩権力を敵にしているのではない。藩を背にして目指す方向は江戸へ出て幕府に抗議すること、そのデモ隊が途中で堰き止められて水戸街道にあふれ、要地に屯集するのである。当時の言葉に言う「罷り上る」「罷り居る」である。

長期に及ぶ占拠となれば当然にも内部の秩序が要請される。もとより、屯集には現場での自発的な秩序維持はあったであろうが、それでもダレが生じるのは避けられない。七月七日の幕府目付の報告によれば、「農民などには、一向に仔細も分からす出立して来た者が過半に及び、今となっては何のためにこうして押出して来たのか訳が分からぬ、と囁き合っている。藩士も退屈の態で、旅宿で剣術をしたり、囲碁や将棋で消日し、中には三人五人と連れ立って密かに八幡町・船橋泊・草加・千住宿などへ出かけ酒食遊興に耽り、甚だしきに至っては賭事をする者さえいるらしい。追々日数が経過して拍子ぬけの様子、気力を失い、病人が出、死亡者もいる。最前押出して来た時の勢いとはだいぶ事情が違ってきたようだ」。

一方、先の神官団は蜂起の初めから終いまで占拠を続けた者たちだが、彼らはじっと座っていたわけではない。この間の行動の一端を摘要してみる（市史中巻四、21章）。滞留一か月後の六月十六日に一日限りで出歩く許可が出た。国府台から市川を回って見物に出た者たちがいる。間道を抜けて江戸に潜行、激派の関鉄之助と密談、船で横浜に出て異人たちを見物、一週間ほどして戻ってきた一団もある。その後には代表団二十五人を選んで江戸へ潜行、水戸藩に干渉している高松藩主松平頼胤邸へ押しかけて、勅書回達・藩主父子雪冤を嘆願した。また、八幡宿にまで出かけて行き気勢を上げた。その後、八月末には後述する「御家大変」が水戸藩に追い打ちをかけることになり、斉藤監物らは「慷慨悲憤に堪えず」江戸に出て九月末まで居座る。小金に新築した小屋をたたんで城下に帰るのが十月六日である。今回の小金屯集の全期間を全うした神官団の、これが活動概要である。

以上はどの占拠闘争でも見慣れた風景の一端である。ただ、蜂起に統一的な内部秩序が形成されない以上、今回も前回同様に藩としての行動の統一であるほかない。とりわけ、幕府との厳しい関係にある藩庁としては、屯集した民衆の江戸への暴発を防ぐことが至上命令である。繰り返し解散を説得しても退去しない以上、藩としてこれを支え続けねばならない。動員された藩士農民のために不参加の者たちから献金させたらしいが、これで長逗留を賄えるはずがない。さなきだに困窮している士民に自活はできない。そこで藩としても、「小金町陣小屋や周辺の村々に止宿している者のために、米・塩・味噌は近辺で買い入れているらしいが、何分多人数のこと故、不足をきたし、水戸表から輸送しなければならなくなった」（小人目付、七月七日）。「寺社方が南領において米穀を買い上げた。それは小金へ廻すための由」（南梁日録、五月二十日）。「町奉行里見直之進が小金に逗留しているので、上下町商人どもは府中酒十駄・油味噌弐駄・塩引百本・鶏卵壱駄を見舞いとして指出した由」（同、五月二十六日）。そのほか江戸の三屋敷の賄い分一千人以上となればなおのことであった。

しかしだからといって、水戸街道占拠闘争は官製の運動であったかといえば、もとより内実は違う。前回も今回も見てきたとおりである。繰り返すが藩に敵対する闘争ではなく、藩の名のもとに藩とスローガンをともにする抗議行動なのだった。だから、逆に井伊の幕府の側から見れば、これは水府陰謀の大衆的表れ以外の何物でもない。むしろこのゆえにこそ、井伊は水戸藩への弾圧を強化してきているのだ。一言で言って、幕府（幕閣）にたいする「水戸の叛乱」、しかも藩を挙げての叛乱である。

5　この蜂起、いかが致し候ものか

私は水戸の叛乱という言葉を前回の水戸屯集に際しても使っているが、ここでこの言葉遣いについて短く注記しておくことが必要だろう（詳しくは第八章）。井伊直弼の幕府による大獄にたいして水戸藩という集団が、是非もなく幕府に敵対する政治的位置に立たされた。藩を挙げての「雪冤・奉勅」という掛け声がこれを象徴している。藩主父子から藩士農民に至るまで、外部の敵すなわち「奸賊」「奸臣」

に対抗することで一致している。これを水戸の（藩を挙げての）叛乱と呼んでいる。二度にわたる士民と農民の蜂起が藩を叛乱に押しやる決定的な力になっているが、これはあくまで藩という集団の一翼である。一翼に留め置くために、藩としての説得と兵站支援を続けている。ただ、藩と幕府との間でストレスが高じてくるに伴って、藩をあげての叛乱の内部に意向と行動の分岐が目立つようになる。叛乱の渦中に立たされて、尊王攘夷という藩の国是のその内実が問いただされる。その挙句「名分」という同じ言葉が会沢と激派ではまるで違ってしまうことを先に見たとおりだ。これもまた集団が叛乱集団（政治体）であることの紛れもない兆候である。一方で占拠勢力が立ち去らない。他方では、藩の統一と幕藩体制とが破綻するのを危惧する藩主と藩庁がある。これをいわば両翼として、藩という集団を維持しながらも内部に政治的な色分けが顕在化するのは避けられない。その有様は次章以下で藩論の分裂を通じて詳細に追っていくつもりでいるが、藩全体が小金屯集の衝撃に揺れるこの段階で、政治的な分岐の萌芽を次に見ておきたい。集団の分岐をとおして、事態が「水戸の叛乱」である所以が浮き彫りになってくると思うからだ。

そもそも二度にわたる小金屯集が士民農民の蜂起だとして、ここに運動の中核による組織化と指導と言うべきものはあったのか。蜂起自体のドキュメントが不足しており、むげに否定はできない。しかし、大衆蜂起の中でその組織化と政治指導の位置に立たされたのは、まずは先に挙げた斉昭側近第二世代の「激派」のはずである。高橋多一郎や金子教孝らである。彼らは藩の役人としては占拠中の民衆の「鎮撫」に差向けられているが、同時に尊王攘夷を奉勅雪冤闘争として貫徹する場所はここにしかないのである。鎮撫は同時に扇動でもあらねばならない。実際、「執政が来るまでは決して引いてはならぬ、江戸まで上る覚悟でいるように」と、役方から内々申し渡されているから義民たちは一向に引こうとしないのだという指摘もある（石河明善日記）。彼らは郡奉行の経験者であり日ごろから郷中農民のオルグだったのだ。

だが、叛乱の湧き立つ群衆に向かって、彼らは「勅書回達の実現まで引いてはならない」と扇動する以上の、いかなる展望を訴ええていたろうか。この間然るべき史料は見出し難い。たしかに、潮来を軍事拠点化してこのベースから小金と小梅へ組織的に員数を派遣するという屯集再編構想が、軍師の山国兵部らから出たこともあったという。だがこれが実現する現実性はなく、高橋・金子たちは蜂起の間中ジレンマに立たされ続けたろう。ジレンマを抜ける方策が、やがて脱藩と井伊誅殺の企てになっていく。彼らには叛乱のただ中でこれを政治的に形成していく方針などは、構想しようもない。叛乱はいくつかの異なる志向と勢力を含みつつも、今のところは藩をあげての対幕府の叛乱なのだから、藩そのものを変えることが彼らには要請されていたはずである。だが、全国一斉蜂起という展望に縋《すが》って、激派最先端は藩の「外部」へ出て行くほかなかったのである。

一方、激派に対比して鎮派と呼ばれるようになる藩政要路の者たちの中には、今回の群衆蜂起と占拠の衝撃を受けて、逆に勅書回達は無理だと改めて認識しこれに代わるべき方針を求める動きが出てくる。つまりは鎮撫という藩の方針にのっとって、占拠の「流れ解散」を説得実現すべく理屈と見通しを提案するということだ。次に示す一役人（五月十四日、原田成徳）の見解にはこの事情がよく出ている。

今回の大挙は飲み込みかねている。しかし今日になっては今日の進退以外にはない。昨年来苦心のあまり鎮撫あるいは嘆願の策を聞いているが、ここにきて（勅書）回達は難しくなり、強いて回達すれば社稷の安危存亡にかかわり、かつ叡慮にも叶わない。諸藩の応援も得られる見込みはないし、回達はありえないと愚慮している。しかし国論はこれに反して社稷の安危存亡云々は末の議論であり、回達せずには名分が立たずとの論が聞こえる。「いかが致し候ものか、さらに意に落ち申さず」。何分踏み締める策が適切である。屯集の者たちは中々引き取らず是非回達までは留まるのだと論じている。回達はとても難しいのだから、鎮撫の策を執政から申し立て、何とか一応のめどをつけて引き払うような策を講じられたい。（史料上編、巻25）

この大衆運動を活かすも殺すも、その責任は藩そのものにあった。藩政の中心にある「鎮派」こそ、危機に直面した政治体を内から変えていくべき任にあったはずである。だが、蜂起にたいする彼らの方針は前回同様に鎮撫、すなわち弾圧でなく説得（お諭）による解散と退去の勧告でしかない。だから「鎮派」なのだった。精々、民衆が退去しないことを幕府の圧力にたいして言い訳に使うだけだった。

6　斉昭のお諭、従わぬ領民

屯集した群衆が自らを組織化できない以上、その秩序維持に腐心しなければならないのは藩庁だということになる。この群衆が江戸へと暴発しては藩の存亡にかかわるからだ。繰り返し、藩主の命による暴発防止と解散帰還が勧告された。家老たちは藩主父子の処分解除を幕府に嘆願するとともに、屯集へ役人を派遣しては退去を命じた。だが第一次と異なり、今度はなかなか退去に応じない。そこで切り札として役人たちは斉昭からのお諭に縋りつく。慶篤、そして郡官への五月二十日の諭書を引用する（史料上編、巻25）。

斉昭から慶篤へ

我等慎みの身にあり、以降国許の士民らの模様は全く耳に入らない。そこもと（慶篤）の登城禁止と我等の謹慎の解除はいまだに沙汰もなく、このままでは一家の浮沈にかかわると苦慮している。この度は数千人が罷り上っていると聞き深く心配している。臣下の至情が主君の開明（赦免）を祈るのは尤も至極のことであり、その精神のほどを感じ入っている。だがこのために国中が動揺しては我等積年の素志に背き、のみならず威義両公以来の敬上の誠意にも反することになる。万一そこもと始め役人どもまでも不行き届きの筋に陥っては、国家のためにならないことはもとよりだ。我等慎み中ながら別して深く痛心しているところである。承知のとおり、我等が礼服正座にて謹慎しているのも、ひとえに（徳川家にたいする）敬上の念によるところである。臣下の身としてこの深情をも察せず動揺がましきことがあってはならない。厚く思慮を加えた上で、罷り上っている者共を一刻も早く引取らせるように、役人どもが一致して申し諭すよう、必ず申し付けて欲しい。

斉昭から郡役人へ

この度は大勢の士分の者に引き続いて郷中の者も罷り上っていると聞く。我等父子の処分も解けず、悲嘆に堪えかねて事情も弁えず思い詰めた情から出た行動であり尤ものことと思っているが、かねて承知のとおり我等が深く慎んでいるのも全く敬上の念からであり、下々の身としてもこの誠意をくみ取ってもらえぬなら我等の思いに反することになる。その方たちにあっても厚く勘弁いたすべきところである。この上に鎮撫が行き届かないようなら我等も中納言の身にとっても公辺に相済まぬようになり、深く心配している。ことに時節柄、農事を打ち捨ててまで長々と罷り出でていれば、当年の収納にもかかわることだ。一刻も早く引き取らせるよう幾重にも手段を尽くされたい。

慶篤から郡奉行へ

前中納言様には御老年にあらせられ、この度の御心配にて御寝食も安からず、誠に以て恐れ入る次第ゆえ、一同推察し早速に引取るように致すべきこと。

これではまるで君臣の情に訴えての泣き落としめいている。我等は幕府への「敬上の念」により深く謹慎しているのだから、臣下の身としてこの心情を汲み取って早く退去せよと。だが、前回と違い今回は鶴の一声とはいかない。斉昭の諭を契機に占拠の人数が激減したことはなく、むしろこの後六月にかけて士民郷中の南上はピークに上っていく。領民が君主の命に従わない、こんなことは初めてのことだ。長年にわたる改革によって郷中の心をつかんできたはずの斉昭にとっては、取り分けて心外のことであったろう。しかも、これは困窮ゆえの百姓一揆でも暴動でもない。むしろ斉昭によって政治的に教育育成されてきた者たちこそが、斉昭のために立ち上がっているのである。水戸街道の今回の占拠闘争は水戸藩という政治体の、文字どおりの政治闘争なのだった。斉昭ですらもう蜂起を左右できないのだ。

実際、斉昭諭書を受けても「恐れながら従えない」という趣旨の嘆願書が、現場からいくつも寄せられることになる。前記斉藤一徳（監物）ら神官からは、勅諚の回達、不忠奸曲の讒臣を遠ざけて両君の処分を取り下げること、忠孝両全の御政道を達成するようにと改めて要望書が出された。「これら志願がならずには帰国しない覚悟で、一同は張詰めて踏み止まっている。両君からの諭しのお達しは承知しているが、この情実を汲み取っていただきたい」。この嘆願書には百十四人と世話役二十人が連署している。郷士たちからの嘆願もある。「この間の事情に安心できず、いかにも農事が手に付かない者共が罷り上っている。将軍は幼少なので大老などが権威を張って天朝を蔑視、御三家を押し込めている。こうした状況では、ただ今退去せよと言うのではかえって何が起きるかわからない。回達にめどがつくまでは一同安心して退去はできない。農事の盛りに家事を顧みずに罷り出た者たちは、なかなかひととおりには諭しかねている」（史料上篇、巻25）。

　このように、群衆が藩命になかなか従わないとなれば、暴発を防ぎ藩としての統一を守るために藩庁が何より配慮する必要があるのは、屯集の資金と食料の供給であった。先に述べたとおりである。江戸暴発でもなく城下の占拠でもなく、小金という中間地点での群衆滞留は藩庁の苦肉の策であったが、その政治的中途半端が逆に藩の負担による秩序維持を不可避にしたのである。何といっても、水戸藩は尊王攘夷が国是なのだ。

第四章　会沢正志斎　謹んで一書を呈す

1　幕府は強硬

水戸藩の士民百姓が水戸街道を大挙南上し、堰き止められて長期にわたって屯集している。これにたいする藩庁の対策は（弾圧でなく）鎮撫による解散しかないのだが、当然ながら鎮撫には理由がなければならない。だが、蜂起を鎮めるべき理由を詮索すれば、もはや藩論が一枚岩でないことを明るみに出してしまう。勅書伝達問題と領民蜂起をきっかけとして水戸藩にたいする幕府の締め付けが強化され、これがまた藩論不一致を外部から促進する。水戸藩という政治体そのものが、内外から危機に立たされていくだろう。

まず幕府内の強硬論があり、これが一方の極論となっている。先に幕府方の探索書（五月十七日）を引用したが、これを受けて井伊直弼の腹心、公用人宇津木景福が勧告している。「別紙風文書を見ても、いかにも公儀を蔑視しておりこのまま放置しては威権にかかわる。水戸老公への御沙汰があっても遅々として進まず、公儀から取り押さえる旨を命じなければ今後の取り締りにもかかわる。ただ今押出している面々も狂人同様の者どもであり何をするか測り難い。万が一の事態に備えなければ不覚を取る。これは別にしても、先達て以来水府の天狗どもを京師でも恐れているようだ。今度も穏便な処置ではまことに一大事になる」（史料上編、巻25）。

さらに、今般の蜂起にたいする対処について、「このまま放置して水府におとがめがなければ、いよいよもって恐怖の行動に訴えるようになり、これに厳しく当たれば不敬の所業に及ぶのは必定。その節は急度処罰を加えるほかないが、こうなれば是非なく剣戟を用いることになる。即刻厳重の処置の上厳しく処罰しても、老公初め天狗どもはおとがめの軽重も分からない連中だから、内にも死に物狂いの働きをするやもしれない。昨年の騒ぎでは荷担した諸侯もあり役人も徒党に与する者があり、このまま放置してはまことに心細い。厳しく権威を示す機会は今を置いては難しく、さもなければかえって真に争乱の場に至るだろう。御威光を以て不屈の奴バラに厳重に命令されたい。老公初め天狗どもに憐みをかけるのは真の憐みとは言えない。このまま仁憐の沙汰では権威にかかわり、実に一大事と考える。昨年来、水戸藩の模様を見るに、驕慢強情の者であり一度は厳しく処置しなければ直らない。今や厳しく威を示す絶好の機会である」（五月十七日）。

これを受けて翌日、大老は幕兵による鎮圧という水戸藩処分案を評議した。だが、こんなことになれば天下大乱に至るかもしれない。井伊の極論は合意が得られなかったという。南上の者たちのうち士分は少なく修験・百姓・郷士が主体だから、公辺から人数差し出すのでなく水府へお達しして食い止めるのがよいとの理由であった。この段階では幕閣も一枚岩ではない。早速家老白井・中山が登城し、山吹の間に列座した大老と老中たちの尋問を受けた。「大勢の出府は何故なのか」と。

2　勅書回達は言語道断

他方、水戸藩内では南上士民の領袖は金子教孝や高橋多一郎だとの非難が出るようになる。ここに「激派」の呼び名が流通するようになる。激派の立場は会沢正志斎の言葉から逆に窺うことができる。この時期以降、危機感にかられた会沢はたびたび意見書を上げることになるが、五月十九日の上書に言う。「今回南上の士民は諭を示して速やかに引き取らせることが社稷の大幸である。勅書伝達すべしが客気の士民の異口同音だが、勅書の趣旨は公武合体・国内治平との叡慮にある。伝達すればついに天下の乱になり、当家より乱の手始めをすることになってしまう」。翌日はまた江戸の国友尚克へ上書を託した。

この節の騒擾は家臣のせいで国家が傾覆に至る事態であり、そもそも是非に及ぶことではない。御家中には勅書伝達の上、諸侯に命じて幕府に対抗せんとの暴論が行われているようだが、こうなれば一国の微力を以て天下の兵を引き受けることになり、社稷の傾覆は目に見えている。かような事態になっても、両君にあっては決して幕府に弓を引くようなことはないと承知している。ことが起これば幕府へ仰せ出て、家臣どもの取鎮めも行き届かず恐れ入る旨申告されるがよい。よって両君にあっては家臣へは与せず、坐して罪を待つの意で泰然としておられるように。手出しせず公辺の命をお待ちになるよりほかはない。そもそもが、家臣のせいでかような事態に及ぶことは言語同断の次第と存ずる。（史料上編、巻25）

見られるとおり、蜂起の鎮静化（解散）を断固進めるよう両君に上訴しているのだが、そこに公辺への随従という立場が色濃く出ることになった。大体が、密勅の文面から「公武合体・国内治平」が叡慮だと断じている。幕府による条約調印と藩主処分にたいする天皇の疑義などは無視するのである。これが藩内の「鎮派」の極論の一つになっていく。激派と鎮派という内部対立が明確に浮上せざるをえない。

だが、老公斉昭自身はどうなのか。慶篤とともに君臣の情に訴えて屯集解散を指示しているのは先に見た。当人は謹慎の身で身動きが取れない。しかし六月に入っても、斉昭は密かに勅書回達の手順を構想して、渡すべき文章や宛先まで細かく記した覚えを作成する。不意に回達の機会がやがて来るとでも予測していたのだろうか。覚書は密かに青山延光・豊田亮、それに久木久敬にのみ回覧し、激派に漏れないように注意を促している。ここに「両派」という言葉を斉昭も使う。青山延光の答申に言う。「条約調印も済んだことであり、この上勅書を回達しても諸侯は応じる見込みはない。機会を逸して証文の出し遅れとなっている。今後の事業により機会を待つべきだ。夷狄とことを構える場合には有志諸侯と申し合わせて防禦し、その際に勅意を奉戴すればいい。これ以外に方策はない」。鎮派の代表者たちの、これが立場であった。要は勅書伝達の延期、あるいは先延ばしである。

3　党派闘争宣言

さて、七月八月に入っても占拠は止まず、幕府の厳命と家老からの弁明が繰り返された。大衆蜂起を背景として国家権力と藩政との関係が極度の緊張へと張りつめていく時期である。こうした中で、伝達ペンディングという鎮派多数の意見はいかにも姑息に過ぎる。「鎮派」は藩内の「激派」にはっきりとノーを突きつけねばならないのだ。これが老会沢正志斎の意向であったに違いない。八月になると会沢からまた長文の意見書八箇条が提出された。

会沢正志斎といえば、もとより幕末水戸学の先達、今やその唯一の長老である。若くして藤田東湖とともに斉昭の側近として藩政に当たり、大まかに藤田は政事、会沢は教育という役割分担を担ってきたのである。激派の若者たちにしても弘道館の師範たちも、皆会沢の弟子筋に当たっている。水戸学の「尊王攘夷」の教えがまっすぐに密勅の遵奉、そして諸藩への回達という結論を導くのは自明のことに思われた。この観念が激派を走らせる。だが驚いたことに、会沢はここで水戸学の思想の議論などはおくびにも出さない。密勅と大衆蜂起の処理は今や藩という政治体の政治問題なのだ。思想から政治へ、会沢は無意識にも議論の次元をシフトしている。だが、相棒の政治家東湖はもういない。弘道館教授の会沢正志斎の政治論は、勢い党派的な色合いを強めていかざるをえない。

というわけで、街道占拠の渦中、八月の会沢意見書を一個の政治文書として以下評釈を加えながら読んでいきたい。時と所を選んで出され、時と所に強く拘束される言説が政治文書である。政治文書は、顕在化し激化する党派闘争の渦中に投じられ、その一翼をなしていくべき性格の言説であるほかない。

会沢正志斎上書　安政六年八月十九日　（史料上編、巻26）

序文

「恐れながら謹んで一書を捧呈奉り候」。勅書を（諸藩に）伝達せよと申す首謀者は（高橋）多一郎であるが、この男はことを謀るにその利ばかりを見て害は見ないという性格である。こうすれば必ず成就すると思い込むと、これが失敗することもあるとは気づきもしない。勅書伝達の件もひとえに成就するとばかり見込んでおり、これにはかような害があるという点には気づきもしない様子、そこで伝達には害があることの次第を以下に申し上げたい。

斉昭への意見具申の文書なのに、のっけから高橋多一郎を激派の首謀者として名指ししている。（内部の）敵の「峻別」（カール・シュミット）である。二人は子弟の間柄であった。しかし弟子の不始末という以上に、会沢のこの文書は現今の政治的焦点、すなわち勅諚伝達をめぐって、激派との党派的対決を宣言するのだと言うのである。むろん、勅書回達は今や藩論の帰趨を決めるべき問題になっており、激派活動家に限らず藩論に深く染み込んでいる論点にほかならない。街頭占拠闘争は頂点を迎えたばかりのこの時期である。会沢はずばり焦点を弟子たち、激派に合わせるのだと宣言してこの文書を始める。そして、論点は問題の利害得失の考慮なのだと、普通の意味での政治的立場を鮮明にしている。水戸学の思想はどこにいったのか、激派の当惑と反発は目に見えている。

4　情勢分析　　我は弱体彼は侮り難く

勅書の趣意は公武合体にあり

1．勅書を伝達できれば表向きは朝廷への義理を一とおりは済ますことができるように見えるけれども、その実、叡慮には背くことになると考える。なぜかといえば、勅書の結末に「国内治平・公武合体の実をあげ」とありこれが勅書全文の趣意である。これを強いて伝達すれば当面は兵端を開くことはないとしても、結局は必ず干戈に及ぶようになる。そうなれば京師にまでもいかなる横暴が及ぶか測り難く、国内治平・公武合体の叡慮に背くことになる。この点を慎重に御考慮の上での仕損ないはやむをえないとしても、軽々しく実行して過乱のきっかけを作ることになっては、朝廷へ申し訳もたたない次第と存ずる。

戊午の密勅は第一に幕府の違勅調印を叱責し、第二に水戸などへの処罰に懸念を表明している。その上で、今後の幕政は外様まで含めた諸大名との衆議により進めることを求めるものであった。この第一と第三の段落で、公武合体・国内治平と徳川家を扶助することが言及されていた。とはいえ、攘夷要求そして水戸藩を含めた諸藩の合議による幕政改革の提案が勅書の趣旨であるのは明らかなことだった。それこそ会沢の言う世間知らずの朝廷の提言、しかもそれを水戸藩に直達するという非常識の最たる点がこの内容にあったはずである。会沢はしかしこの内容を一貫して無視してきた。代わって、今回の指摘にもあるように公武合体・国内治平だけを勅書の趣意であるかに読み替えるのである。端的に党派的な読み方をしているのだ。

そうであれば、幕府の許可なしに水戸藩から勅書を伝達すれば公武合体を揺るがし、ひいては日本国内の戦乱を招くという会沢の警告が導かれる。戦乱は御国の存亡にかかわり、かえって叡慮に背くことになる。だが、会沢の主導してきた水戸学の「尊王攘夷」はどこにいったのか。理屈の上でも激派の納得は無理だ。それを見越した上での会沢の挑戦なのだった。

諸侯は安楽昏惰、一切頼りにならず

2．勅書を伝達すれば有志の諸侯はこれに服するとの論がある。だが、太平の世久しく諸侯は安楽に耽り士気は昏惰になっており、それに有志の諸侯といっても指を折るほどもいない。たとえあるとしても、御家はその傾覆を顧みるし、家老たちになればなおさら自国の安危と一身の利害を捨ててまでこれに応じる者は百人に一人もあるまい。伝達しても決して思し召しのとおりには参らないと考える。かつまた、古今の人で情義を守る者は百分の一で、利に従う者のみ多いことは天下の趨勢である。承久でも建武でも官軍は寡少であって武家は百倍の多勢であった。室町以降はなおさら、朝威はますます衰えた。当代に至るまで三百年近く御恩沢に浴してきたのは見事とはいえ、朝命を重んじることを心得ない者が多くなってしまった。威義二公以来の我が藩では現状尊王の義を弁える者はあるとはいえ、他邦にはいないのだから伝達しても承服する者は少ない。大諸侯などには時勢を揆《はか》る者もあるとはいえ、いずれも遠国であり京師を守衛するか、まずは自国を固めるほかなく、自ら長鞭馬腹はできないと申している。かように、江戸にまで手の届く者はおらず、当藩の援助にはならないのだから、有志の諸侯は一切頼りにしてはいけない。もしまた諸侯も夷狄を憎んでおり勅書に応じる者があるとしても、夷狄を憎む者は士庶には多いとはいえ、今述べたように有志の大諸侯のほかは安楽昏惰である。下々の者とちがって薄情であり、士気もなく夷狄を憤る心も薄く、太平を楽しむばかりで征戦など思いもよらない者ばかりだ。家老共も大抵は左様の者が多く、太平の弱兵を以て百戦練磨の夷狄に抗することができるほどの者はいない。

第一、御家といえども大志あれども実は二十八万石の分限に過ぎず、尾張紀州様同様のお務めを果たすには富強の手立てもなく、この節は士心も分裂して一致していない。加えて、去る秋より人心揺動して、上下困弊し軍用乏しく、戦陣はいかがにあいなるか危惧される。いわんや貧弱の小侯などでは、憤発して征戦の志を励ましている者などいか程もいない。勅書を伝達しても相呼応することはできない道理である。

「有志の諸侯は頼りに相成り申さず候」。容赦のない会沢の現状認識である。後にも述べるが、激派の戦略は勅書回達による攘夷の「全国一斉挙兵」にかかっている。そのために弊藩が先駆けねばならない。高橋が同志を全国オルグに派遣した。桜田門外の決起も、後の天狗党の筑波山挙兵もこの展望にもとづくものであることを、やがて見ることになる。そんなことは盲目の幻想だと、会沢がにべもなく指摘する。おっしゃるとおりと申すほかはない。だが、明治維新まであと数年のこの時期である。「弊藩滅びても苦しからず」と決意して長州が蜂起するのもじきのことだ。「反幕」が「討幕」に転じるのも避け難い趨勢だった。激派には激派の読みがありえただろう。激派も会沢も、水戸藩が反幕から討幕挙兵へ傾れていく危険を暗黙に想定している。それに賭けるか禁圧するか。党派の分かれ目の根深さがここにあった。しかしそれにしても、長州藩とちがって水戸はあまりに幕府（江戸）に近い。

諸蛮の勢力は侮り難い

3．有志の諸侯を助けて夷狄を防ぐべしとの意見があるようだが、諸侯は頼りにならない。また弘安の役では蒙古一国の寇を日本の全力を以て防いだのである。しかし当今は、諸蛮は数国が合従して侵攻して来るのであり、日本が全力を挙げても容易でない。公武が二分するようになっては応戦が叶わないのはもとよりだが、それぱかりか諸蛮が関東（幕府）の援兵となれば、なおさら勝算はおぼつかない。かつまた、狡賢い虜人どもは表面で関東を助けると号しても、内乱に乗じて漁夫の利を当て込んで、遂には神州を分け取る術策を弄すやもしれない。こうなれば公武合体との叡慮に背き天下の大変となり言語道断と存ずる次第だ。

幕府はすでにアメリカそのほかの列強と通商条約を調印している。この現状では、朝廷を奉じて諸藩が挙兵したとしても、諸蛮を援兵と頼む幕府との軍事対決になる。はっきり言って尊王挙兵に勝算はない。会沢は藩内随一の異国通である。すでに『新論』のころから、連合した列強の兵力と宗教による侵略が侮り難いことを詳細に警告している。これに対抗するにはこちら側の（藩そして幕府による）富国強兵しかない。それがまだ整っていないのだ。いま戦えば諸蛮の漁夫の利になるばかり、すなわち叡慮に背く天下大変となる。尊王にも攘夷にもならないではないか。これが会沢の認識であった。

百犬吠えるだけの尊攘志士たち

4．天下の有志は勅書伝達を渇望していると論を立てる者がいる。だが、他邦といっても真気の者は少なく客気ばかり、お義理で伝達を愉快と思う者たちだ。夷狄と関わる気などなく脇で高みの見物だから上の空、勅書を伝達されても浅薄に論じて身に引き受けてこれを深刻に思慮する者はいない。ただひととおり読み過ごすだけでその趣意までも深く考えず、百犬の吠えるがごとく何の思慮もなく伝達せよと唱えるだけのこと。この者たちは大抵多一郎と同意の者であるが、その他大勢は意見ばらばらに見えるのだから、有志の士といっても取るに足りない。伝達を主張する者の中には、伝達して直ちに挙兵上京するなどと申す者もいる。ある人がこれを評して、空中を飛行して上京する気かと嘲笑している由。客気の者たちは多分にこの類の空論を弄している。

これもまた会沢の幕末志士たちにたいするにべもない評価である。彼らは上京して交流し、また相互に他藩にオルグを派遣し合っている。現に薩摩藩有志と高橋らとの密会が続けられている。だが、有志の士といっても客気ばかり、お義理、高見の見物、その他大勢で空論「百犬の声に吠える」に過ぎない。会沢はこんな風に志士風情を馬鹿にしているが、どんな革命の場合だって、老知識人には少壮客気の者たちはこんな風に見えるし、事実そのとおりなのである。これら大衆的発狂沙汰を、正気の政治はではどうするのか。会沢ら鎮派は藩庁のことなかれ主義中間派と切れ目なくつながっているのであり、ただ激派排斥を唱えることを超える方略が会沢にはなかったのか。それに、百犬の吠えるがごとき者たちが思いもかけず幕藩体制をひっくり返すのも、あと数年のうちなのである。主体的、客体的条件を客観的に認識するかに見える会沢の情勢分析に、今少しの長期展望が欠けていなかったかどうか。

5　政治方針の献言

枉げて関東の御処置に従われよ

5．治世に兵革を好む者はいないから勅書を伝達しても格別の悪害もなかろうと論じる者もいる。幕府よりの伝達は当然としても、それすら間部（詮勝）侯などが上京工作し粉骨を尽くしてうやむやにしてしまっている。こうした中で強いて水戸藩から伝達しては幕府にとっては大きな手違いとなり、天下に対しても相すまぬことになろう。そうなれば御家へ今一段と重い厳譴を加えるは必定であり、藩内に幕府を敵としてはやり立つ者が必ず出る。かくなれば御国としても公辺へ敵対する形になり、諸侯の援助もなく、孤立したまま天下の兵を動かすことになり、国家の傾覆は累卵の危うきに立ち至るだろう。

恐れながら、叡慮には沿わぬことになろうが、主上（斉昭）はこの節は枉げて関東の処置に従われることが、畢竟万民を憐み妄りに民命を損なわず、御仁心のたまものと感謝されることになりましょう。そうでなく御家が禍乱の手始めとなり、有志の士民を残らず殺しその禍が天下の民にまで及ぶようになっては、かえって主上の御仁心に背き、国内治平をとの叡慮と雲泥の違いになると申し上げたい。昨秋伝達の件が持ち上がった折、吉凶を占ったところ凶と出たので、（中略）その指示に従う御処置をして凶兆も免れ遊ばされたかと密かに安堵していたところに、またまた伝達などされてはこの上いかなる凶兆に至るのかと、実に憂慮この上ないことである。

ここからが現状分析を踏まえての勅諚問題への方針提起になる。藩の取るべき方針、といっても実質的には江戸に謹慎中の斉昭への建言である。会沢は藩の重臣ではない。臣下の大派閥の首領でもなく、組織を代表して発言はしていない。だから、個人の発言にして実効性を伴うためには斉昭を動かすしかないのである。一言で言えば、幕府に敵対することを避けて、不本意であっても勅書の処置は幕命に従えというのであった。そうでない場合の悪影響が大きすぎるのであり、予想される害悪を冷静に見積もらねばならない。害悪とはすなわち藩のみによる反幕挙兵である。その害は目に見えていると、会沢は斉昭に諫言している。封建制の大義名分上藩は幕府に従うべきだ。これもまた『新論』以来の会沢の原則だが、ここでは名分論からではなくもっぱら実利的判断を強調している。政治文書たるゆえんである。

しばらく時を待つこと

6．勅書を頂戴したことは寵栄の至りとはいえ、万乗の尊にあらせられる朝廷の御処置は下情に通じず、古今の大勢をご明察なさってはいないので、その政策はいかがなものかと思わせる。昔から天下の政令は一本に出なくては治平はかなわないことである。東照宮の定めも御三家を立て腹心に相談はされても、政令はその筋より一本に出ることが聖賢の道だとされてきた。諸侯への号令なども幕府より一本に出るのでなければ、政令ばらばらとなり天下は治まらない。それゆえ勅書とても幕府に下すのが当然であり、別に御三家に下すというのは権道である。それでも勅をお受けしたのは避けがたい処理だったとは思うが、しばらくは時を待つこともまた臨機応変、止むをえない次第と言うべきである。そうでなく、時宜を構わず軽率に伝達することは朝廷より戦端を開くことにもなり、しばらくは時を待ち幕府の方針が一変したうえで幕府より発するようにすべく、御熟談なさることが肝要と存ずる。迂遠のように思われようが、方針一変もあるやもしれず、慎重に待つことがかえって幕府に忠節を尽くすことかと思われる。

勅諚伝達を幕府の判断に任せること。では、特に我が藩に勅書を下した叡慮はどうなるのか。前にも触れたが、戊午の密勅の水戸藩への降下は下情に通じぬ朝廷の軽率だというのが会沢の判断である。その上で改めて幕府による政令一統の原則を破るなと警告する。朝廷からの政令一統をむしろ求める向き（後の王政復古）には到底承認できない見解になる。これにたいして会沢は、幕府の方針自体が一変する可能性をほのめかしている。水戸藩史料によれば、この時期には井伊大老と老中太田、さらには老中間部との間にすら亀裂が生じていたという。井伊による大獄が公卿たちのトップにまで及んだことがきっかけだった。水戸藩家老たちはこの幕閣分裂に期待してひたすら問題決着の猶予を請願した。会沢のほのめかす幕府の「模様一変」もこの期待だったかもしれない。

幕府への忠孝を守ること

7．当藩は威義二公より天朝と幕府を尊敬することが御家柄である。その遺志を重んじられて、この度は幕府から御慎みを仰せ付けられても、諸侯の模範となるようにとの尊慮により、君上は格別に深く御慎み遊ばされておられる。この謹慎をも破って伝達なさるのであれば、つまりは幕府に手向かう勢いになる。先にも申し上げたように、義朝が父の為義を害したようなはめとなり、義において相済まず、深い御慎みもむなしくなろう。幕府へ謀反の姿勢にもなり、先年（結城）寅寿が申し立てた嫌疑を証拠立ててしまう。これでは、これまでの忠誠も水の泡となってしまう。残念も限りなしと存ずる次第だ。

次いで、水戸藩代々の幕府への忠孝の強調となる。ともかくも反幕の行動はダメとの主張に読める。ここに源義朝が平治の乱で父為義に敵対した事例がよく持ち出されるのである。また先年寅寿申し立ての儀とは、いわゆる門閥派の棟梁結城寅寿が斉昭を幕府に讒言して、逆に斉昭から処刑されたことを指している。

私怨に報いる振舞いは止めること

8．この度大老以下を御譴責されたことは、幕府に敵するものではないとお考えのようにお見受けする。しかし、将軍は幼年であり幕府に御任用の人（大老）より出た案件はすなわち幕府の政事であるから、（大老に）敵対するのはやはり幕府に敵対することになる。それゆえ幕命を以て討伐にでも至れば、謀反の名逃れ難い。あるいはまた、有志の諸侯を率いて幕府の罪を責めれば大老も自ら引退するとの目算であったろうか。目算ありなどと言うのはかの首謀者（多一郎ら）による例のごとき虚喝の術であって、左様に甘く安心はできない。大老も賢者だからおのが罪を知って自ら退くのではないか、などと期待するのは凡人の情の類、負け惜しみにすぎない。なおまた勅書では、有司の心得いかんに関わらず、幕府の報告が（条約）調印の後になったことを責めているけれども、これは堀田老中在職中のことであるから、大老だけを責めるのは公平でない。これは私怨に報いる振舞いだから、先方も承服できず、水土輩（水野忠央）とも合い謀り御家へ譴責を加えるだろう。その時は士民が蜂起するから直に叛名を受けることになり残念至極に存ずる。かつまた、大事を行うに際しては家老の立場で引き受けて、持ち回り評議する者がなくては成就しないのに、危殆《きたい》のことだから誰も引き受ける者もいないのか、下位の一両人（高橋ら）ばかりで取り回す心得と見える。だが、彼らは大志はあれども詐術を好み小梅（藩邸）の人数を引き回し、偏頗のことが多く謀反の者すらいるほどだから、変詐の小智を以て大事をなすことは何とも安心できぬことだ。何事かをなさんとする際には、ことを重く見込んでもなお意外のことで仕損じることもある。それなのに初めから軽く見通して、軽挙妄動するのは危殆の至りだ。君はもとより御忠誠のこと、何事によらず至誠を以て慎み遊ばさるべきところ、虚喝の術を以て私怨に報われるごとき振舞いに及んでは、恐れながら御盛徳の瑕瑾になるのではと危惧する次第だ。

すでに述べたことだが、斉昭は昨年六月に押しかけ登城し条約調印につき井伊大老らを面責した。これがもとで謹慎処分を喰らい、今も駒込藩邸に閉じ込められたままである。だが、大老の意向はすなわち幕府の政事なのだから、私怨による大老への反逆はすなわち反幕の行為になる。藩主たるもの公私の別を付けるべきで、「虚喝の術を以て私怨に報いるごとき振舞い」に及んでは君徳の傷になってしまうだろう。以上はもう君主の振舞いへの臣下の諫言の口調になっている。だが、斉昭へのさらなる処罰（国許永蟄居）の追い打ちは、この会沢意見書のすぐ後のことなのだった。

結語　勅諚伝達は父子離間のもと

以上の次第により、勅書伝達の患害は、勿論第一に、伝達すれば勅書の趣意に違反することである。それなのに伝達を主張する首謀者は己の見込みだけで張込んで、その患害にも勅意にも心付かず軽挙妄動して、天下を乱し国家を覆すことをも顧みず一偏に思い込んでいる。己の存意を通さずには当藩の同志はもとより他所の同志にも面目を失うので、私情を以て詐術を弄し、君を奉ってかえって君臣離間の術を行っている。強いて伝達すれば当君（慶篤）にも支障を及ぼし、恐れながらこれまた両君離間になりましょう。

「何卒深く御思慮遊ばされ候よう、天下の為社稷の為、至願奉り候。老病の身にて死力を尽くし冗長の文相認め、愚忠を献じ奉り候。誠惶誠恐昧死謹白」。

八月十九日　　　臣　会澤恒蔵　安　稽首謹上

6　政治文書の会沢正志斎

もともと斉昭は臣下の建言を奨励し、臣下の言い分をよく聞く君主だった。藩が危機に直面すればなおのこと、多種多様な臣下の意見書が寄せられることになる。まさしく叛乱における言論の氾濫を垣間見せてくれる。その有様は次章で詳述するつもりでいるが、会沢正志斎の以上の文書も斉昭への建言という格好を取っている。けれども、会沢は家臣の一人などではない。水戸学の学者にして弘道館の指導者であり、その高名は藩内はもとより全国の勤王の志士たちに知れ渡っている。藩主父子を除けば、今や藩第一の著名人だと言っていいだろう。その会沢正志斎の意見書がこれだ。君主にとってだけでなく、藩論全体に与える影響力は圧倒的であった。それに会沢は文書を通じて頻繁に藩政に意見をさしはさむ。

けれども、私が会沢文書に読みたいのは特殊水戸藩的なこうした事情ではない。危機に臨んで発せられる、これは典型的な政治文書なのである。今読んでもその出来栄えに感心させられる。内外の危機に直面した際に集団が、あるいは集団内の一分派が発する文書が政治文書である。自分たちが誰であるか（ないか）、危機の情勢をどう受け取っているか、そしてこの危機にどう対処するべきか（すべきでないか）を訴える文書である。危機に直面すれば集団にかかるストレスが集団内部の異論を呼び覚ます。だから、通常政治文書は集団外部へのアピールであるとともに、より一層内部の諸勢力への批判と党派闘争の呼びかけとなる。右の文書でも激派の主張、それに斉昭の意向をいちいち取り上げて反駁する形になっている。

会沢文書がこの意味で、主として集団内部に向けた政治文書の構造を持つことは明瞭である。初めにのっけから、「内部の敵」を名指しして非難を浴びせている。それが自ずから「我ら」が誰であるかの表明になっている。会沢は党派の代表として書いているとはいえない。だが、弘道館師範を中心とした「断固鎮派」と呼ぶべき勢力を背にしているのは明らかだ。危機に反射的盲目的に跳ね上がろうとしている「激派」がこれに対置されている。敵は幕府でなく、かえって彼らなのだ。外部の敵対を内なる敵に転化している。

彼らと違って、なぜ我らは盲目的でも反射的でもないのか。彼らを批判する論拠として、次に、危機と情勢の評価が冷静を装って展開される。彼らは叡慮を読み間違えてかえって危機を作り出そうとしている。公武合体・国内治平の患害である。彼らの幕藩諸侯への入れ込みはたんに幻想に過ぎない。この太平の世に、好んで攘夷に立ち上がる根性などあるものか。反対に、攘夷の敵（西夷諸国）を冷静に見れば、すぐには敵対不可能なことは明白である。端的に、戦えば負ける。以上が、主体と客体の「情勢分析」、それも客観的かつ党派的な結論に結び付くべき分析である。

では何をなすべきか。これが情勢認識に基づく行動方針の提起になる。端的に幕府の方針に従わねばならない。だが、言うまでもなくこう断言することは挑発的で、危ない。尊王攘夷はどこへやったのかと、内外から反発が一斉に返ってくる。だが会沢文書は、問題が尊王か佐幕かの思想対立だという論争の次元を断固回避しようとする。その成否に政治文書の効果がかかっている。客観情勢とそのもとでの政治体としての利害得失、この意味での政治のリアリズムの次元に問題を移さねばならない。あわてて百犬が吠え立てる軽挙妄動こそが集団を危うくする。集団を討幕挙兵の道へと引きずり込んでいく。今は枉げて幕府の処置に従うべきである。

だが、激派客気の若者たちとはほかならぬ観念に動かされて軽挙妄動しているのだ。観念にたいして現実、この政治的リアリズムなるものが政治文書のはまり込みやすい罠となる。日常の政治ならそれでいい。だが、今日のリアルが明日もリアルかどうか、測り難いのが危機の時代であり集団の運命である。政治文書にとって、第三の道はありえないのか。危機に対応した政治体自体の変革（再団結）と飛躍の方向こそが、「当面の行動方針」の提起のその先に提示されねばならない。分裂状態を再び「人心居合」に導くべく、水戸藩をどう変えていくか。「しばらく時を待つこと」、慎重論だけではだめなのだ。だが、会沢文書にはそれが欠けている。「威義二公以来の」我が藩の忠孝のもとに団結せよと呼びかけるばかりで、弊藩滅びても苦しからずというように、我が藩自体を改めて対象化する視点がない。
　政治体を誰が、どう変えていくか。ここのところで会沢文書が向かうのは、やはり終始「斉昭」なのだった。政治文書は最後になって無意識のうちに諫言の書に性格を変えてしまう。水戸の叛乱はもう鶴の一声では左右できない段階にあるのに、だから激派の軽挙妄動には一片のリアリズムがあるはずなのに、会沢は文書の焦点を斉昭のほうに移してしまう。逆に言えば、斉昭の名によるリアリズムはそれだけに党派的な意味を帯びてしまう。会沢の冷徹な情勢認識のリアリズムを転覆してしまいかねない。政治体の内部分裂は不可避だとしても、それが初めから党派闘争であっていいはずはないのである。会沢は会沢派といった派閥の頭領でなく、だから政治文書が政治集団に結び付かない。党派が自己権力を打ち立てることを通じて藩を変えること、その片鱗も窺えない。それだけに、会沢の党派闘争はセクト的に上滑りしていく。

　とはいえ、会沢正志斎の一篇の政治文書だけを論じて先走りすることはよそう。藩内の言論戦はまだ始まったばかりに過ぎないのだから。水戸藩はまだまだ追い詰められていく。だからまた、言論も氾濫すると同時に混雑を極めていくのである。混雑の中にそれに先立つ今回の会沢文書を据え置くことを通じて、集団的危機における言論のスペクトル分布を理解することができるだろう。私が本章で先行的に会沢のこの文書を詳しくたどったのもそのためである。

第五章

追い詰められる水戸藩　風雨粛々・秋気荒涼たり

1　秋気荒涼　斉昭永蟄居

安政六年九月一日、国許永蟄居を命じられた斉昭は、謹慎中の江戸の藩邸を発って水戸に向かった。幕府は他藩を動員して街道に物々しい警護の体制を敷いた。まるで叛徒の護送のようだとは水戸藩士の感慨である。冷たい雨が降っており、文字どおり「風雨粛々、秋気荒涼たり」であったろう（史料上編、巻26）。

水戸の大獄はこの年の八月二十七日を以てクライマックスに達した。前年七月の処罰に加えてこの日、斉昭は国許永蟄居、慶篤差控え、慶喜は隠居謹慎が命じられた。水戸藩にしてみれば「戊午の大疑獄」

であった。斉昭の処分理由書は言う。

国家のために献策するは当然のことだが、幕閣に建白しても取り上げられないので、家来の者をしてその目論みあれこれを京都へ仰せ立てさせた。のみならず将軍継嗣の件についても軽輩の者が堂上に入説した。かくて関東の暴政を言いふらし人心を惑乱させ、讒言まがいの奏上をして、ついに重大な勅諚を軽輩の手に取扱いさせ、かつ綸旨を懇願するなどに及んだ。この点、公武の確執と国家の大事を醸成することになった。これら容易ならざる策謀は、たとえ家来の者共が存意を忖度して私に周旋したのだとしても、それは元々の考えが不適切だからかかる次第に至ったのであり、公儀に反対する後ろ暗い方策と言わざるをえない。（史料上編、巻26）

表面は、幕府を差し置いての京都工作が処分の理由である。だがその背後に、「容易ならぬ策謀」「後ろ暗い方策」があると断罪されている。要は「水府陰謀」にたいする幕府の公然たる反撃であった。しかも、背景には五月から一向に衰えを見せない領民の蜂起があった。当面の問題でも、密勅を受け取ったことそのものでなく、またその後の藩の取り扱いが罪状ではない。「重き勅書を軽き輩の手に取り扱いさせ」たことを咎めている。だが、これは叡慮を憚っての表現であり、勅書伝達断固阻止の意思表示であることは明白であった。

斉昭の再処分だけでは済まない。この日にはまた、家老安島帯刀に切腹、茅根伊予之介ならびに勅書を取り次いだ鵜飼吉左衛門を死罪、そして鮎沢国維に遠島の処分が言い渡された。罪状は同じく不当な京都工作である。安島はかの戸田忠敞の実弟であり、尊攘派の行動隊長格であった。その安島の処分書に言う。一橋慶喜の将軍継承を、茅根伊予之介とともに鵜飼父子に伝えて入説させた。昨年七月、薩摩藩士日下部三次上京の時、鵜飼と申し合わせて、「容易ならざる儀を堂上へ入説させた」。主君に「諫言すべき職掌でありながら、かえって主君の内意を推察して右の件鵜飼父子へ文通に及び、右の者どもが京都で種々奸計を廻らし公武御確執にも及ぶべき場合に至った。公儀に対して軽からざる儀、右の始末不届きにつき切腹」。時に安島は四十八歳。

斉昭らにたいする罪状は以上のようだったとしても、井伊直弼の「水府陰謀」撲滅の執念は深い。通商条約調印、将軍継嗣問題から始まるこの確執についてはすでに述べた。そして、この安政六年八月二十七日の処罰以降、今度は水戸藩そのものの抑え込みに井伊は意を注ぐことになる。戊午の密勅の処理、そして小金屯集の士民の取扱いと、まだまだ案件にはこと欠かない。水戸藩の受難が続いた。すでに一年前、安政五年八月三十日には激派に同情的な江戸家老三人、岡田徳至《のりよし》・大場一真斎・武田耕雲斎が隠居を命じられ、人事が一新されていた。

斉昭ら処罰の翌二十八日、井伊側近の参政安藤信睦《のぶゆき》が水戸藩取締役に任じられる。安藤は九月八日に早速小石川藩邸にやってきて、小金から八幡へ繰り出した士民の解散方を命じた。以降しょっちゅう顔を出す。十月には小金勢の解散にめどがつき、慶篤の差控え処分も解除された。安藤としては少なくとも江戸の水戸藩の取り込みに成功したのである。以降、慶篤は幕閣の意向に汲々することになる。その現れが藩による激派の処分である。高橋・金子・野村らが逼塞処分で水戸へ返され（十月十日）、さらに蟄居などの処罰の追い打ちがかけられた（十一月十二日）。士分はもとより郷士百姓に至るまで、無許可の出府が厳禁された（十二月十一日）。

こうして、水戸の叛乱も終息して、これを扇動したと目される高橋らが「激派」として藩政から追放された。これは大きい。高橋らは以降密行して、薩摩藩士などと井伊誅殺の謀議を余儀なくされた。藩論の帰趨からその外部へと脱落していった。

藩論の帰趨とは、井伊にとって残された懸案、すなわち戊午の密勅の処理如何ということとなった。

2　勅書返納の勅命

昨安政五年八月に天下ってきた戊午の密勅は、その指示書にある諸藩への「回達」をめぐって藩論を二分することになる。これについてはすでに述べたが、「戊午の大疑獄」を経た今や回達など到底望めない。代わって、水戸の手にある勅書の「返納」の可否、そして返納するとしても朝廷へか幕府か、これが幕府と水戸藩との最大の焦点になる。思えば今やただの紙切れに過ぎない。だが、水戸藩にしてみればこれに「尊王」の一事が懸けられている。懸けられているから尊王が勢い観念化して先鋭化する。

尊王攘夷の教えが染み込んだ水戸藩士にしてみれば、今や「御一品」と呼ばれて勅書の物理的存在それ自体が目的になる。そこに幕府が付け入ってきた。

幕府の方針としては勿論密勅そのものの存在を抹殺したい。それには幕府に返納するよう、朝廷から水戸藩に命じてもらうのが早道だ。すでにこの年の二月に、老中間部詮勝が画策して返納を命じる勅書を得ていた。ところが、そこには「幕府もいずれ鎖国の旧法に復すべきと考えていることが判明したので、朝廷の疑念も氷解した」とあり、すでに通商条約を調印している井伊の意に沿うものではない。いずれ鎖国の旧法に復するなどとあっては、逆効果にもなりかねない。だから水戸にも伝えず内密のままにしておいた。そこで井伊は長野主膳を派遣してさらに工作させ、十一月十九日に至って改めて次の勅書を得た。伝奏広橋光成から所司代の酒井忠義に下された勅書は次のとおりである。

昨年八月八日水戸中納言へ下し置かれ候勅諚の書ならびに添書とも、この度返上これあり候よう仰せ出され候間、その段水戸中納言へ達すべく候。よってこの段申し入れ候こと。（史料上編、巻28）

かくて十二月十五日、登城した慶篤に井伊大老と安藤信睦が勅諚返納の朝命を得たことを伝え、今日より三日以内に幕府に返還するように最後通牒を発した。そして翌日安藤が藩邸に来て、返納命令に違反すればかえって水戸藩が違勅の罪で処罰されると威嚇したのである。勅諚回達というこの間のスローガンが真っ向拒絶され、「回達」でなく「返納」か否かにこの案件が絞られた。それにしても、違勅とは水戸藩としては浮沈にかかわる大事である。ここからにわかに藩論は紛糾・分裂して、藩政がにっちもさっちもいかない状態に陥ってしまうのである。阿呆らしいといえば阿呆らしい。だが、観念が時に法外な力を振い、本人たちを追い込んでへとへとに困憊させるということが起こる。そういうこととして、以下に水戸藩内部の消耗戦を詳しく追っていきたい。

幕府は慶篤に面と向かって勅書返納を求めた。ところが、勅書はもう江戸藩邸にはないのである。というのも、水戸に蟄居の斉昭はこの時期何を思ったか、江戸にある戊午の密勅を内密に水戸に運ぶことを命じていた。斉昭の手記に言う。「右の品を下されたことは当家の冥加なのだから、回達のことは幕府の指図どおり差し止めにするが、返納しては天朝に済まず、また当家代々にたいしても相済まぬことだ。よって返納は御免願う」。返納しては朝廷ならびに御家代々に相済まぬとは、これからの藩論にも繰り返し登場する理由になる。しかしだからといって、勅書を水戸に移すことにはつながらない。幕府が権柄ずくで要求し慶篤がこれに屈することを警戒したためだったろうか。これが奪われるようなことになれば再度の士民暴発を引き起こすことを恐れたためか。ともかく幕府に直に返納することに斉昭は同意できない。勅諚は十月初め、大場景淑（一真斎）によって極秘裏に水戸に戻され、城内の祖廟に収められた。文字どおり「威義二公以来代々様」に勅書を守護させる形である。斉昭としては勅書を懐に抱えて幕府と相渉るしかない立場に自らを追い込んでしまった。これが事態を余計に紛糾させることになる。

3　藩論沸騰す

さて、勅書返納を振りかざした幕府の最後通牒を受けて、慶篤は急使を飛ばして水戸の斉昭に報告させた。それによると、この度勅書を返納しなければ「御違勅の罪が中納言様に及び申すべし」と、安藤はこの日「容易ならざる口気」で告げたのである。安藤の示す朝廷からの御沙汰書は偽物かもしれないし、返納しては御国の浮沈にかかわる大事である。ともかくも勅書は江戸へ戻す必要があるが、この情報が洩れれば国許の動揺は不可避になる。ともかくも、「この度御返納相なり候えば御家は御安全」というのが慶篤の当座の対応であった。勅命がある以上、返納はすでに前提である。だが、先の勅書には朝廷と幕府のどちらに返上すべきか、指示がない。これが問題だ。次いで十九日、安藤との交渉の現場に立ち会った横山・坂場が登城して斉昭に経過の説明をした。慶篤が一応京へ伺いの上返上したいと申したところ、安藤は「かように御沙汰書がある以上は、この上京師にお伺いとは、公辺をお疑いか」と迫った。「せっかく江戸と水戸も静謐になったのに、またまた動揺」と、こちらは猶予を願ったが、「動揺のために勅諭に背くのでは相済まず」と安藤は強硬であったという。文字どおり日を追って風雨急転の状況に水戸藩は追い込まれた。

こうして、安政六年の年末ぎりぎり、藩論は沸騰した。江戸からの報告を受けて家老らが夜を徹して反覆議論したが決まらない。そこで二十日、城内に元家老の岡田・大場・武田も含めて、番頭や弘道館教員までを集めて衆議を尽くし決定しようとした。水戸市史の言う「城中の大評定」である。これは以降三、四日続き、この間は少年の諸生どもも数十人が参集して要人たちに意見を吹っかけて回った。「諸生ども毎日殿中へ詰居り紛々議論する由」であった。まさしく、危機に臨んで言論沸騰というところだったのだろうが、残念なことにこの城中大評定そのもののドキュメントは見当たらないようである。代わりに、代表的な意見が書面の形で残っているから、以下、水戸藩史料上編巻28・29より評定の大筋を垣間見ておこう。

まず、議論の柱となったのはここでも会沢正志斎だったようだ。その意見書に言う。

勅書返上の件は京師から仰せがあった以上止むを得ない次第だ。ただ、この度は表立っては公辺（幕府）からの伝達であるが、勅諚は直に当藩に下されたものであるから、返上も元のごとく家老がお使いとして直に朝廷に返納するのがよろしい。もっとも公辺よりも見届けのため然るべき役人を派遣することも可能だ。この公辺役人の意向に添えるかどうかは計り難いが、御家にとっては勅書返納を余儀なくされることは莫大な不面目を一時に蒙ることであり不本意なことである。幕府役人が多少意に添わぬ点があっても、御三家では直に返納の面目も立つことだし、公辺にとってもほかの諸侯にたいする重しになるはずである。当家から朝廷への直達は初鮭や大日本史の献上などこれまでにも多くあることだ。なおまた、勅書を返上することは重大事なのだから、閣老方とも熟談されるがよろしい。（史料上編、巻28）

弘道館助教三人と訓導五人が連名で、基本は会沢と同様朝廷への返納の意見を上げた。「やむをえないことだが、専使を派遣して返納方を京師へお伺いするのがいい。これが無理なら、奉書を以てお伺いしたうえで朝廷に直納すべきだ」と言うのである。戊午の密勅の返納と「初鮭の献上」とを並べるのもどうかと思うが、要は朝廷直納論である。もう回達などは論外、返納が前提だ。その上で安藤が振りかざした朝廷の返納沙汰書に従うという名目に、「尊王」の一点をつないだものか。返納が止むをえないとしても幕府でなく、水戸藩から朝廷へ。いずれにしてもこれが評定の多数意見だったようだ。それにしても、勅書の処理は幕府に一任せよとの先の会沢意見書（前章）の主張はどこへいったのか。政治の焦点がまた一つシフトした。

もとより、激派と呼ばれる連中がこれに同意のはずはない。だが、すでに高橋多一郎らリーダーは謹慎させられ議論に参加はできない。それに、彼らは藩論を見限って井伊大老誅殺の計画に専念するようになっていた。とはいえ、そもそも勅書は返納するどころか、これを諸藩に回達せよというのが激派の主張であった。藩内における尊王攘夷の原則論の裾野は広い。そして今後とも容易には消えはしない藩論の基盤なのである。以下の有志某の建議には年末大評定での返納反対論の一端を聞くことができるだろう。勅書断固護持である。

安藤が来て勅諚を国表から江戸に上らせて公辺へ差し出せと要求している。これを聞いて、「一同憤懣至極」になっている。勅書を中納言様へも、また大場景淑などへも決して渡さないというのが老公（斉昭）の御意であり、だから非常の御英断を以てこれを祖廟へ納められたのだ。君臣上下一致して勅諚をお護りする外はないと考える。昨九月と今年五月に我々が南上したのも、勅諚守護のためであって、祖廟へ納めたことはすなわち威義両公初め代々様がこれをお預かりしているということなのだ。（史料上編、巻28）

ここでも危機に臨んで威義両公はじめ代々様のもと「君臣上下一致」の結束が訴えられているが、ほかならぬ藩の結束の必要が思いもかけずにこの藩の分裂をもたらすのだ。一方、小普請組へ左遷された野村鼎実から蟄居している関鉄之助への書簡（二十日付）にはこうある。「議論は今暁までに評決に至らなかったようだ。今日は諸生までから意見聴取と言う。会沢はじめ教官は京から言われたから差出し致し方なしの論だろう。諸生などへは策を施しているがどうなることか。要路の者は微力でごたごた、多分会沢翁の論に引きずられてしまうだろう、慨嘆しても余りある体たらくだ。義民などさらに寥々。かねてからの「大決断」を発するほかはない。とにかく、今日の評定の決着を一刻千秋に待っているところだが、おそらく思ったようにはいきそうにない。高橋・金子などの有志を退け置いているからかような体たらくなのだと、昨日は堂々の議論をする者もいたそうだ」。藩論のイニシアティブについては、もう敗北主義の様子である。戊午の密勅の回達か、守護か、返納か。朝廷がたまたま下したこの有難迷惑にたいして、こんな議論の次元を突破する論点の構築はできなかったのか。

4　朝廷へ御直納に決す

ところでここに言う要路の者、水戸の家老以下はどうしていたのか。斉昭の指導はどうだったのか。これについては次項で伺い見ることにして、この時期の斉昭に関する一挿話を引いておきたい。家臣たちにとっての斉昭の巨大な権威、しかし城中で謹慎中につき身動きが取れない老公の立ち位置をあらかじめ見ておきたいからだ。

久木久敬（側用人）の話　（史料上編、巻28）

十二月十九日登城して安藤の要求の委細を執政衆へ伝えたが、「いずれも愕然たるばかりにて兎角の評議にも及びかね」という状態だった。そこで横山・戸田と三人で老公の御前へ出て報告した。終わって「いかが心得るや」との御質問があり、横山・戸田はそれぞれ京師より返納の命がある以上は御返納のほかない」との答え。老公は一々耳を傾けておられたが、次いで、直次郎はいかがかと当方への御下問である。私が申し上げたことは、この度安藤は返納の沙汰書を得たと言うが真の勅書とは思われず、そのわけは、勅書には勅書の扱い方がある。しかるに経緯を聞いたところ、（勅書持参の）安藤は平服で参上したばかりか、藩主が不例を理由に面会を断ったのに、寝間にても苦しからずと強いて拝謁を願った。真の勅書ならこんなけしからぬ取扱い振りがあるはずがない。

老公は私見をお聞きになりもっともだとおっしゃって、重ねての御質問。「たとえ偽物でも幕府から勅書なりとして達せられた上は、勅書として扱わないわけにはいかない。それをどう心得るか」と。私は答えた、やはり御返納のほかはないと思う。しかしながら、元々勅書なのだから、中納言様ご自身が上京して親しく主上へお伺いの上、取計らうのがよい。これで幕府の見せた沙汰書の真偽も分かるだろう。その上でなお返納せよとの叡慮であれば、もちろん返納すべきだが、これもなくただ幕府に返せとはしかるべからず。中納言様上京を幕府が差し止める筋合いはない。朝廷よりの勅書は朝廷へ、これが当然であり、その旨幕府へは届けるだけでよい。

老公はこれにたいして御気色を損じられて、以下のようにお諭しくだされた。「それは書生論と申すものだ。たとえ道理の上でもっともであっても、実際に行われ難きことを喋々して何になるか。そもそも今の政府の情勢をいかに心得ているのか。たとえ中納言が無届けで上京したとて、幕府はこれをそのままにしておくだろうか。また、上京して朝廷にお伺いに及んだとしても、今は朝廷は公武の間に立たされて困難な時節だ。こちらの進退の筋が先方によく届くものだろうか。もとより中納言がこの難事をよく処理できれば何の差しさわりもないことだが、今は幕府が暴横である矢先、いかにしてこの難題を成し遂げられるだろうか。汝は重役までも勤めながら実事の難易成敗も計らずに、己の才力を頼んで安易にことを弁ぜんとするようでは、甚だ不心得だ。要路に当たる者はよく時勢の難易を察し主君の能否を計り、機宜を料理して社稷の保安を計ることこそ勉めるべきである。己の力量を頼んで時勢の難易にもかかわらず大事を計るようでは、金子孫二郎や高橋多一郎など同等であり、甚だ心もとない。直次郎を著実と見込んでこそ要職をも申し付けたのに、こんな料簡では行く末が思いやられる」。

こんな風にお叱りを受けて、こちらとしては平伏するばかりだった。それでも、恐れながらと「御前は勅書をいかに取り扱い遊ばされる思し召しですか」と質問した。これには格段のお答えはなく、ただ、「尚とくと考慮すべきだ。その方にもよく執政どもと協議せよ」との御意であった。

従来から斉昭は家臣の言うことをよく聞いた。その言動が以上にはよく出ているが、むろん今は火急の場合だ。だが韜晦しているのか、当主としての慎重さなのか、斉昭は久木の質問をはぐらかした。いや、過去二回の処分にたいする対応を見ても、斉昭は杓子定規と言えるほどに謹慎の態度を守っている。徳川将軍の家臣という仕来りを今回も厳守するつもりなのだろう。しかし、場合が場合である。藩を挙げての混乱の中で、家老をはじめ臣下の目が斉昭一身に向けられていく。この狭間に置かれた斉昭の言動を、これからも見ていきたい。

先の謁見場面に出てくる久木久敬《ひさゆき》といえば新世代の慶篤側近であり、今後とも激派にたいしては反対の立場を堅持する鎮派である。実際、もうじき激派による闇討ちに遭って重傷を負うのである。その久木が、幕府の要求を激しく非難して藩独自の返納路線を守ろうとしている。鎮派といっても尊王攘夷の理念は多様かつ広範に、しかし抜きがたく根付いているのである。

さて、水戸城中の評定の一端を以上に垣間見てきた。文字どおり諸説紛々である。で、年末ぎりぎり、藩を挙げての評定の結論はどうなったのか。戊午の大疑獄を契機に藩論は広いスペクトルを展開して分散してしまった。それでも、藩は十九日以来の上下の評定の結果として、「専使を以て朝廷に直納」すると決したのである。二十四日には藩の決定を公布し民心を鎮撫する文書が達し下された。

中納言様にも悉くご配慮遊ばされ、御返上の儀はよんどころなき御訳柄にこれあり候えど、最初御家に御下げに罷りなり候勅諚の御事につき、御返上の儀もやはり京師へ御使いをもって御直納に遊ばされ候段も勿論にこれあり。なおまた、面々の存意書書取を以て申立て候趣尤ものことにつき、年寄衆始め御役々罷り上り精々申立て候筋もこれあり候につき、動揺がましき儀これあり候てはかえって両君様の御為にも相成らず、実に以て御家の御安危にも相拘り、殊に前中納言様御慎み中につき別して御配慮遊ばされ候御儀、厚く相心得幾重にも鎮静罷りあり候よう致さるべし。（史料上編、巻28）

会沢正志斎の意見がリードした結果であろう。そして、朝廷の御沙汰には朝廷にたいして応えるという「尊王」の志をここに留めたつもりであったろうが、いかにも中途半端な条件闘争の方針である。だから、と言うべきだが、藩論の分裂はこれで終わりにはならない。むしろ、ここが始まりとなった。

5　二つの極論、幕府と過激派

翌安政七年（万延元年）正月、水戸城下では寂しく年が明けた。「元日、登城せず。登城の者至って少なき由」、「この日門巷寥々、昨年に比するになお淋しきことなり」と記録されている。人々は文字どおり嵐の前の静けさを感じ取っていたろうか。と言うのも、年末には藩を挙げての評定の結論として「勅書は京師へ御返納」を決したのだが、こんな中途半端が即実行できない要因が厳存しているからだ。

一つには幕府の拒絶である。昨年十二月二十二日には幕府は朝廷の勅書返納命令を慶篤に達するとともにこれを公表した。水戸藩では同二十六日に家老太田資忠と肥田政好とを出府させ、藩の返納方針（朝廷直納）を安藤に伝えさせた。だが、安藤は断然これを拒否して幕府への返上を要求した。戊午の密勅は安島・茅根の「拵え物」（でっち上げ）で役立たず、早々に納めなさるべしと、安藤はごり押しであった。「安藤重々の過言、実に憎むべき奸賊」とは江戸藩邸の者の憤懣である。明けて六日と九日、安藤は肥田にたいしてこれ以上の遅延は違勅の罪になると警告した。ことここに至って、慶篤は江戸家老と協議して、朝廷直納が到底許されない以上幕府が得た返納勅命（御沙汰書）と引き換えに幕府に納付するほかなしと決断し、奥右筆亀井善継を水戸へ派遣した。水戸の条件闘争はあえなく挫折してしまったのである。密勅の「回達」から朝廷への「直納」、さらに幕府への「返納」と、水戸藩は追い詰められてずるずると後退していった。

ところが、それでもことは決着しない。その要因は安藤のごり押しのちょうど対極、返納断固反対の激派の実力行使だった。長岡屯集と言う。急進尊攘派（激派）は密勅の添書の命じるとおり諸藩へ回達せよと主張して返納自体に反対である。そこですでに年末から、彼らは返納を物理的にも阻止するために水戸街道の要地長岡駅を占拠した。当初は藩士二十四人、神官郷士が同じく二十人程である。彼らは江戸と水戸との連絡のために往来する藩の重役一行をその都度捕えては、詰問し論争を吹っかける。「出府の目的は何か」、「勅書を朝廷に直接返納するよう殿様に申し上げる心得だ」、「それはよろしくない、勅諚を回達するこそ上策である」といった具合で、押し問答を続ける。年が明けてもこれが繰り返された。

昨年の小金屯集に比べれば今回は取るに足りない人数に過ぎないが、今や皆が確信犯からなっている。そして彼らは、すでに勅諚の処置如何の政策論を超越して、これを護持していること自体が尊王の忠義の証だと主張するようになっている。その一人が言う、「過日士民が大挙南上した際の主張は勅書を回達して幕政を匡正せんとするものであった。幕威赫々火のごとくなるにもかかわらず、なお敢然これに対抗して屈しなかった理由もここにあった。しかるにここに至って、遂に返納の幕命が下った。たとえこれが幕府の脅迫要求に出たものだとしても、勅書回達の機会はすでに失せたのだ」。爾来、有志は敢えて回達は唱えず、「勅書を順守して回復を図る」という論勢に一変した。すなわち「勅書回達よりも、勅の意を行い、臣子の分を尽くすほかはない」のだと。勅書の処置いかんの政策選択問題に、こうして理念の壁が立ちはだかった。

もう一つ、水戸藩士の長岡屯集の背後では激派の主立ちによる別の計画が潜行していた。全国一斉蜂起である。小金屯集（第一次）が終息に向かい井伊の大獄が強まるなか、高橋多一郎は同志を西国へ派遣して連携工作に乗り出した（市史中巻四、21章）。関鉄之助宛の書簡に言う。「もとより勅書の（諸藩への）回達は大事業であり、当藩以外からも援助を得なければ成就は覚束ない。血誠義勇をもって諸藩有志と結び、互いに慫通激励して相応援することが肝要である。辛労をかけるが、邦家のため世道のため是非尽力してもらいたい」（十月二日、史料上編、巻23）。関は矢野長九郎とともに福井藩から鳥取藩へ回った。鳥取では旧知の安達清風らに密勅回達の応援を依頼した。「水戸で回達のため挙兵を行うならば、我が藩は直ちに京都に兵を挙げて応援しよう」と安達は快諾した。関たちは次いで長州まで足を延ばしたが、長州は自重論で動かず、「二士意を得ずして去る」（吉田松陰）しかなかった。一方、住谷寅之助と大胡資敬は土佐を目指した。二人は坂本龍馬らと会って藩の要路との接触を依頼したが実現しなかった。次の宇和島藩でも同様の結果に終わった。二組のキャラバンは翌安政六年二月までに江戸に戻った。これとは別に、高橋は「水戸領七連」という神官組織の宮田篤親らを西国オルグに派遣した。ここでも京都で有名な志士たちの言い草、「斉昭が尊王攘夷の兵を挙げてさえくれれば、これに呼応して立ち上がるだろう」を聞いて帰国するだけの結果になった。

これまでの高橋らの言動を垣間見るに、彼ら急進派の方針が密勅回達問題を契機とする水戸と西国雄藩との「同時蜂起」であったことが分かる。だが、安政の大獄のさなか、それもあって決起の盟約はいずれもはかばかしいものではなかった。ともに立つとの答えを得ても、それはあくまで「水戸がまず挙兵するなら」であった。この段階で展望ははなはだおぼつかないと、高橋らも覚ったに相違ない。諸侯など当てにできるものかと会沢正志斎がにべもなく警告したのもこのことだった。

ただ、彼らが勅書回達という朝命を前面に出して、水戸の叛乱をあくまでも全国的な幕政改革闘争の一環と位置付けていたことは特徴的なことだった。水戸の蜂起だけで勝利できるとは思っていない。言うなれば、「日本一国同時革命」、そのための水戸の「前段階蜂起」の路線である。これは後の筑波山挙兵に至るまで、水戸の過激派が最後まで手放せない展望となるだろう。

一国同時革命路線は、次いで安政六年には薩摩藩との同時蜂起として追求される。薩摩藩ではすでに昨年から井伊大老暗殺計画が想定されており、江戸滞在中の高橋・金子と密かに連絡を取り合っていた。ここでも「水戸で先ず事を挙げれば我らもこれに続く覚悟だ」、水戸が先に立てとの要請である。この段階では時期尚早だというのが水戸側の対応であったという。それが高橋ら本人が脱藩せざるをえない状況に追い込まれて、同時革命路線は井伊大老誅殺決行として急速に煮詰まっていった。薩摩と連携して、しかし水戸が主力となって暗殺実行が決意された。万延元年三月三日に決行された桜田門外の井伊襲撃である。正月十七、八日ごろに示された高橋多一郎の要撃方略二十数箇条のうちに、次のような確認事項がある。勅書返納不可の諫争を名として有志を出府させる、朝命を奉じて条約撤回の手段を尽くす、薩摩藩より三千人を出兵して京都を守護すること。

ここでも、水戸の決起は前段階武装蜂起の位置付けである。実際、高橋多一郎は薩摩藩に決起を促すべく襲撃以前に大阪に向かった。また襲撃の直後、現場指揮者の金子、関が西上した。だが、幕府の厳しい探索に追い詰められたばかりか、当の薩摩藩のことなかれ方針に裏切られて西方オルグは壊滅した。関を除いて井伊襲撃隊の処罰が文久元年七月までに終了する。高橋らが構想した日本一国同時革命と水戸の前段階蜂起は、結果として水戸の過激派を藩の外へ追い出すことになった。追い出されたとも言えるが、自らの路線が促した結果でもあった。あとほんの数年、長州藩や薩摩藩の討幕挙兵から翻って見れば、水戸過激派の全国展望が会沢が決めつけるほどに絵空事だったとは言えまい。だがともかくも、高橋多一郎ら斉昭側近にして改革派第二世代の過激派たちは、水戸の政治から脱落脱出したのである。

6　極論のはざまで迷走する

さて、藩内に戻る。激派長岡勢はほんの小勢に過ぎない。だとしても、藩としては蹴飛ばしてしまうには重すぎる一団として、水戸街道筋に居座っている。なぜなら、そこに「尊王」の一言が凝集しているように見えるのであり、この意味で根強い支持が藩論の底辺にわだかまっている。こうして片や幕府の返納命令、他方では勅書護持の一団に羽交い絞めになり、そのはざまで水戸藩はなおも迷走を続けていく。藩論のスペクトル分布はここにきて諸集団の色分けになり、諸集団の明確な分立へと追い立てられていった。これは大衆叛乱の典型的な展開であり、この光景のうちに幕末水戸藩の悲劇も、そして政治的達成も見て取ることができる。続く章では水戸藩史料からこの有様を描いていくが、その前に、万延元年正月から二月半ばまで、水戸藩が文字どおり日を追って追い詰められていく道筋を日録風に綴っておく（以下、史料上編、巻28、29から）。文中「後述」とあるのが後に次章で取り上げる証言になる。

万延元年一月（史料上編、巻28）

十二日。水戸で家老から書記までを含めて協議し、慶篤からの申し入れ（御沙汰書と引き換えに幕府に返納）受け入れを決定。ただし、「長岡引き払いの方より先に致し候方しかるべし」と。長岡屯集を解散させることが先決だと言うのである。

十三日。参政大森・岡田ら長岡へ説得に。「壮士は奉勅の大義により確乎として屈せず、参政らもついにこれを奪うことあたわず、空しく帰城」。

十五日。安藤は老中に昇進。またまた、登城した慶篤に二十五日までの返納を強要す。もし期日を過ぎれば嫌疑が老公に及ぶ、かつ違勅に処せられ水戸家はついに滅亡のほかなしと演説する。慶篤は家老らと協議、白井と肥田を水戸へ派遣。

十九日。急使白井ら長岡駅で壮士らの難詰を受ける。「勅書とともに斃れてのち止まんとの決意」。これでは期限は守れないと、白井から急使を江戸へ。江戸からは安藤の催促ますます急だと、これも急使を水戸へ。

二十五日。水戸家老から、長岡勢の取り扱いに苦慮している旨、江戸急使へ返答（後述）。

二十七日。返納期限も過ぎ、慶篤は安藤に期日の猶予を要請するとともに、返納を急ぐよう水戸家老へ急使(後述)。

二十八日。家老興津が安藤と会見。安藤の弁にいわく、「違勅になれば水戸家は滅亡、いかなる障害があっても躊躇すべき時ではない。もし抵抗する者があれば切り捨てるも苦しからず。たとえ途上で妨害に遭い勅書に多少の不敬があったとしても、違勅の罪と同日には論じられない。いたずらに遅延して後の大悔を取ることなかれ」と。

二十九日。水戸では父兄親族を動員して長岡勢を説得に遣わす。有志は反論して動じない。「いやしくも幕府の欺くところとなり勅書を返納しようとするなら、臣子として身命を棄ててこれを防がざるを得ない。勅書の去留は国家の大儀の関するところなり」。

三十日。家老らが弘道館に藩士を招集して、斉昭の諭書(後述)を示して返納やむなしを説得する。

江戸から急使、「今度こそは勅書南上の運びになるだろうが、これがために長岡勢が蹴散らされて(藩外に)四散してしまうことが心配だ。よって、あらかじめ幕府に上申して、笠間土浦藩などに水戸の変に備えさせた」。

万延元年二月　(史料上編、巻29)

さて、二月に入っても水戸藩の迷走はまだまだ続く。

二月一日。慶篤が派遣した使者、坂場・原田が長岡駅で抑留され水戸に入れない。

三日。激派に近い元家老大場景淑が内命を以て長岡へ行き説得して、坂場・原田が水戸に入る。その伝えるところでは、「斉昭は謹慎中とはいえ、外の件とは違い返納のことは幾重にも御世話あるべし」と安藤が言ったという。

同日。またも江戸より急使が到着、返納期限は改めて明後日五日までと。

四日。再度会沢正志斎から斉昭に上書（後述）。これに反対する武田耕雲斎の上書（後述）。また、弘道館訓導林正龍から建白書があり、勅書返納によって斉昭の赦免を得たらどうかと提案。

六日。家老白井ら南上するも長岡勢が妨害。白井は勅書返納猶予の嘆願に行くのだと言って通過する。江戸から乗馬急使、五日の期限を経過すれば水戸に不測のことが起きるとの説。

九日。家老ら、再度斉昭から返納督促の諭書を請う。弘道館訓導川瀬教文が家老を非難する上書を提出（後述）。

同日。慶篤は家老興津をして幕府に陳情、返納に関して斉昭が藩政にかかわる許可を請う。

十一日。幕府の回答、「謹慎中のことだから、斉昭が広く親諭するのは遠慮すべきだが、居間などで重臣に密かに会い、教諭するのは構わない。ただし、お達しなどは遠慮すべきだ」。

十三日。情勢緊迫して長岡勢は日に増加、夜を徹して駅路に篝火を焚き行く人を物色している。道路わきに「大日本至大至忠楠公招魂表」との大看板を掲げる。

十四日。慶篤から斉昭へ書簡、「この度のことは外の件とは違い、万一京都から催促にでもなれば直に違勅の嫌疑となり、何を言われるか計り難く日夜心配しております。返納遅延のことはせいぜい対馬（安藤）にも交渉しているところですが、来月初めにも実現しないと御家へも関わることです。何としても当月中にくれぐれも返納できるよう、誰なりとも然るべき者に密にかつ厳重に手当させて、いかにしても廿五六日までには返納できるように幾重にも役人どもへ申し付けて下さるようお願いいたします。　よし篤　御父様」。

同日。側用人久木久敬、城の南門を出たところで短槍で刺される。ここに至り、会沢は長岡勢処分・返納断行の上書を斉昭に提出（後述）。

十五日。家老からのたっての要請で斉昭はまた諭書を下す（後述）。江戸家老から水戸へ、「高橋多一郎らと長岡諸生への処分、手順整え次第早急に下されたい」。

さて、以上に長々と経緯を追ってきたが、遂に二月十六日、家老らの切なる嘆願により斉昭は長岡処分を裁可した。謹慎中の身を憚ってその命令は「慶篤からの下知もあり、役々相談の上然るべきことは早々にそのとおり致すべし」という間接的なものであったが、含意は明白であった。これを受けて家老も決断した。斉昭の手書を奉じて長岡へ出張し説諭を加え、もし服さず反抗するなら「臨機の処分に及ぶべし」。勅書返納の道を掃き清めるべく、まずは長岡勢の妨害排除だ。こうして、長岡へ向けた部隊編成が行われた。

第六章

政治体の終り　藩論紛糾の果て

1　違勅の罪逃れ難く候　家老と藩主

井伊直弼による安政の大獄は何よりも「水府の陰謀」を懲らしめるためだった。この「戊午の大疑獄」を蒙って、水戸藩内は混乱の極み、迷走を続けるしかなかった。この間の水戸人士のビヘイビアは前章の日録で逐一追ってきたとおりである。混雑し右往左往する行動はまた当然ながら言論の紛糾と分裂を伴っていた。というより両者は一つのこと、集団の言説―実践、あるいは言説実践の節合―分節と呼ぶべき有様を展開するものだった。そこで次に、藩論の分岐とはどのようなものであったか、内容に踏み込んで見ていくとともに、敢えてこれを分類することにする。危機に臨んだ政治体の言論のスペクトル分析である。以下はすべて上述の緊迫した日々のやり取りであることに注意されたい（以下、史料上編、巻28）。

第一に、慶篤とその重臣たちである。江戸藩邸にいる藩主慶篤（中納言様）が幕府を恐れ、その意向に終始汲々としていたことはすでに見た。自主性などまるで感じ取れない。「よかろう様」などと陰口をたたかれているが、しかしこれはあくまで父親との比較上のことであり、藩主としては至極当たり前のビヘイビアと言うべきだろう。むしろ斉昭が特殊なのである。藩主に就任以来三十年、その独断的な振舞いが藩内外に数々の軋轢を生んできた。今回の処分もまたその結果である。およそ、出来過ぎの（出過ぎた）殿様など、藩にとっては有難迷惑なのである。慶篤と家老たちの迷走ぶりはこの事情の表れであった。

それに、水戸藩は幕府と物理的にも政治的にもあまりに距離が近い。その藩政を担う家老以下の重役たちが、これまた幕府と藩内の原理主義のはざまで終始右往左往している有様も日録に見られるとおりだ。藩主あっての家来、藩主の意向の執行役というのが彼らの役柄である。それなのにこの難局、幕命と藩主の決定をすぐさま水戸では実行できない。安政六年の末から二か月ほど、江戸と水戸の間を早馬が目まぐるしく行き来した。以下に読むのは水戸の家老から江戸への返書の一例だが、彼らの動転振りがつぶさに窺える文章である。

水戸家老から江戸へ　万延元年一月二十五日

逐一の御使い御尤も至極。もとより勅書の迅速返納は臨機応変に対処しなければならないが、長岡には数不明ながらも五十人から七十人、あるいは百人位が潜居している模様。これは先手であって、御家中はもとより郷士百姓どもまで総勢数百人になろうか。軽輩の者までが羽織を着て御家中の族へ列し、無頼の徒を集めている。君上の命をも用いず、国法を犯し江戸と水戸往来の使いまでも妨げる無作法に及んでいる。そのほかの役人は勿論小吏の指図にも従わないばかりか、悪口雑言実に傍若無人の振舞いである。

これでは公辺にも相済まないことだ。早速取り締りを厳重に取り計らうべきはずだが、長岡勢のみのことでなく容易には取り締り難い。そこでかれこれ探索の上、いよいよ取り締りが行き届くようにする見込みが延び延びになっていた折から、勅書江戸への返納期限が二十九日と差し迫っている。上公（慶篤）下国になるかもしれず、下知を頂いている身として万死もその詮なきがごとき有様であり、いかに申し訳いたそうかと心胸破裂の思いをしている。

かれこれ相談に及んでいるが、長岡勢は勅書とともに斃れて国滅びても已むをえぬとの趣といい、むやみに残さず召し捕らえるわけにもいかない。また、厳重に処置するのはもとよりだが、君命すら従わないと言うのだからそのまま打ち捨てておいては、御威光にも差しさわり、かといって斬り捨てることも容易でないだけでなく、残らず切り捨てというわけにはいかず、人数差向けて打払うことでもしないと取り締りもできかねる模様である。だから、身命を捨てて待ち構えている所に、勅書を上らせて万が一のことでもあれば、違勅同様に決して相済まないので幾重にも警備厳重に取り計らねばならない。それでも切り捨てて踏破したとして、勅書にたいしても公辺にたいしても相済まず深く恐れ入っている次第だ。せめて長岡勢の頭目どもを探索の上取り計らう策もあろうかとも思うが、お日にちが切迫、取るべき手段もない。

厳重に準備して切り捨てを挙行して大勢が無作法に及べば打払う。この策を一応お伺いしたうえで早速に取り計らうつもりでいる。この場合他所や府内などに逃げ出す輩もあるやもしれず、この点もお含みおきいただきたい。事情を御推察の上御前にも伺い宜しくお願いする。もっとも、以上はお伺い済みのこととて、取扱い実行の段には存外に手軽に済むか計り難いところだが、方今の形勢はなかなか容易ならず、この段一応ご相談に及ぶ次第だ。不行き届きの罪科は何であれいささかも厭うものではないが、万が一勅書を汚しでもしたら幾重にも恐れ入るべきだから、余儀なく早馬を以て御意を得たい。

何ともしどろもどろ、煮え切らない冗長な文章である。勅書の幕府への返納が藩の前提事項であるが、途中に激派の長岡勢がいる。厳重処置が必要だがそうもいかない。無法は打払うべきだが実行となると形勢は容易でない、等々。さすがにしびれを切らしたのか、一月二十七日の慶篤から水戸家老への返信にこうある。

慶篤から水戸家老へ

この度勅書返納の義につき、国中一統名義立ち候ように致したくとの論これある趣には候えども、第一返納いたすべしとの勅諚これあり。段々返納延引に相成り、万一京師より御催促もこれあり候うは、違勅の罪逃れ難き次第にて恐れ入り候儀この上なく、なおまた勅諚国元へ差し置き候ことゆえ、返納延引に相成り候えば前様（斉昭）御拒み遊ばされ候との御疑心もこれあり。如何さまの御沙汰に及び候も計り難く、我等（慶篤）において片時も安んじ難き次第ゆえ、前様並びに我等の了簡に相任せ候よう致すべく、この段早々に申し聞かせ候こと。

水戸街道を行ったり来たりするこうしたやり取りが、この時期の藩庁の実態であった。水戸からの勅書（御一品）の移送のめどはまだ立たない。いずれにしても、長岡勢を切り捨て勅書を速やかに返納すれば藩の名目が立つはずだが、そうはいかない。政治的決断ができないグズな官僚たち、という以上に長岡勢の支持基盤がなお藩内に広くわだかまっている証左であったろう。

2　あちらを立てればこちらが立たず　　斉昭

こうした中で、江戸の慶篤も水戸の重役たちも、ますます強く「前様」（老公斉昭）の御威光を頼り、その決定に依存しようとするようになる。ところが、斉昭は重い処分を受けて謹慎中、水戸の城内にあってもその立場を最後まで逸脱することがない。藩政の責任の所在が宙に浮いてしまう。これは真に奇態な状況であった。その結果、前様のご意向を忖度してことが運ぶ、運ばざるをえない。以下に、日録に沿って斉昭の独白を聞いてみる。

斉昭諭書　万延元年一月三十日

しかるに国中の士民の中には返納一切ならずと長岡などに多数が出ている。その中には、我等（斉昭の自称）が一切返納不可と下知したとか、我等の申し付けにしたがって屯集しているとか申す者がいて、人心を惑わしていると聞く。取るに足りないうわさに過ぎない。彼らは道中の妨げになるばかりか上下の役人に歯向かっているとも聞いている。長岡に出張してさえいれば名義も立つ訳のものではない。かえって家政不行き届きに当たり、中納言に相済まぬし我等も謹慎の折から公辺宗家への敬上の意を取り失うことになる。早々に退去するよう役人から申し諭されても承服しない者がいる由。ほかでもない、御所から勅書返上せよとの御沙汰があり、その旨大老からも言い渡されているのだから、この上は速やかに返上しない訳にはいかない。これを拒めば、京師と公辺にたいして相済まず、御家の安危にもかかわる。つまりは多数厳重な処置に至るやもしれない。そうなれば義理名節も立たず、所謂血気の勇とも申すべき大いなる過ちだと思う。ここのところをよくよく勘弁いたし篤実謹厚に心掛け、主君以下が申し聞かせて速やかに承服するよう挙げて説得し、御品が滞りなく迅速に江戸に届くようにさせるべきだ。どうしても承服しない者があれば、止むをえず厳重に申し付ける以外にない。たとえ士民一人なりともかような処置は嘆かわしく思うが、士民の方でも主君の旧恩を思い、我等の諭すところに承服いたすだろうと考えている。社稷のため士民のため、心配のあまり以上を申し聞かせる。

これは幕府への速やかな勅書返納が藩の方針となり、しかし問題の焦点が長岡勢説得に絞られていく時期、家老が懇願した斉昭諭書である。家老は藩士たちを弘道館に集め、これを掲げて説得に及んだ。速やかな勅書の（幕府への）返納が明言されている。だが、斉昭自身が勅書を祖廟に抱え込んで以来、何を諭されようが御本心は返納反対なのだという憶測が藩内から消えることはない。少なくとも返納を先延ばしすればその間に事情が変化すると、老公はお考えに違いない。「根拠のない流説」だと斉昭は否定しているが、藩主就任以来のその言動に深く影響されてきた藩士たちから、忖度は消えない。藩権力は依然として斉昭のところにあるかに見えて、水戸にも江戸にもどこにもない。

だが、二月十五日、もう猶予はできない。家老たちはまたまた諭書を請い受けた。この諭書とその際の斉昭の手記とを以下に続けて示す（以下、史料上編、巻29）。

斉昭諭書と手記　　二月十五日

（諭書）士民のうちではあれこれと言い立てて返納を拒み、今もってこれを妨げている由。臣下として君命を用いない者があるようでは相済まず、血気の者たちとはいいながら君臣の礼を取り違え、国禁を犯す無作法の所業もあるやに聞いている。我等の申すところに承服して勅書早速の返納という素意を推察されたい。

(手記) 理を以て諭書を記すとすれば、公辺に対しよろしくないのみならず、京にたいしても不穏当の書になってしまう。公辺にも無理がないように書いたので、士民どもがなかなか承服しないだろう。我等としても、已むをえず返納する意味を大勢が呑み込めるように書くのは難しい。下の者からすれば率直に申すほうが議論が立て易いだろうが、我等としては公辺に存分に申し立てることは時節柄難しい。かくて上下言うことが食い違い、議論が紛糾してしまう。理屈を以て諭す場合には尾ひれが付いてことが面倒になる。ことに我等から役々に直接申すのでなく、一通の書面を家老に下すくらいではとてもじゃないがうまく説得はできかねる。

3　御決断の即時実行を　　会沢正志斎

さて以上が、役柄に強く束縛された藩首脳部の言辞であった。家老たちは片や幕府からの勅書返納の厳命と、他方は勅書断固護持の長岡勢、というか潜在的な藩論とに挟まれて、右往左往を重ねるばかりである。そうなれば益々、蟄居の斉昭からの「お諭」という命令に縋りつくことになる。いま仮に家老たちの立ち位置を基準にして藩論をあえて色分けしてみる。激派の極端に長岡勢が居座っているが、後に見るようにこれに対応する他方の極論が台頭しようとしている。門閥過激派であって理屈抜きに長岡勢の即時鎮圧を主張するのである。言ってみれば左右の過激派である。両者に挟まれて、会沢正志斎と武田耕雲斎の主張が存在する。すでに見てきたように、会沢は煮え切らない家老たちにたいしてズバリと激派排撃を直言する。これにたいして武田耕雲斎はむしろ激派寄りの藩論を代表している。両者は左右過激派にたいして中道右派と左派に当たるとでも言えようか。

幕命と長岡勢とに追い詰められているこの時期、まずは会沢の言動を追っていこう。会沢正志斎は「早期返納」を明言した斉昭の親書（一月三十日、前述）を受けて、以下の上書を斉昭に呈した。先に見たように、年末の評定では会沢は水戸藩家老をお使いに立てた朝廷への返上を主張していた。それが今や長岡勢という障害を前にして、幕府への返納という斉昭の決断の即実行を迫るとともに、そのために必要な手立てまでを提案する。果断かつ強硬な長岡勢追討論である。さらに、「尊王攘夷」について、現時点で「尊王」とは朝命に従って幕府に返納することであり、かつ日本国としての「攘夷」はなり難いとまで明言している。藩庁の煮え切らなさを断ち切ろうとする果断な提言という性格になる。

長岡勢のことにつきこの度御決断があり、早速勅書返還を滞りなく済ますとのことと承っていたが、世評では有司が公辺へさらなる猶予を申し立てるべく議論していると聞く。いかに言上しても行わなければいたずらに返納遅延になるばかり、天朝と公辺にたいする敬上の主意を失うは勿論のことである。たとえ名義が立とうとも返納ということになれば、長岡の者どもが鎮まるはずがない。だから、かの者どもをそのままにしては所詮ことはならない。せっかく御決断され評定所に出頭せぬ者は浪人扱いにするとまで責めつけ、凶悪の気を砕いて御威光を取り返したところなのだ。それなのになお半端に中だるみのままでは、臣をもって君を制することになり君臣の分が立たない。政事は無きに等しくなる。是非とも乗った船は岸までこぎつけねば済まぬことだ。何卒有司を激励して今少しのところだから、浪人どもの召し取り二念なく押し通すべしと下知されたい。さもなくば、この間の御親書に全員感服したとしても実行されないことになり、折角の尊慮もむなしくなるのではと残念至極である。（二月四日）

決断したのなら即実行せよ。会沢はこう斉昭に発破をかけている。前年末の提言の延長上に、今回も藩としての意思決定と実行とを迫っている。学者としてでなく、かの会沢翁として統治政策に介入するという姿勢は変わらない。この姿勢で政策実施の細部にまでわたって以下具体的に配慮している。こんなことは藩庁役人が備えることなのに、老学者が乗り出さざるをえないほどに、決断不能状態が吹っ切れないということか。

1．浪人ども召し捕りの際には、犯乱の者共が白刃を振るうやも計り難いから、手厚く準備するようになされたい。非常の義には非常の手段を以て当たるのは勿論のこと、剣槍試合の師範には勅書南上の道中警護を仰せ付け、門人を選抜させる。表役床机廻りなども選抜して江戸まで上らせるよう命じてほしい。なおまた、道中の非常の備えとして猟銃も松戸まで同心に持たせるのもよかろうと存ずる。万一白刃を振るう者が負傷しては気の毒だが、浪人になった者のことは天朝公辺にたいする尊敬には代え難いのだから、止むをえず御決断のほかはない。

2．長岡勢のうち少年だから評定所の御用に漏れた者がいるが、父兄親族に諭させ君に敵対してはならないから改心して帰宅するよう、さもなくば召し捕りのほかないことを申し含める。もし従わなければ召し捕るもやむなしと考える。もっとも、この節では事情を心得ている有志のうちにも、返納は少々猶予したいと思っている者がいる。だが、先延ばししたとてそれでどうなるかの見込みも持っていない。所詮返納せずには済まぬと見切りをつけ、一日も早く返納することこそが男子の所業である。婦女子のごとく分寸を惜しんでいるようでは男子とは申しがたく、男は男らしく思い切るべきは速やかに思い切るように備えるべきだ。以上差迫っている件につき、社稷のために憂慮している所以である。

次には「ついでながら」として、先年八月の意見書と同様アンチ激派の立場を繰り返し前面に出している。彼らこそ尊王の意義を取り違えているのであり、その全国一斉蜂起の展望など笑いものになるだけだと。

ついでながら、長岡の者は尊王攘夷なる言辞を主張しているが、実のところこれを取り違えて自分勝手に思い込んでいるだけである。朝命にしたがって返納せよとのことだから速やかに返納することこそ尊王の義であるのに、無知の者どもの理解は大きな心得違いだ。攘夷についても首謀者らの持論は、勅書伝達（回達）すれば諸侯ことごとくがこれに応じて攘夷も成るというものである。だが、この節では大諸侯も幕府の権力に媚びるぐらいのもので中々危ないことはせず、当家のみ孤立してたちまち敗れて天下の笑いものになるだけのことになる。首謀者の拙い謀は取るに足りないことなのだが、客気の者どもがその説に欺かれているだけのこと。もとより御洞察のことと存じるが、改めて申し上げたい。

3．江戸から下向した両頭取が一真斎（大場景淑）を同道の由、御安心のことと存ずる。とはいえ、例の激派がかような所に付け込んでとやかく申すやも計り難く、御油断なされぬように。先日の御親書も長岡では表向き承服の態だが、老公の御内心はこれとは違うなどと言っている由。とすれば君に表裏があり虚言を遊ばされていると申すことになり、恐れ入るしかない。とかく激論の者は叡慮を厚く尊重するとしながら、叡慮を引き違えてその徳義を妨げることが多く、御油断召されぬよう言上する次第である。

4　まずもって叡慮を伺うべし　武田耕雲斎

会沢も切羽詰まっていささか感情的になっている。激派はもう浪人扱いなのである。会沢の強硬論にたいして、あくまでも年末の結論、「朝廷への返納」に固執して論を立てるのが武田耕雲斎だった。会沢が斉昭の決断の背中を押すとすれば、武田はその足を引っ張る。

勅書返納については昨年十二月二十五日に各方面へのお達しがあり、京師へ使いを以て直納するは勿論のこと、面々が思うことを申し立てよとの趣旨であった。よって年寄衆を初めとして各人登城して精々意見具申したとのことで、幾重にも厚く申し立てられたものと愚考していた。だが、いかなる御都合があってか、その後は余儀なき事情で公辺への返納を上公は御承諾とのこと。いまさらやむをえぬ次第になったと追々に伝え聞き、疑惑を抱かざるをえない。

第一、重大案件ではたとえいかがお考えでも上公独断でお請けなさるのは筋が違う。平常の細事でも執政を初め役柄を定めて決定している。まして非常の大事の場合は、幾重にも利害得失を御研究の上で判断し公表するべきことは勿論である。万一直答なさる場合でも、再考は不可と言う筋ではないのだから、なお厚く御判断を尽くされたく、以下愚存を申し上げたい。

元来勅書は天下のため徳川家のために厚く思し召しの上で叡慮より仰せ出されることであり、早速に奉承せねば叡慮にたいして相済まぬことになる。しかるに時勢よんどころなくこれまで遅延の上、この度は勅書取戻しを京師の判断に従うことになった。これではいよいよ公辺の補佐が行き届かぬことに当たる。たとえお察しなくとも叡慮を空しくすること逃れ難く、天下後世への名義も立たない。のみならず、老公が京師に工作してこの勅書を下されたと讒言する者もいる。筋違いの介入をして公武の確執をもたらしたかに言われて、万一堂上方に想定外の大難をもたらし、ついては主上の禍にも及ぶことになれば何とも恐縮の至りだ。これでは深い叡慮も水の泡となるだけでなく、このために不測の大禍を生じ老公の冤罪も千載に洗い難いことになるやもしれない。こうなれば上公の御名義も廃れるだけでなく末永く国辱ものという容易ならざる次第に及ぶのではと危惧するところである。

この度の御沙汰に背いて返納しないとあれば、両公の御難儀測り難い旨、追々申し唱えられているが、これは一時の利害にとらわれた俗見である。もとより当藩をお助けの思し召しより出された勅書であり、公辺も深く敬承すべき筋合いのものである。当方との間に毛頭隔意を生じるはずもない。それが返納に及べば、かえってかれこれ讒言をなす者の口実に陥らないとも限らない。そうなっては両公の御難儀計り知れぬ成り行きと申すべきだ。もしまた、いったん京師の御沙汰が出たことだからそのまま返納せずには済まないとのことだが、これまで諸侯への回達も延び延びになっている事情、それ以降の時勢やむを得ぬ事情など、お使いを以て委細申訳をして叡慮を伺うべきである。誠に余儀ない都合があるので返納するとしても、一応のお伺いもなく公辺へ差し出すという事態は一体いかなることとか。威義両公以来代々京師を尊崇してきた御家風も、この節に至り一時に荒廃ということではいかにも嘆かわしい次第、臣子の身には痛心至極、申し上げようもない。何卒、一時の利害に泥むことなく天下後世まで名義が立ち家風が仰ぎ見られるよう、幾重にもお考えになり公辺へ厚く申し立てるお計いを切にお願い申しあげる。

一読、この武田の意見には臣下としての割り切れない心情が表れている。むしろ、ここに至っても士民の底にわだかまっている尊王攘夷の原則論を、武田が代弁しているということである。水戸藩の建前が勤王かつ佐幕だとして、武田の意見は著しく勤王のほうに傾いている。幕府との抜き差しならない関係が高じているこの時に、佐幕のことにはほとんど触れてもいない。この点で会沢意見書と好対照を見せている。武田の意見はこの意味で勅書断固護持の激派の気持ちに地続きのものだったろう。武田耕雲斎といえば、藩内外から尊攘派の象徴的棟梁と見なされており、実際にも後に天狗党遠征の大将として処刑されている。その武田が会沢と対極の位置にある。勅書処理の方針の対立だけではない。二人の対立はまた藩是である勤王佐幕が今や分裂の危機にあることを示している。藩論の取りまとめがいかにも難しいことと思わざるをえない。学者会沢と同様、政治家武田にもこれをどうすべきかの策はない。

5　尊攘の大義は瞭然　激派

次に、刻限も押し迫った二月九日、弘道館訓導川瀬教文が斉昭に呈した上書を見る。これは高橋多一郎の慫慂によるものだとされ、まずは朝廷への直接返納を主張した上で、殊に家老たちがもっぱら斉昭に頼って激派を鎮静させるやり方に反発している。

家老方に直言する　川瀬教文

年少気鋭の輩は憤激のあまり長岡駅に罷り出ており、中には矯激の所為もあるやに風説紛々、重役方ではその鎮静が行き届かない。本来、国家存亡にかかわる大任を負う重役方こそが、この際御家の瑕疵にならぬよう大義名分を以てその職責を尽くすべきである。その際、尊慮を密接に伺ったうえで処理することは重要なことだが、重役方は老公に長岡勢鎮撫の親書を請い願いこれを公表した。家老たちはこれを口実にして、老公の返納の思し召しを国内に伝播して、以て返納反対の者の論鋒を挫折させようとしている。

恐れながら、これではまるで老公が返納論者の率先であるかのようだ。これによって有志の輩は密かに悲嘆し志は挫けてしまい、また他藩の有志においてもただ慨嘆するほかはない。将来時勢の変化によっては、天下後世がいかなる公評を下すことになるかも計り難い。万一君上の御明徳を汚すようなことでもあれば、名望にかかわることであり恐れ入る次第だ。一体に朝廷は徳川氏を厚く思し召しになられ、御三家の当家が宗家を補佐するよう深く叡慮して勅書をお下げになったのだ。それなのに閣老衆の勅書の返納命令は、公辺一時の事情に従った老公の尊慮によるものと思う。その口述をてんから御信用になり返納するのでは、真の叡慮に背かぬとも限らず、台（老公）においてもいかが思し召しかと、恐れながらいぶかしく思わざるをえない。このことはかねて御明察のとおりであり、「在局中の者は実事処し難く局外者は空言なし易し」と申す古語のごとく、老公の懐中の深い意味合いも困難な実情も承知しておらない私である。とはいえ、苦心のあまり一片の微哀がお耳を汚すことになり恐縮の限りではあるが、局外者の空言と思し召しの上ご容赦下されば幸いである。

二月九日　臣　川瀬順之介教文

では、武力追討の声が高まる藩論に直面して、当の激派の主張は何であったか。再三繰り返しているように、彼らはもう公然とは評定に登場はできない。わずかに長岡から観念的な原則論が聞こえてくるばかりである。一月二十九日の長岡一統の上陳と、少々先取りになるが、続けて長岡勢の退去の声明（二月二十日）を以下に引く。

御一品返納断固阻止　長岡一統

この度我々が長岡へ罷り出ていること、私意により押し張っているのではと疑われて、追々親類などが参って説得を受けることもあった。だが、実にこの度のことは御国のみならず神州の興廃にも関わることゆえ、空しく手をこまねいているわけにはいきかねる。かねて申し上げてきたとおり、万一御一品を返上ということになれば、威義両公以来御代々の御忠節も水の泡と成り行くばかりだと、一同深く存じ詰めている。よって、細々したことは御承知のことゆえ敢えて申し上げない。今回我々が出向いている事情をとくとお考えいただきたい。これは全くのところ御一品の進退のことであり、ゆめ返上することはないとの確証をお含み下さること、敢えてそれ以外に他意はない。

（一月二十九日　長岡一統。史料上編、巻28）

一体に長岡へ罷り出たのはかねがね申し上げているとおり、勅書返納なきように幾重にも尽力する心得であり、そのほかの余念は無き者どもである。もし疑念あるならば一々御吟味確証されたく願っている。それなのに浮説流言にもとづいて厳重取り扱いとは実に残念この上ない。勅書返納になれば威義両公以来代々の忠節も水の泡となる。天朝はもとより公辺へも藩屏の立場の軽重をとくとお考えになり、その上での処置でなければ名義はどうなるか。勅書は神国のためならずというのなら致し方なしだが、当藩の尊攘の大義は瞭然なのだから空しく返納してはまして相済まぬことだ。よって出過ぎたこととは思うが、御名義が立つように我ら日夜苦心してきたところである。先の六日白井・杉浦殿が南上の折、一同が思いを訴えたところ、至極尤もなことだからお上に申しあげたうえで挨拶に及ぶからとお引き受けになった。だからお上への無礼などは一切しておらない。だが今に至るも返答がないばかりか、逆徒同然の扱いとなり、さらに追討の人数差向けるとは納得できない。これ以上押し張っていては君上に恐れ多いことなので、よんどころなく一同申し合わせて一先ずこの地を退散することにした。だが、これまでの心意を貫かずしては臣子の分が立たないことだから、またまた罷り出るつもりでいる。（二月二十日　長岡詰一同。史料上編、巻29）

6　激派討取るべし　もう一つの過激派

以上がこの時期の激派の主張である。後の桜田門の決起存意書やその後大阪で朝廷に訴えた高橋多一郎の文書を見ても、「神州古来の武威を汚し国体を辱める」事態と井伊の奸計に抗議して立ち上がった旨、論旨はパターン化している。ではこれと対極の「極右」はどこにいるのか。実は、長岡追討の部隊編成が行われた二月十六日になって、その中隊長クラスとして（史料では多分初めて）市川弘美（三左衛門）・朝比奈泰尚らが登場する。二月二十日、家老はこの期に及んでもなお部隊から意向を聴取したが、その内に赤林三郎兵衛・市川・佐藤図書・鈴木重棟、さらに朝比奈彌太郎・筧《かけい》猟師之介らの意見書がある。会沢らの議論に見たような朝廷への配慮、尊王のことなどはもう一言もない。長岡説得の一字もない。端的に即時出撃して相手が逆らえば討取るべしとの方針である。この間の藩論の混迷の中で、安政三年に斉昭により切腹の処罰を受けた結城寅寿の一派が、ようやくにして頭をもたげてきたのである。

この後、彼ら門閥派新世代はもう一つの過激派として内戦を戦うことになるだろう。

激派を召し捕らえるべし　市川弘美（史料上編、巻29）

この度御家中の子弟ども長岡宿へ出張し居り往来の諸人を妨げ、近郷へ乱妨致し、前夜の所業等一々狂乱致し、第一公辺へ対し遊ばされかつ御国体も相立たず。ことに他邦への御外聞かたがた、一刻も早く御人数御指出し御召し捕りに相成らず候ては、御済まし遊ばされまじく、もっとも刀向け候者これあり候えば、御討取り遊ばされ候儀勿論のことに御座候。尚前文の趣、御容易の御儀にはこれなく候間、人を御撰びにて仰せ付けられるが然るべしと存じ奉り候。よってこの段申し出で候。

7　我がこと終われり　諫死

これで最後になるが、長岡討伐隊が出払った日（二月二十四日）、城中大広間廊下にて斉藤留次郎（叢、既出二十頁）が自刃して果てた。取り立てて激派の活動家でもなかったようだが、戊午の密勅降下以来、終始その返納には断固反対であったという。この日城中で返納決定のことを聞いて我がこと終われりと決意した。この廊下は勅書が通過するところなので、血を以て阻止の意趣であったという。斉藤は斉昭に向けて長文かつ綿々たる諫書を残したが、一部を抜粋する。

御高論も虚文になり果て　高橋留次郎　（史料上編、巻29）

安政改革以来の老公の業績と著書を仰ぎ見てきた者として、今回の御処置は何よりも尊王にもとるものと受け取らざるをえない。とりわけ、幕府は今大老などが謀計を以て君を陥れようとしている。慶篤様が少々これに迷わされておられるのを老公は放置しておられ、情けなく思っている。先の老公謹慎処分もただただ幕奸の致すところであり、その勢いはますます強く、これに委縮なさっているようにお見受けし情けない次第である。これでは「碑文（「弘道館記」）御著述等の御意味合いと御所業とは大いに御違い遊ばされ、これまで御高論を御立て遊ばされ候は全くの御虚文にて、御内実のところは御心肝より天下の重きを御任じ遊ばされ候にはこれあるまじなどと、天下後世の人に御嘲りを御受け遊ばされ候」。もし幕奸が謀兵を起こしても、こちらはただ暴威を相支えておれば天下の諸侯の誰か危難を見捨てる者があろうか。これら諸侯と大評議を持たれて、これまでの恥辱を改めさせ蛮夷を四方に駆逐して、赫々たる神州の武を振るうよう指揮をされたい。

斉藤の自刃は藩内に大きな衝撃を与え、このため勅書はなおしばらく城中に留め置かれたという。

本節では昨秋からこの二月に至る藩論のスペクトルを並べ見てきたが、しかしむろん、これらの意見が城の内外で激しく相戦わされる情景を想定することができる。言論の氾濫である。そこには集団ヒステリーの兆候とも呼べるような心機の昂揚が見られたに違いない。すでに二度にわたる小金屯集でも自刃する者が何人も出ている。憤死であり諫死である。今回は特に斉昭には胸にぐっとくるものがあったに違いない。「大広間於廊下切腹ス」と、斉昭は短く記している。

8　淋しい幕切れ

万延元年二月十五日、斉昭の諭書をかざして家老が長岡への部隊派遣を決定したことはすでに述べた。議論から行動に出る時がやっときた。ところが、十八日に部隊を招集したが、一向に発向しようとしない。元来、人心は勅書返納に納得していないので、ここに至っても将士の間で議論が巻き起こり、意見を述べ質問したりしてそのまま午後になってしまう。総大将の家老鳥居が率先手兵を率いて進み出ようとするが、従う者は数人に過ぎない。ここからなお数日事態が混迷するが、再度日録風に追っておく。

十八日。処分申し渡しのため高橋・関・住谷らを評定所に召喚する。これを察知した長岡勢が高橋らを奪おうと評定所へ向かうが、しかし彼らはすでに亡命、よって評定所には誰も来ない。そこで長岡勢は引き揚げるが、帰途に城下で鳥居の軍と遭遇した。雪の暗夜のこととて、乱戦になって双方に負傷者が出た。消魂《たまげ》橋事件である。

この事件は小競り合い程度のハプニングに過ぎなかったが、水戸では大事件と受け取られて、城中は大騒ぎになった。何しろ、同じ藩内で侍同士が戦をするなど未曾有のことだ。これまでずっと藩士の多数が長岡出張を躊躇したのも、かような内戦を避けたいからだったのだ。夜を徹して次々に事件の報告を受けた斉昭はあわただしいお城の様子を詳述しているが、次は事件を受けての斉昭の長い独白の一部である（史料上編、巻29）。

この間不眠不休で心配してきた家老の太田・鳥居などから御役御免の願いが出ている。久木は槍に突かれ、戸田・青山もお役御免の願書を提出している。こんなことでは際限もない。白井・杉浦は江戸へ上っており幸いだと噂されている。こちらにも人なく両人を呼び返したいのだが当分は危ないから来ない方がいいだろう。長岡勢を憎む者は多いのだが、勅書返納に納得しないのが士民一体の気持ちで、返還せよと言うのはまったく我等と慶篤の役人の類だけだ。いずれの策も難しく、この上どうしたよかろうか。さてさて心配致し、こちらとしてはなるべく穏便にいたしたいのだが。井伊が御摂家をはじめ弾圧して御所を孤立させ終えたので、今度はこちらの役人を皆殺しにして我等に口きかぬよう城に閉じ込めるやも計り難い。一日も早く片を付けたい。長岡勢に同調する者が多く、こちらから役人が手を出してもいずれへ付くやも計り難く、郷中の者どもも追々同調して多勢になるだろう。「さてさて困り候ことなり」。

十九日。家老太田・鳥居は皆を城中に集めて議論させるが、あるいは直ちに撃退すべしと言い、あるいはまず説諭と論じて、何も決定できない。市川弘美などは長岡追討を主張したが誰も従うものはいない。

長岡勢は、（消魂橋での）衝突の結果今や必ず追手が来る、藩兵と戦えば叛名を蒙る、ここは解散して後図を策すべしと一決した。その際に残した彼らの陳情書はすでに紹介した。

江戸家老はなお幕府へ以下のように要請した。十八日藩兵が出動したところ長岡はなお抵抗している。彼らは万が一にも府内や他領へ出奔するかもしれず、よろしく召し捕り引き渡しのほどをお願いする。また当方では、高橋・関などへの厳重謹慎処分を下した。

二十日。家老は大寄合・番頭に命じて意見上陳させる。以上の意見書を見せて、家老はまたまた斉昭の諭書を請う。斉昭の最終「諭書」に言う。

これまで追々に直書等も遣わし諭し候えども、取り用いず。のみならず十八日諭方として出張の役人等へ手向かいに及び、剣戟し候儀もこれある上は、我等謹慎中とは申しながら、そのまま指置き候ては公辺へ相済まず候。故に早速人数指出し厳重申し付け候よう取り計らうべきなり。（史料上編、巻29）

同日。会沢ら学校一党は「不法の徒断然追討・速やかに処分」を主張して、教官諸生数百人を弘道館に集めて追討隊を組織する。そこで家老は、教官諸生二百余人を渡辺超（若年寄）と青山延光（側用人）を将とする二隊に編成、これに先手同心頭の二隊を組み入れて合計四百人の追討部隊を作る。会沢は藩の不決断にごうをにやして、遂に弘道館学生部隊を組織して長岡勢追討に向かわせるまでになった。

二十二日。追討の部署はすでに定まる。同時に勅書返納の準備をなし、市川・朝比奈らをその警護役に命じた。家老はなお心配のあまり大場をこれにつけて派遣する方針である。返納反対論者（大場）を返納使に使う無理、そこで斉昭から特に命じてもらう。

二十四日。返納期限が明日に迫り、藩庁からまた人心鎮撫の令を公布。老公からも返納の上書があり、動揺せぬようまた道中無作法のなきよう、「支配支配末々までもれなく早々に相達すべきこと」を諭された。市川弘美らが斉昭のところに押しかけて意見陳述する。

同日。斉藤留次郎、城中大広間の廊下で切腹す。病床にある家老肥田が長文の意見書を上げる。

二十五日。返納一日延引。二十三日に出発の渡辺・青山部隊は長岡へ。だが、すでにもぬけの殻であった。

三月一日。水戸から江戸へ、またまた朝廷への勅書直納を打診した。大場から斉昭へ、一藩士の長文の意見書を提出。返納は易く返納しないのは難しとされるが、全く逆のこと。返納難しく無返納は易しと論じる。

　さて以上、長々と水戸の藩論の帰趨を追ってきた。幕府の弾圧と大衆の占拠闘争（屯集）を背景にして演じられた言論の紛糾と分裂に、「水戸の叛乱」の政治的表現を見るためであった。だが、大山鳴動したが、水戸藩は結局、一致団結して果断な意思決定をすることができなかった。逆に幕末水戸藩の窮状と政治的無能力を晒すばかりだった。幕切れはいかにも煮え切らない。そしてこのごたごたを、高橋多一郎ら水戸浪人による桜田門外の変の激流が一挙に押し流していった。三月三日のことである。

9　政治体の終焉

　桜田門外の変（万延元年三月三日）の水戸藩士たちは大方が自刃ないし処罰されて、翌文久元年（1861）七月には幕府は事後処理を終えた。幕府としてはこれを一大契機として大獄路線を全国的に強化すること、事変にたいするこれはありうべき対応と思われるが、そうはならなかった。むろん、事変の志士たちが期待したように、決起に応えて尊王攘夷の挙兵が各地で相次いで幕府を圧迫したせいではない。薩摩藩の対応に見られるように、各藩は鳴りをひそめた。しかしそれなのに、幕府はむしろ井伊直弼の大獄路線をなし崩しに放棄していくのである。幕閣にもうその根性はない、桜田門外の決起が及ぼした打撃はやはりあったのだと言うこともできる。桜田以降、十二月には井伊派の幕閣が一掃された。慶篤の登城停止処分も解除された。大獄の公家方の処分も文久二年には解除された。これを契機に政局は京へ移り、幕府はとめどなく朝廷の意向を斟酌しなければならない。これが公武合体路線である。将軍家茂への皇女和宮の降嫁が推し進められる。京における長州そして薩摩の比重が増していく。

さて水戸藩では、桜田門の決起は大きな驚きを以て受け取られ、藩では彦根藩の復讐を警戒して藩内の鎮静化に努めた。斉昭が早速諭書を下して「諸生どもが江戸へと駆け上がりでもしたら公辺に相済まない、一人たりとも出府してはならぬ」と命じた。動揺しないのはここでも会沢正志斎であった。早速三月九日に意見書を上げて、この度の大老の横死は天下のためにはよろしいことでも、御家には御配慮が必要だと述べた。これは出奔人どもの所業であり、御家はかかわりなきことは勿論だが、外からはいかなる疑いが来るやもしれず、また彦根の家来の恨みも測り難い。長岡勢を取り締まらなかったから、彼らが出奔し天下に白刃を振るった狂気の所業である。この旨を公辺へも通じて、井伊家へも公辺から訳合いを説明するよう願うこと。首謀者二人高橋・金子は早速上京して水戸への勅書伝達を催促するよう工作するつもりである。そうすれば諸侯は服従するから、その勢いに乗じ幕府を屈服させて攘夷を決行する計画である。会沢はこう警告した。相変わらずの早耳である。かねて述べてきたように、諸侯が立ち上がる見込みなどあるはずもないが、早速幕府に通告して高橋らを京から退去させるようにすることが肝要、御油断禁物と（史料上編、巻32）。

とはいえ、もはや藩内では城下あるいは郷中から格段の動きもない。こうしたなか、幕府は戊午の密勅の返納方針を変えなかったが、もう強圧一辺倒ではない。朝廷と交渉して水戸藩に返納を再度督促する勅諚を受けるのが六月十二日、ただしその内容は「国内一致しての外夷防禦」「私の闘争の禁止」そして勅書を返上すれば「寛宥の処置」が取られるだろうと、要求のトーンを下げたものになった。幕府はこれをもって水戸に迫るでもなく、かえって十月には返納期限猶予が認められた。もう密勅の行方などうでもよくなっているのである。戊午の密勅は文久二年末に至って幕府の許可を得た上で、水戸藩から諸大名に布告された。かつての激派の要求がやっと実現された形だが、淋しい幕切れと言うほかない。

こうして続く文久の二年間、水戸藩自体が世間から忘れられる。この時点で、政治体としての水戸藩は終わったと言うこともできよう。政治体とは自己統治と独自の意思決定をする集団のことであり、その規模を問わない。加えて、政治体は他の集団と対比して（時には敵対しつつ）自己を認識し自己を主張する。この意味で幕藩体制下の藩という存在を独自の政治体と見なすのは字義に反することだ。水戸藩の二百年余も幕藩、それも御三家として幕府と一体のものだった。しかしこの間、西洋の侵略の足音が迫るなか、士民百姓の叛乱が水戸藩を独自の政治体へと押しやったのである。井伊直弼主導の幕府が執拗に水戸藩を攻め付けてくる。斉昭をはじめ「公辺」への義理立てが消えることはないが、幕閣を敵として自らを再認識する趨勢は避けようがない。水戸藩は事実一個の政治体であり、政治体として自己を再編成することを強いられた。その途上の藩内の惑乱と言論の紛糾とがこの事態を如実に示している。では、いかなる政治体をいかにして再獲得すればいいのか。だが、藩論の紛糾が分裂へと高じていくとき、水戸藩の人びとは自らを政治体に再構成する途上で潰えたのである。過激派を藩外へと追い出し、桜田門外の変を契機として、水戸の政治経験は時代の奔流のうちに押し流されていった。政治体としての水戸藩の終焉である。長州藩のようにはいかなかった。それにわずか二、三年とはいえ、いかにも水戸の早とちりと評することもできるだろう。

　水戸藩という政治体を代表していたのは何といっても斉昭であった。その斉昭が桜田門外の変から五か月後、八月十五日に急死した。心筋梗塞だったという。享年六十歳。政治体の終わりを印象付ける斉昭の死だった。

第七章

尊王攘夷のジレンマ　扇動し抑圧す

1 『新論』というバイブル

「第一に、あれには思想がからんでおった」。山田風太郎『魔群の通過』の語り手が話をこう切り出している。ここにいう「あれ」とは、藩の御家騒動が水戸では勤王と佐幕をめぐる「凄惨な内戦」にまで至った歴史のことである。おっしゃるとおり、これには思想というものがからんでいたのであり、衆目の見るところそれは「尊王攘夷」のスローガンに集約される。そして、尊王攘夷の旗のもとに藩士たちを教育してきたのは、会沢正志斎その人にほかならなかった。それればかりか、尊王攘夷は水戸から発して幕末諸藩の志士たちを最も広く捉えた合言葉になった。この言葉は藤田東湖の『弘道館述義』（弘化四年、1847）に由来するが、そのルーツを訪ねれば間違いなく会沢正志斎の『新論』に行きつくのである。『新論』は早くも文政八年（1825）、当時の水戸藩主斉脩《なりのぶ》に上呈すべく書かれたものであった。時に会沢は四十四歳、斉昭の侍読で彰考館教授であった。そして次の藩主斉昭の天保改革のイデオロギーともなって、広く書写され浸透していく。尊王攘夷運動の上昇期、安政四年には公刊され水戸学の代表的著作として幕末志士たちのバイブルになっていった。

ところが、前章までに見た「水戸の叛乱」では、沸騰する藩論なかんずく会沢正志斎の言動は時局的発言（時務策）に徹していて、激派ならずとも尊王攘夷の思想はどこへいったのかと訝しさを禁じえないだろう。戊午の密勅のごとき一片の紙切れをめぐって藩論がかくも沸騰し紛糾すること自体、会沢には我慢のならない事態であったろう。実際、阿呆らしい騒ぎだった。勅書を返す返さないで争って、藩は迷走しくたびれ果ててしまった。会沢の論戦も少々依怙地になってこの争いの一方を牽引するものだった。政治家として藩論をまとめる方策、あるいは大獄に耐えうる藩政改革の実施に寄与することはなかった。結局は唯々、幕府への勅書即時返納・激派討伐の一点、それも「現実主義」の時務策に矛先が収斂するばかりだった。そして内戦の直前、文久二年（1862）にはその名も「時務策」を書いてはっきりと「開国」を唱えるに至る。この一点で、勅書を尊王攘夷のシンボルとして護持する激派からは、水戸学の総師の「変節」と受け取られるのは避け難かった。公平に見ても、激派を理論的思想的に説得することに欠けた会沢の言論であった。

けれども、事態はこれほど単純なことではなかったはずである。「あれには思想がからんでおった」

のである。思想が人に取り憑き人を走らせるとともに、そのジレンマをさらけ出す、という形でからんでいた。水戸藩の尊王攘夷思想は思いがけず自藩の叛乱の中に巻き込まれてしまった。革命思想にとってこれはめったにない幸運であったが、同時にまた現実の叛乱との遭遇という不幸な目に遭ってしまった。叛乱は革命家にとってざらにはない好機だが、できれば避けたほうがいい不運なのである。では、尊王攘夷はいかなる意味で幕末水戸藩の革命思想であり、同時になぜこれが水戸の叛乱をジレンマに追い込んでしまったのか。その由来を会沢正志斎の『新論』に尋ねてみたい。

以下、テキストは『水戸学』(今井宇三郎・瀬谷義彦・尾藤正英校注解説、岩波日本思想体系53、岩波書店、1973年)により、引用カッコ内の数字は同書の頁数である。

2　攘夷、一念なく打ち払うべし

会沢正志斎は『新論』をいきなり次のように書き始めている。

謹んで按ずるに、神州は太陽の出づる所、元気の始まる所にして、天日之嗣《てんじつのし》(天皇)、世宸極《よよ》(皇位)を御し、終古易わらず。固《もと》より大地(世界)の元首にして、万国の綱紀(統括)なり。誠によろしく宇内に照臨し、皇化の曁《およ》ぶ所、遠爾《えんじ》あることなかるべし。

我が神州は世界の元気の始まるところであり、天祖（天照大神）の血統たる天皇が途切れることなく統治して今日に至っている。古来世界の頭首であり万国を統括する。まさに万国に君臨して、皇化を果てまでも及ぼすべき存在なのだ。これが「神州の国体」とされるものの要約である。威勢はいいが、一読ただの神話的復古主義に見える。だが、会沢はこう述べておいて、ただちに「しかるに今」と畳みかける。「西荒の蛮夷、脛足の賤をもって、四海に奔走し、諸国を蹂躙、眇視跛履《びょうしはり》（己を過信して猛進する）、敢へて上国を凌駕せんと欲す」。西洋の賤しい荒夷どもが諸国を蹂躙しており、あろうことか思い上がって、我が神州を凌辱せんとしている。神州の国体論はまずは西洋の侵略の危機と攘夷の切迫感を焦点化し、逆に攘夷の心意気から我が国体の神髄を照らす。これが『新論』への導入である。

実際、新たな外夷が我が神州を蹂躙しようとしている。すでに沿岸には異国船が出没してはばからず、あまつさえ、彼らは我が藩領の大津浜に上陸する暴挙を犯した。ほんの昨年（文政七年五月）のことだ。藩が上を下への大騒動に陥ったことはまだ記憶に新しい。会沢の師藤田幽谷は息子東湖を大津浜に派遣するに際して、蛮夷を斬り棄てよと別れの宴を設けたほどだった。会沢自身は急遽筆談役に任じられて大津浜に急行した。清国との交渉ではあるまいし筆談役を派遣してどうなるわけでもあるまいが、水戸藩にほかの備えがなかったのだろう。幕府が急遽遣わしたオランダ通詞を介して取り調べが可能になり、会沢もこれに立ち会った。彼らは捕鯨船の船員十二名、なんとロシアでなくイギリス人だった。

「眼前に数艘停泊して漁事をなすさへ悪むべきに、上陸さへして物を乞に至れり。神州を蔑如せしこと是より甚しきはなし。然るを神州の人にして枉《ま》げて彼を捕鯨の物等と云なすこと、寇賊に荷担すと云も其罪逃れ難るべし」。商船だ、漁船に過ぎないと侮ることは許されない。事件から得たこれが会沢の教訓であった。かくて『新論』の目指すところはこうなる――、「臣ここを以て慷慨悲憤し、自から已む能はず、敢へて国家のよろしく恃むべきところのものを陳ぶ」。ここで国家とはもはや藩のことでなく、日本国であるのは言うまでもない。そして「国家の宜しく恃むべきところ」として、まずは「攘夷」の課題へと論を進めていく。

水戸藩でも会沢正志斎はとびぬけて外国事情に通じていた。『新論』は2「形勢」において、具体的な国名を列挙して神州が強国に囲まれていることを明かす。彼らはそれぞれ他国を席巻してこれを悉く臣下にするまでは侵略をやめることはない。とりわけ現今の注目はキリスト教西洋である。続いて『新論』は項を改めて3「虜情」を明らかにして警鐘を鳴らす。西洋諸国が頼みとしているのはその国力ではない。「独り一耶蘇教あるのみ」。他国を傾けようとすればまずは通市（通商）を以て覗い、乗ずべきと見れば兵を挙げて襲い、不可なればすなわち夷教を唱えて民を扇惑するのである（95）。また、我が国および近海と西洋の交渉史をたどり、彼らは「自ら飾るに礼を以てし、あるいは人をおどすに兵を以てし、百方兼ね施して、その術至らざるなし」と警告する。特に近年はロシアに代わってイギリスが我が国を狙っており、これをたかが捕鯨、商売と軽視してはならない。どうして「虜（異民族の奴ばら）の甚だ智にして、我のいまだこれを察せざる」の愚を改めずにいられようか。

だから、諸侯は彼らを慰撫するのでなく、幕令を厳守して打ち払わねばならない（102）。そもそも幕府が異国船打払令を下したのが文政八年、会沢の『新論』はまさしくこれを受けて執筆されたものにほかならない。幕命に従い断固（二念なく）打ち払うべしというのが、この時点での会沢の攘夷の策である。愚かな者たちは神州の兵の精鋭なるを誇り夷狄は憂うるに足らずと言う。また、遠く海を渡って来た彼らの兵は甚だ少なく恐れるに足らずと。あるいは言う、夷教の如き浅薄な教えに騙されるのは衆愚ばかりだと。耶蘇の禁は今日も厳重なのだから憂うるに足らずと言う者もいる。会沢はその一つひとつに反論を加えている。ともかくも、西夷は国を変え時を違えて神州を覗うが、この三百年間彼らの狙いは終始一つ、またその信奉するゆえんのものはすなわち同一、すなわち胡神なのだ。神州もまた国論を一つにしなければならないが、そのためにはなによりも「虜情を審らかにすること」、この一点に尽きるのだ。

西洋の侵略の武器、通商と軍備とキリスト教の三位一体にたいする正志斎の警告は緊迫かつ実際的なものであった。なお、幕府の異国船打払令は天保十三年（1842）に緩和され外国漂流船にたいする薪水の給与を許した。憐みの情という「有難き思召し」を施すのだと言う。ところが、嘉永二年（1849）にはこれを取り消して、もとの打払令に戻る。嘉永六年にはペリーの黒船艦隊が来航し、これを契機にして西洋列強が開港と通商を求めて押し寄せてくる。その行き着く先に井伊直弼による通商条約の調印（1858）があった。青年客気の危機感と攘夷の行動への衝迫力は、言うまでもなく四十年前の比ではない。会沢正志斎の『新論』が西洋列強の神州侵略にたいする危機感を煽り立て、「二念なく打払う」過激攘夷派の一本調子を助長する一因となったのは明白である。「和戦の策をまず内に決し、断然として天下を必死の地に置き、しかる後に防禦の策は得て施すべきなり」。水戸の叛乱の渦中で会沢は口を極めて過激派の軽挙を非難したが、彼らが『新論』の申し子であったのは紛れもない。『新論』の思想はまずは断固攘夷であった。

3　攘夷決起を阻む士風

ではなぜ逆に、水戸の叛乱の中で会沢は攘夷の過激を抑えに回ったのか。まず指摘すべきは『新論』が「虜情を審らかに」したこと、会沢の西洋事情通そのことにあった。西洋の物心両面の力をつぶさに見れば見るほどに、藩のそして日本国の停滞が浮き彫りにされてしまう。敵の侮るべからざる所以を強調すればするほどに、攘夷の容易ならざる現実に目を向けさせることにもなるのだった。彼我の力の比では勝負は明らか、これが四十年後の現実だ。

とりわけ諸侯の体たらくを見よ。それをしも、負け戦を覚悟で国家の存亡を賭けよなどと言う過激派は、かえって叡慮に背き国民を不幸のどん底に落とすことになる。現状では、攘夷の軽挙妄動は国家の統一強化を危うくするだけだ。水戸の叛乱に際しての会沢の論戦が政策選択（時務策）一本に傾いていく理由がここにあった。つまるところ、夷狄と渡り合える力の備えが攘夷決行に先行しなければならない。日本国の喫緊の課題、すなわち富国強兵策を『新論』が提起するゆえんがここにあった。

『新論』における富国強兵策をざっと見渡しておく。これは『新論』の「守禦」（防禦策）で論じられているが、事柄の性格からしてここでも会沢の実際的な目配りが利いている。もちろん、夷狄打払方針はすでに決している。「およそ国家を守り、兵備を修むるには」まず和戦いずれかを定めねばならないが、今や攘夷の令が天下に布告されているのである。すなわち「和戦すでに決し、天下向うところを知れり」。だからこそ戦に向けた防禦策を固めねばならない。そして、防禦を固めるためには、まずは天下（幕藩体制）をよろしく改革しなければならない。そのはなはだしい遅れを見るにつけても、改革は理念でなく政策として具体化されねばならず、会沢は次の四策を提起する。

（1）内政を修める

1士風を起こす（武士を奮起させるために賞罰を厳正にする）、2奢靡（奢侈）を禁じる（武士とその従者、すなわち士民の虚飾をなくす）、3万民を安んずる（農には民命がかかるのだから、田里を均しくして兼併を除いて万民を安んじる）、4賢才を上げる（幕府も藩も天下の俊豪を登用してその信頼を回復する）。

（2）軍令を整える

1軍を精鋭にする（従来の驕兵は有害無益、これを廃する）、2増兵（兵は城下に集り徒食、民は武装流民として横行。これでは外患に内患が呼応する。兵は土着すべく兵制を改める）、3軍旅（部隊）を訓練する（虚礼を廃して実用を旨として軍団を強化する）。

（3）邦邦（藩）を富ます

1何より大名たちの奢侈逸楽を絶つこと、2商人に米穀取引も資金も依存する現況を改める、3参勤交代により野は荒れ民は散じて国は貧になる、4廃すべきは廃し、興すべきは興すこと。

（4）守備を分かつ

1大名は江戸に集中して、そのほかの軍事拠点が軽視されている、2沿海と諸島の防備を強化する、海内挙げて長崎のごとく武備を固めるべし、3「兵の江戸に坐食する者は分かつ」。

さて、以上は防禦策の大綱だが、今日特に留意すべき事項として『新論』は屯兵・斥候・水兵・資糧を取り上げている。1屯兵を置く。一国一城令では縁辺の城砦を攘夷の拠点にできない。兵に土地五石を与えて土着させる、また海辺を守りつつ漁をさせる。2斥候を置く。過重な徭役なしに民の通報を活用できるような連絡網を確立する。3水兵を備える。すなわち大砲を据えるだけでは敵船を撃退できない。陸戦重視主義をやめる。4火器を練る。西夷は資源を諸国に集めて火器を充実している。諸藩も大砲などを重装備すること。5資糧を備える。武器火薬の原料の確保、米穀など輜重の確立。

『新論』から四十年後の現在から以上の富国強兵策を返り見るとき、それがまだ実現の途にも就いていないのだと、会沢正志斎なら言うだろう。たしかに後述するように、斉昭による天保、そして安政の改革はとりわけ農政と兵制の点で緒に就いたに違いない。だが、日本国全体を見たらどうか。第一の「士風を起こす」ことからして、事態は天下泰平の世にだれ切っているではないか。「天下有土の君（諸侯）は、生れてはすなわち逸して、凶荒には備え無きも、これを恤《うれ》うるなく、姦民横行するも、これを禁ずるなく、戎狄辺を伺うも、これを虞《おそ》るるなきは、土地人民を棄つるなり。天下の士民は、ただ利のみこれを計り、忠を尽くし慮を竭《つく》して以て国家を謀るを肯ぜず、怠傲放肆して、以て乃祖《だいそ》を忝《はず》かしめ、君親を遺《わす》るるなり」(63)。あれから何も変わっていない。

諸侯がこうであれば武士もまた然りと言わざるをえない。神武以来の武の気風は緩み、兵農分離が進んで都城に集められた武は奢侈になじんで堕落していった。都市では商売が繁盛し、武夫は城市を出ることなく、今やその論ずるところはもっぱら女、酒、役者、雑劇、盆栽、生け花、鳥追い、魚釣りのことばかりになっているではないか。その反面で、農村では民はもう長く干戈を見たこともなく、城市を養うために疲弊の度を深めている現状だ。これでは性獰猛にして残忍、巨艦大砲で武装して侵略してくる西虜を、どうして侮ることなどできようか。武は弱にして民は愚の現状を踏まえて、「守禦の策を論ずるに、必ず士風を起こすを首《はじめ》とす、その義を以てして天下を率いん」と、会沢は強調せざるをえないのだった(132)。

水戸の叛乱の中で、激派の全国一斉挙兵戦略を会沢が一蹴したのもこれと同一の現状認識にもとづいていた。水戸藩ですら安政改革はまだ半ばに過ぎない。会沢の富国強兵策が西洋近代の国民国家モデルに繋がるものかどうかは分からない。水戸の叛乱から内戦への激流が、会沢モデルも安政改革をも中途で押し流してしまった。叛乱の渦中で幕政と藩政の改革モデル、つまりは国家構想をじっくりと説得する余裕が会沢には許されなかった。水戸藩という政治体はあっという間に身を裂く内戦になだれ込んでしまった。会沢が「当面の策」一本やりで激派を退ける論戦を張ったのも、こうした事情に帰することもできるだろう。断固攘夷、だが国の実情を冷静に見るなら即刻の無謀な攘夷にはとうてい堪えられない、かえって国家を壊す愚挙なのだと。国家あっての攘夷であることをはき違えてはならない。

それゆえ、会沢正志斎の思想は若者を攘夷に駆り立て、かつ、攘夷の客気を抑圧した。叛乱を鼓舞し、決起を拘束した。尊王攘夷のジレンマをまずはここに見ないわけにはいかない。だが、ジレンマの根はもっと深い。

4　皇統連綿、天壌無窮の国体

申し遅れたが、『新論』は序文に続いて次の五篇から構成されている。1国体、2形勢（すなわち四海万国の大勢）、3虜情（外夷が神州をうかがうこと）、4守禦（富国強兵方針）、5長計（すなわち長期計画）である。以上ではまず「攘夷」にかかわる2－4を取り上げたが、続いて水戸学に特徴的な国体論（1、5）とそれが抱えるジレンマへと論を進めていこう。

その際私の関心は、明治以降の超国家主義の思想経験を省みるところからきている。そこでは、例えば北一輝は、次のように理論上国体と政体を峻別する。「国体と政体とを混同するを排す」（『国体論及び純正社会主義』、北一輝著作集第一巻 p237）。「政体は統治権運用の機関なるを以て、国家は其の目的と利益とに応じて進化すべし。而もその如何に進化すべきかにつきては、国体論とは係りなき問題なり」（同、p278）。政体とは天皇機関説が言うように擬制的法人格であるから、その目的と利益に対応しつつ変化する。だが、国体は断じて法的擬制ではなく、実在の人格でなければならない。北の国体論では、社会＝個人という共同体が国家の神髄としての国体である。北流の社会主義国家だ。法的擬制（政体）のいわば究極の倫理的根拠が国体と名指されている。

するとどういうことになるか。国体観念は政体のいかんに関わりなく存在すべきもので、政体のほうは民主制であろうが専制であろうが、「国家の目的と利益とに応じて進化」すればよろしい。『新論』もまた国体は万古不易、だが「法制禁令は時勢によりて変通あるべきこと」と考えている。逆に言えば近代国家にしろ幕藩制国家にしろ、その政治制度に制約されることなくその究極の根拠として国体がある。それゆえ国体の観念は政体（統治）の現実にたいする仮借ない批判と叛乱を鼓舞することができる。昭和の超国家主義の叛乱がこれだった。しかし逆に、国体の明徴は統治の現状からの目くらましとして機能することもある。昭和の軍国主義が化体したのも国体明徴運動だった。政治において国体の観念はそのどちらとしても機能することができる。だが、戦争と革命の時代こそ、国家はその国体という根拠を浮上させずにはすまない。北は会沢に言及しているわけではないが、この伝でいけば『新論』も「国体論の復古的革命主義」ということになる。どういうことか。

会沢水戸学の我が神州の国体論自体が復古的な構成である。儒学は周の時代を理想化したが、これにたいして水戸学は我が国の神話時代を国体のモデルにする。先に『新論』冒頭を引いた。次いで「国体論」では次のように書かれている。天を体現する天祖（天照大神）はその孫瓊瓊杵尊《ににぎのみこと》に手ずから神器を授けて天下を伝え、以降絶えることなく天祖の血脈は天孫（天皇）に引き継がれてきた。天祖はすでに忠孝を以て倫理を立て教えを万世に伝えたのである。天祖の忠臣としての忠、天孫としての孝である。歴代天皇はその即位大嘗礼にあたって天祖を祀り、天祖と一体となる忠孝の倫理を演じる。我が国が神州である所以がここにあり、国体の神髄がある。まさしく神話的かつ不易の国体である。

わが国体の天祖と皇孫とは違って、漢土では王（天子）は天（天帝）の子孫ではない。王が天意に背き民が離れれば、天は容赦なく王の交代を命じる（易姓革命）。天命は不易ではない。実際、王朝の交代が相次ぐのが漢土の歴史である。これに反して神州では天は天照をはじめとした神々（天神）であり、ここにすでにして天神合体が成り立っている。そして、天照は天孫に代々変わることなく天下を治めることを命じた。天意の受命はすでにしてここに定まったのである。そして何より、天皇家が万世一系、絶えて王朝の交代がなかったことこそ易姓革命を否定している。天命は不易であることの証である。後世武家が覇権を握っても王位に手を付けることは決してなかったではないか。すでに藤田幽谷が以下のように教えていた。「天祖は統を垂れて、天孫は継承し、三器を奉じて以て宇内を照臨せり。皇統は綿々にして、天壌に与して無窮、実に天祖の命ずるところのごとし。これ神州の以て四海万国に冠するところなり」（「及門遺範」）。

儒教では天は王朝とその氏族（国）を超える超越的存在であり、そこに独自の天の形而上も構築されるのだが、我が国では天人合一であるから天の理学は取らないのだと言う。といってもすっきりと我が国固有の神代神話から論を始めるのでなく、儒学由来の天と天子に天照と歴代天皇の関係を接続する。こうした形で儒学と我が国神代神話とが折衷されるのである。むしろ端的に言って、天祖に始まり天孫へ受け継がれる神州の独自性こそが強調される。後の藤田東湖の『弘道館述義』も儒学と神道との折衷に努めながらも、次のように注記している。歴代天皇が天祖を尊ぶことは、漢土のごとく上帝（天）を「蒼蒼漠漠」（漠然ととりとめのない蒼天）の中に求めるのとはわけが違う。天を敬し上帝に仕えると言うが、天も天帝も我が国の上古に聞いたこともない。上帝を祀る祭祀というのは古意を失している。かくして水戸学に天の形而上学が受け入れられなかったのは当然であった。

5　億兆心を一にして

天皇は即位の大嘗祭において天祖と合一する。この忠孝一体が我が国体の基である。大嘗祭ではまた新穀を炊いて天皇は天祖と共食する。天祖はもともと民に穀物の種と蚕の繭とを与えて、もって民生を貴ぶことを教えた。「天祖、大いに民命を重んじ、肇めて蒼生の衣食の原《もと》を開きたまい、御田の稲、機殿の繭、遂に天下に遍満して、民今に至るまでその賜を受く」(81)。わが神州を古より瑞穂の国と称する所以がここにある。水戸学が民は国の基と繰り返すのもここに淵源する。さらにもう一つ指摘すべきは、「天朝、武を以て国を建て」四囲に武威を振るったことである（70）。弓や槍を神代から活用し、剣は三種の神器の一つである。だから神代記は号して「細戈千足《くわしほこちたる》の国」と言うのである。

総じて、我が国体の神髄こそ、以上の皇統＝軍事＝民生の共同体にほかならない。その後歴史は幾変遷を繰り返してきたが、今に至るまでこれが「時勢の変」を貫いてきた。今日の課題として会沢が繰り返す「兵は地を守り、地は兵を養う。兵と地とは相はなるるを得ず」も、神代の兵農国家共同体を今に顕現することであった。万古不易の国体である。だがそれにしても、かかる復古的な国体の観念が、今日に至ってもなお尊王攘夷の人心を奮い立たせるとはいかなることか。

会沢の国体論はその後明治維新政権から昭和の軍国主義に至るまで、名実ともに受け継がれることになる。これは周知のことだが、では国体論とは強権的な政治体制から目をそらすただの精神主義だったのかといえば、それは違う。政体とは独立に国体が強調されるとき、そのもとにあるのは独特の共同体国家論である。国家は統治の体系でなく、国家自体が一個の人格として振舞わねばならない。国家を構成する人民は個別利害を超越し、こぞって国に一体化しなければならず、国家は人民個々人を差別なく駆り立てる一般意志でなければならない。これが「天下国家」にほかならない。そしてこの意味で、国体論は時に政治権力の根底を脅かす力になることがある。これも昭和の超国家主義として経験してきたことにほかならない。会沢正志斎の国体論は、ではどうだったのか。

国体論が何より皇統を押し立てるものであることは先に見た。では、天皇と民の関係はどうなるのか。会沢国体論も続いて国家共同体のほうに向かう。古来、大嘗祭には中臣・斎部をはじめとした百官が列席して、ここで天皇にたいして忠の関係を結ぶ。また臣自身が孝をもって先祖を祀り、代々家を世襲してきたのである。「天祖すでに忠孝を以て万世に垂れたまうた」のだから、これは天孫さらに天祖と臣との合一を意味した。大嘗礼において「群臣の天孫を視るも、またなお天祖を見るがごとし」。臣下のみならず、神州の民とはまさしく大嘗祭の百官が象徴する存在ではないか。

それればかりではない。天祖と天孫、天皇と臣下との関係において、神州の政治は祭政一致・政教一致であることが示されている。民は神州の政治の基である。祭政一致の政治において、民は天祖を敬し天胤を奉ずることを知るのであって、天子のみならず人は天と感応し合っている。天神合体のみならず、これをもって民もまた志を一にして「天人合体」するのである。これこそが帝王が恃みとするところなのだ。かくて、「万物は天に原づき、人は祖に本づきて、体を父祖に承け気を天地に稟《う》く」(56)。これを以て「民日《ひび》にこれに由り、告げずして暁《さと》り、語らずして喩《さと》り、おのおの忠をその事《つか》うるところの君に輸《いた》して、以て倶に天朝を奉戴す、民の志ここにおいて一なり」(150)。

だからこそ、「人は天地の心、心専らなれば、すなわち気壮んなり。ゆえに億兆心を一にすれば、すなわち天地の心専らにして、その気以て壮んなり。これ天人の合と言う」。こうして、国家は天下つまり天地と合体する。天下国家である。

天人合体はむしろ逆方向に見られるべきだ。国体論は冒頭でこう切り出している。「帝王の恃んで四海を保ちて、久しく安く長く収まり、天下動揺せざるところのものは、万民を畏従し一世を把持するの謂にあらずして、億兆心を一にして、皆その上に親しみて離るるに忍びざるの実こそ、誠に恃むべきなり」。帝王が恃むべきはその支配権力ではなく、何よりも億兆の民の忠誠心だと言うのである。逆に言えば、民が従うのは政体（統治権力）ばかりでなくその国体精神なのだ。ここに皇統連綿の尊王思想はベクトルが逆転されて、民億兆の元気から尊王の志を高めることがアピールされる。今、獣のごとき西夷が神州を侮辱しようとしている。この国難に立ち向かう「攘夷」「尊王」は、すでにして士民・人民に内面化されているはずの国体、すなわち「天人合体」の理念を喚起することなのだ。水戸学が実学を重んじた所以も「治民安民」「農は国体の基」という下からの発想にあった。

このようにして、水戸学の国体論は記紀神話を人民の包括に繋げていく。というより逆に、人民の元気こそが国体観念を浮上させ、国体を機能させる。このことがまた国体論の意義なのだった。蛮夷の来襲を前にした現政体の体たらくを見ればこそ、政体批判の武器としての国体論が幕末の志士たちを奮い立たせる。会沢の国体論が成り立ちからして尊王論であるのはもとよりであるが、ただに天皇が尊いということではない。武士はもとより人民までが国体精神をもって一人ひとり天皇に直結しうる。叛乱に決起することをもって天皇に直参できる。大嘗祭に列席する臣下のイメージは、天皇を端的に観念化することを通して民と皇統を直結する。会沢の復古的国体論は「天人合一」にまで敷衍されて万人を捉え、「億兆心を一にして」国難に当たるようにと万人を扇動する。国難はすなわち今外夷の侵略である。国体論がなおのこと攘夷を扇動する。国体論の復古的革命主義と言うゆえんがここにある。

幕末水戸藩の藩士も郷民指導者たちも、「威義両公以来の」尊王の伝統をこのようにして受肉し直したであろう。実際、密勅降下を契機とした奉勅遵奉の「藩を挙げての」叛乱こそ、民が天皇に「直参」

せんとする思念に衝き動かされたものではなかったか。この意味でも彼らは会沢と水戸学の申し子であった。そして国体論を介してこそ、尊王は攘夷と一体の観念になる。外国の侵略という危機の「現実」が排外主義を駆り立てただけのことではない。危機にあるのは万古不意の国体であり、国体とはすなわち心を一にした億兆の精神なのだった。

水戸の叛乱から内戦の終結に至るまで、水戸の過激派の著しい特徴は、彼らが最後まで観念のみならず戦術に至るまで、終始「攘夷」に金縛りになっていたことだ。もう鎖国か開国かなどの国の統治策を離れて、攘夷は観念の符牒のごとくに激派の行動に張り付いて剝がれない。時代が公武合体の時節に傾くとともに、攘夷とはすなわち尊王、それも彼ら激派には朝廷への工作の正否に短絡される。何かというとすぐ、わずかのつてを頼って朝廷への嘆願斡旋に走る。慶喜にとってでも薩長は言うまでもなく、開国がすでに既成事実になっていても、水戸激派のこの反射的ビヘイビアが抜けない。憑き物のようなこの攘夷は国体の観念抜きには理解し難い。国体が危ない。国体の精神こそ尊王なのだから、尊王はすなわち攘夷だ。攘夷は尊王だ。国体論の観念の威力が彼らに取り憑いて離れない。そしてこれがまた水戸藩が時勢に取り残されるように機能した。

ひるがえって、水戸の叛乱の時期になって会沢はどうしてああむきになって、尊攘過激派を排除しようと言論を張ったのか。激派を放逐する軍事行動まで起こした。かつて会沢は攘夷を扇動し、今や攘夷の憑き物を落とそうとした。最後にまとめて述べるつもりでいるが、会沢思想の根幹は国体論にあり、『新論』から四十年がたった今、激派の攘夷がかえって国体を危機に追い込んでいる。ところがこの場合国体とは会沢にとって幕藩体制あるいは公武合体政府を統一強化することにこそある。こうして会沢のうちで国体論と過激尊攘行動とが乖離することになる。尊王攘夷の思想のジレンマがここでも自己を主張している。

6　もう一つの国体、東照宮とその神孫

国家を国体と政体の別から見るとして、会沢国家論においては国体は万古不易、しかし政体は時勢の変、すなわち歴史の変遷を免れえない。たしかに、儒学に倣って会沢は理想の政体を周代の国制に求めていたかもしれない。周官の詳細な研究が残されているという。周官とは中国で殷を倒した周王朝の国制を理想化して述べた儒教の書で、その組織は天地四季の六官に分かれる。天官は宮中諸官の統括、地官は教育と地方行政を掌握、以下春官は祭祀儀礼・夏官は軍制・秋官は司法を司る（冬官は欠）。多分に神話的なこの周の統治体系を、祭政一致・兵農一致・井田制にもとづく徳治教化の儒教思想によって解釈する。会沢はとりわけ周の兵農一致を詳しく研究して、現今焦眉の水戸藩の兵制改革の思想的根拠にしようとしたのだという（今井宇三郎「水戸学における儒学の受容」、『水戸学』解説）。以上は私の手に負えることではないが、それにしても、幕藩国家体制の改革構想の手本が周の統治体制だとするのは気が遠く

なるような話である。西洋の国民国家を手本にするのは会沢（水戸学）の道ではなかった。

会沢国体論で歴史的な問題が生じるのはとりわけ武家政権の登場である。『新論』の国体論は続いて我が国の尊王精神の歴史をたどっていく。神州では武士の世になっても敢えて皇位を奪う者はおらず、天胤の尊きことは自若たるものであった。もとより、天下に弊がないなどという時代はない、むしろ天下の弊は指を屈するにいとまあらずの状態である。特に、鎌倉・室町以降はややもすれば朝命に逆らい、忠孝の道も廃れていた。だが、そこに秀吉次いで家康と英傑が並び立った。ことに家康東照宮は「忠孝を以て基を立て、遂に二百年太平の業」を成し遂げたと評価されている。「時に天下の国主・城主を師《ひき》いて京師に朝す。天皇褒賞して、官を授け爵を賜う」。家康は勤王である。だから続けてこうなる。「天下の土地人民、その治は一に帰し、海内一塗、皆天朝の仁を仰ぎて、幕府の義に服す。天下の勢い、治まれると謂うべし」(63)。

東照宮以来今や二百年、幕藩体制のもとに天下の治平が連綿してきたのである。そしてほかならぬこの徳川の世が、同時にまた我が国体を顕現する道であった。『新論』の論理は次いでこのように徳川の政体に不易の国体を重ね合わせようとする。実のところ尊王攘夷という言葉は、斉昭による「弘道館記」（天保九年、1838）に家康の事績として初めて現れるのである。「我が東照宮、撥乱反正（乱を鎮め正に戻す）、尊王攘夷」とある。そして東湖の『弘道館述義』（弘化四年、1847）は尊王攘夷を解説して「実に志士・仁人の尽忠・報国の大義なり」とする。この大義を東照宮が果たしている。「その大将軍となるや、天顔に咫尺《しせき》し、叡旨を服膺し、蹇蹇《けんけん》として（艱難をいとわず）力を竭《つく》し、ただその任に堪えざらんことをのみ恐れらる」と言うのである（296）。

徳川家の流れをくむ水戸藩「威義二公以来の代々様」もまた、今日までかような意味で尊王の意を尽くしてきたのである。『新論』の「長計」から引けば、次のようにまとめられるだろう。「天祖は洋々として上にあり、皇孫はその志を継承し、人民を愛育し、大将軍は帝室を翼戴して、以て国家を鎮護し、邦君はその領内を統治し、民を安んずる。今、邦君が幕府の法を奉じるは天朝を戴きて、天祖に報ずる所以なり」（153）。

一見して、天祖から今日の人民に至るまで、国体の精神が東照宮を介して滑らかにつなげられている。この論理を受け入れるならば、尊王はすなわち佐幕である。しかし、尊王論と徳川幕藩体制とをこんな風に安易に整合したままですむだろうか。そもそも史実からしてこの説明は苦しい。将軍が天下の諸侯を引き連れて「京師に朝」したのは三代家光以降は一人もいない。家康は「禁中並公家諸法度」などを定めて将軍が三親王、摂家以下の公家を支配することを定めたし、政治に関する問題は朝廷に奏聞しないことを明言してきたではないか。

このように政体に関する時勢の変をたどる会沢の論理の根底では、実は異質な二筋の国体論が意図的につなぎ合わされていることが分かる。天祖―天皇―臣民という共同体論が一つ、「億兆心を一つにして」と題して前述したのがこれである。しかしもう一つ、東照宮―水戸藩主―臣民という幕藩体制の歴史を、政体としてでなく国体論として把握するのである。我が国体は二つある？　両方が忠孝の精神により繋げられる。もう少し分かりやすい言葉を見ておこう。「告志篇」は天保四年藩主として水戸の地を踏むに際して、斉昭が藩政の方針と領民の風俗道徳の厳正につき嚙み砕いて説いた布告であるが、そこにこうある。「今の天朝は、まさしく天祖の日嗣に渡らせられ、今の将軍家は、すなわち東照宮の神孫（！）にあらせられ、不肖ながら我等（斉昭）は威公（家康十一子にして水戸初代）の血脈を伝え、各（臣下）は先祖々々の家系を継ぎ来たり候ことに候えば、この所能々相弁え、天祖・東照宮の御恩に報いんとならば、先君先祖の恩を報いんと心がけ候ほか、これあるまじく候」（212）。

天照大神と天孫の合一が神州の国体だとすれば、対応して東照宮とその神孫たる徳川家と水戸家が臣民の報いるべき国体でなければならない。これにたいして幕府という政体は今や井伊直弼という奸臣に牛耳られている。だから井伊を倒すことは何ら東照宮の国体を汚すものではないのだ。戊午の密勅の返納問題で激派は勢い反幕閣の矛先を尖らせていったが、だが同時にこの決起は何ら幕府に（すなわち徳川の国体に）歯向かうものではない。激派ですら内戦に至っても最後までこのロジックに縛られていた。密勅処理は幕府に従えと激派を攻め立てた会沢もまた、国体としての幕府（宗家）への忠がすなわち真の尊王への道だというロジックを使ったのだった。水戸の叛乱の中で会沢が早くから「公武合体」を唱えたのも、ただに時局論ではなくその二重の国体論から発したものに違いない。

しかし時勢は、政事を幕府の独占から朝廷へと抗いがたくシフトさせていく。将軍代替わりに訪問した勅使と会談した際に、老中阿部正弘は「天皇に考えがあるならば遠慮なく申し付けて欲しい」と答えて、朝廷の介入に言質を与えた。以降、朝廷の要求と幕府からの諮問という政治関係に歯止めがかからなくなっていくだろう。それとともに諸藩の志士による朝廷工作が解禁されて、幕府は朝廷の意向を前面に押し立てた攘夷要求の矢面に立たされる。こうした時勢の趨勢が朝廷と直結した政治を要求して、事実上幕府の政事独占を無化していくだろう。水戸学国体論の勤王かつ佐幕のアマルガムは分解せざるをえない。他方、会沢は論理必然的に公武合体、すなわち二つにして一つの国体論を鮮明にしていくことになろう。「公武合体・国内治平」と、かの密勅も要請しているではないかと。

7　名分論共同体

次に会沢正志斎のもう一つの国体、幕藩体制論の中身を見よう。これが封建的身分秩序から成り立っているのは言うまでもなく、しかしだからといって「我が国体」を唱えて一向にかまわない。法秩序の究極の根拠が国体なのだから、天皇主義ばかりが国体論ではない。では、この封建国家共同体の内部秩序はいかなるロジックで支えられるのか。ここに登場するのが水戸学の有名な、というより悪名高い名分論である。そしてこれがまた、尊王攘夷思想にもう一つのジレンマをもたらすことになるのである。

名分論は会沢正志斎の『新論』には明示されていないので、その師藤田幽谷の「正名論」（寛政三年、1791）から引いてみる。天下国家において名分を正すことほど大切なことはない。こう切り出して、幽谷は続ける。

天地ありて、しかる後に君臣あり。君臣ありて、しかる後に上下あり。上下ありて、しかる後に礼義おく（措）ところあり。いやしくも君臣の名、正しからずして、上下の分、厳ならざれば、すなわち尊卑は位を易え、貴賤は所を失い、強は弱を凌ぎ、衆は寡を謀して、滅びること日なけん。⑽

上下の分をわきまえること、一見して封建身分制の倫理以外の何物でもない。ところがこの正名論は封建の君臣関係のみならず、秩序の頂点に「天皇」を据えている。さらに下方へ向けては、名分はおしなべて貴賤上下、少数支配者と人民大衆の関係にまで及ぶものとされている。将軍といえども敢えて自ら王を称することはしなかったししてはならない。そればかりか名分は上から社会全体を包括してこれを一個の人格として構成し、下剋上の叛乱をなしにする。そうでなければならない。上下直接の名分だけなら道義は階層ごとにバラバラになり、全体の統合を欠くかもしれない。ほかならぬ天人一体の天皇が頂点にあることによって、名分のベクトルは上から底辺まで貫徹して一個の国家共同体を構成する。

同じことはしかし、国家共同体を底辺から支える論理にもなりうる。というより、秩序のベクトルは上下に無窮に循環して直接の上下君臣貴賤の関係を貫き、遂には直接の上下関係を無化してまで共同体を一個の人格として実在させる。下からの忠の積み上げが頂点へと上昇し、逆にこの頂点が最下層に至るまでピラミッド型の身分秩序を統括するのである。そしてこの頂点に藩主でもなく将軍でさえなく、天皇を戴くのが国体論の所以である。なぜなら天皇は郊祀の礼により上天を敬い、宗廟の礼により祖先に仕える。開闢以来皇統一姓、これを無窮に伝え、君臣たるもの崇拝してこれに仕えてきたのである。「この故に幕府、皇室を尊べば、すなわち諸侯、幕府を崇《たっと》び、諸侯、幕府を崇べば、すなわち卿・太夫、諸侯を敬す。それ然る後に上下相保ち、万邦協和す」(13)。「万邦協和」の根源が尊王にあり、かつ底辺つまり卿・太夫にある。かくて「天皇の尊は自若なるなり」と幽谷は断言する。

それゆえ、名分論はその名のとおり上下の別を厳しく立て、士民を秩序に縛り付けるかに見えて、民を天皇という頂点へ直参させる論理に転じる契機ともなりうる。忠のベクトルは士民から諸侯へ、諸侯から幕府へ、幕府から皇室へと直ちに逆転することができ、臣下が上をたっとべば、この名分ははるかに高く天皇と上天への崇敬へと直結する。名分論は逆説的にも天皇と民の距離を無化してしまうかもしれないのである。会沢『新論』が強調する「億兆心を一にした」神州の国体である。こうなれば名分論がかえって尊王の精神によって封建身分制を突き崩すことがあるかもしれない。

実際、密勅降下をきっかけにした水戸の叛乱の士民こそ、かかる逆転を生きる者となった。勅諚が中間に介在すべき幕府を素とおりして直に水戸藩に天下った。勅諚を受けて奉勅の念が沸騰して士民は直に天朝に馳せ参じる思いに駆られた。朝廷は期せずして水戸藩士民をそのように追い込んだのである。そして会沢が是が非でも阻止しなければならなかったのも、まさしくこの天朝と民との上下直結の叛乱だった。同じ名分という言葉を使っても、激派と会沢では意味するところがまったく違うことはすでに見た(第三章)。たしかに水戸藩にとって密勅は有難迷惑であり、藩論はついには一片の紙切れの護持か返納かと、不毛な分裂に立ち至った。だがもしかしたら、悲喜劇の根はもっと深いものだったかもしれない。会沢は佐幕一辺倒の論を張ったが、これすらも国体論・名分論のジレンマを強いて抑え込まんとする無意識の所産であったかもしれない。

そもそも天皇・天朝と言われても、京で工作する一部の志士を除けば、諸藩の武士たちには観念でしかありえない。人民は「天朝の仁を仰ぎ」も同断である。百姓町人にとって武士あるいは藩主への忠なら暮しに組み込まれており、まれには藩主その人を仰ぎ見る機会もあるだろう。だが、天子は名のみの遠い存在であるほかない。この距離の懸隔を無にするために、実のところ、水戸学は遠くを近くとする思想を作り上げていた。これが名分論の逆説的な効果であったろう。奉勅を求める水戸の叛乱こそ、この逆説を演じることとなった。

8　叛乱抑圧の論理

名分論の逆説と言うのも、そもそも民の尊王運動を禁圧するのが名分論のもともとの論理だったからだ。すでに斉昭の「告志篇」がいみじくも命じていることだが、「さてまた人々天祖・東照宮の恩に報いんとて悪しく心得違い、眼前の君父をも差し置き、ただちに天朝・公辺へ忠を尽くさんと思わば、かえって僭乱の罪のがるまじく候。されば忠もその身分により次第これあること」だというのである(213)。尊王の理念は天人合体と天皇への直参を含意しているはずなのだが、しかし尊王を貫こうとして逆上し、直上の身分を差し置いてさらにその上にまで忠を届けようとしてはならない。早い話が、眼前の君主を差し置いて幕府に、さらには朝廷に攘夷実行を強要するなどあってはならない。名分は天祖・天皇・幕府・臣民の全体秩序であるとともに、実際には藩内部の君臣関係に忠を束縛する性格のものであった。

そもそも『新論』では富国強兵策の推進はあげて藩政あるいは幕府が統括実施するものであり、各藩の士民がこれを担う。武士以外の百姓町人は政策の対象であっても、自ら改革に参与すべき者たちとは想定されていない。しかしその後、斉昭による天保改革は郡奉行たちの地道な努力を通じて郷中農民の支持を集めていく。水戸の叛乱では郷中もまた尊王攘夷のスローガンのもとに立ち上がったのであって、百姓一揆ではなかった。『新論』は終始統治者として上から下に改革を提起しているが、これが端的に下からの民衆蜂起によって試練に立たされていく。そして会沢自身は最後まで、頑固に統治者のスタンスを守り通した。『新論』が扇動した過激攘夷にたいして、後には逆に開国を以て立ち向かうのも一半の所以はここにあったろう。たんに現実主義政治家の判断ではなかったのである。

戊午の密勅をめぐる藩論の対立は、たまたま降下してきた一片の勅諚の処理問題に矮小化されていったが、議論が名分論のこの論理に拘束されていたのは明らかである。会沢の議論は尊王の名分から、幕府を超えてはならないという論理にずるずると引きずられていった。他方で尊王激派は、天朝への名分論的直結の論理によって、下から藩と幕府の枠を超えて行こうと苦しんだのだった。密勅降下による上から下への直結は、下をして上に直結すること、名分論のタブーを突き抜けて進むことを水戸藩士民に強要した。思えば朝廷はとんでもないことをしてくれたものだ。事実としても尊王攘夷のスローガンは藩の壁を越えて拡散し、また朝廷の動向が藩内に逆流してくる状況が生まれていた。尊王攘夷はもう水戸藩沿岸で漂流船員を打ち払うなどのレベルを超えてしまっている。

だから妙な話になる。

たしかに、神州を西夷が狙っている今日、国体論からして尊王と攘夷が一体化したスローガンになるのはいかにも自然に思える。しかし政治の場面では尊王と攘夷とは別物であって、ときに相反する要求となるかもしれないのだ。たとえば、攘夷論は藩政改革を要求する。要求はまた幕政の改革として拡張されねばならない。ここまではいい。だが名分論が命じる。水戸藩は幕府を超えて、幕府を差し置いて攘夷を実行してはならない。「今、邦君の令を共《つつし》み、幕府の法を奉ずるは、天朝を戴きて、天祖に報ずる所以なり」（『新論』、153）である。尊王はすなわち佐幕。今日の状況にこの名分論を引きずるとすれば、幕府がどれだけ旧弊を捨てられないとしても、尊王攘夷が尊王に直参せんとして幕命を無視するのは許されない。討幕などさらに論外である。たしかに、御三家としての水戸藩の位置つまりは佐幕がそうさせたとともに、水戸学がかく命じていたのである。

先にも触れたことだが、水戸学は国体論という観念の内に天祖と東照宮とを忠誠の対象として並べ立てていた。学の論理的矛盾のままならばそれでもいい。だが、これが尊王攘夷のジレンマとして水戸藩を苦しめる、そのような時期が来ていた。危機に臨んで国体論が水戸藩を鼓舞し、かつそのはらむジレンマが藩全体を引き裂いていった。ジレンマは後に、一方で天狗党の筑波山挙兵、他方には名分秩序を名分とした諸生門閥派の蜂起として、水戸の過激派どうしの内戦をもたらすことになろう。尊王攘夷は幕末の水戸に発して全国志士の合言葉となった。それでいて、この合言葉は水戸藩に逆流してきて尊王と攘夷のバランスを著しく失調させてしまった。観念の威力もその悲劇もここに淵源する。

さて、会沢正志斎『新論』にたいする私の関心のありかをまとめておく。この際参照にすべきは次の説、つまり会沢にとっては尊王も攘夷も国家の統一と強化のための「手段」だという読み方である（尾藤正英「水戸学の特質」、『水戸学』解説）。国家とは『新論』の時期には幕藩体制であり、時移れば公武合体体制ということになるだろう。何よりもこれを強化すること（富国強兵）が急務であり、そのためには攘夷そして尊王の士風を臨機応変に鼓舞するのが有益な手立てとなる。たしかに、為政者たるもの今蛮夷を退けるの機に乗じて国家の強を養わねばならず、その強を養うは「一時の権宜（便宜）にして必ずしも永制となさず」と会沢は書いた（79）。統治者たるもの一律の杓子定規はいけない。会沢『新論』における尊王攘夷もせんじ詰めればこうなると見るのである。

尊王攘夷手段説は水戸の叛乱における会沢の言論を理解しやすくはしてくれる。「公武合体・国内治平」の実をあげることが急務の現在、これを危うくするような行き過ぎた尊王も攘夷もバツ、激派の説も行動も抑圧せねばならない。尊王も攘夷も政策手段であればこそ政体に属する事柄であり、臨機応変を旨とすべきなのだ。これに対比して、会沢の言論を駆動していたのは終始国家（国体＝政体）の覚醒と強化にほかならない。

とはいえ、『新論』では会沢は尊王も攘夷もともに激して説いている。それをもし統治者の便宜手段と言ってしまうと明らかにそぐわない。それに何より、これを真に受けて行動に走った若者たちがいた。時の幕府に敵対して藩をあげての叛乱にまでもたらした。叛乱の政治体（ポリス）として、藩論は紛糾し分裂状態に至ったのである。観念を真に受けて走った者たちにそれは誤解だ、はき違いであることが分からないのかと会沢が論難する。薩長のごとくに、尊王と攘夷を手段として操るマキャベリズムにまで、会沢の言動は達していたろうか、水戸藩は統治操作すべき政治体として自己を対象化できたろうか。むしろここに際立つのは、会沢正志斎の無力と孤独というほかない。尊王攘夷のジレンマは国体（本体）vs.政体（手段）にあったのでなく、国体論そのものが抱え持っていたことだと思う。

9　エピローグ　開国論

会沢正志斎が「時務策」を書いたのは文久二年、死の前年のことだった。桜田門外の変、斉昭の死去、そして坂下門外の変と、この間時局はめまぐるしく展開する。皇女和宮の降嫁をもって公武合体は進展し、その見返りに幕府は朝廷に期限付きの攘夷を約束した。これはやがて「横浜鎖港」のスローガンに絞られていく。攘夷をめぐって朝廷にたいする幕府の面従腹背がいよいよ追い詰められていった。水戸藩でも藩主慶篤が慶喜とともに上京して攘夷・攘夷と「ことのほかお盛ん」になっていく。藩内の停滞をよそに、京では水戸の人気が急上昇した。そんな中で現れたのが会沢の「開国論」であった。先に見た会沢の戊午の密勅の回達阻止・返納論が、今回は攘夷の国家政策に絞られている。

わが国は東照宮以来鎖国令を「国家厳政」として堅持してきた。これが「守国の要務」であることはもちろんだが、今日ではまた「古今の時勢の変を達観」せざるをえない。外国の通信（通好）要請にも、「時勢を斟酌ありて権宜（便宜）の道をもちい給いしなるべし」。東照宮の時と逆に今は、「外国甚だ張大にして、万国尽く合従して皆同盟」している。これと好を結ばねばことごとく敵に回して、孤立することになる。それゆえ、「今時外国と通好は已むを得ざる勢いなるべし」。

「時務策」はまずこう述べている。もとより修好通好して外患がなくなれば、人心怠惰を生じて思わぬ侮りを受けるも測りがたい。だから、富国強兵の策を行い士風を高めておくことが肝要だと、会沢は続ける。もう四十年近く前になるが、会沢は『新論』（1825年）を書いて幕府の異国船打払令に呼応した。わが神州の国体の護持を前面に出してである。だが同時に、『新論』は西夷に関する冷静な分析と実際的な防禦策の提唱とをもう一つの柱とするものだった。前者の国体論はそのための気構えだとも読める。だがあれから四十年、富国強兵の守りは国体を護持できるまでに固められているのか。今「時勢の変を達観」するなら異国との通好は「已むを得ざる勢い」だと主張するほかない。

保守と過激の間にいつの世にも頭をもたげる大人の「現実主義」、のように見える。だが、今や藩内に限られる「国内問題」ではないのだ。幕藩体制から日本国家の自立、そのための外交策が要求されている。開国か鎖国かの従来の構図を根底からリセットしなければならない。本当は要路の誰もがそう思っている。思っていることを口に出すには、それ固有の口の出し方を必要としている。理性や理屈、つまりは冷静な現実主義の言辞だけでは浮いてしまう。これが政治家の言動というものである。会沢はしかしここでも、弘道館教授のスタイルを抜け出ていない。会沢の現実認識を政治の現実主義に転轍する政治家が、当時水戸藩にいたろうか。いや、藩論が現実政治を選択する方向で固められていたかどうか。これ抜きに理論の正しさなど、危機に応答できるものではない。先には、会沢の現実判断は自ら諸生を組織して激派を鎮圧するという行動に導いた。今回は問題は日本国の選択だ。より一層、会沢の現実認識は水戸藩の政治と結合すべきもののはずなのである。

けれども、会沢にはもう時間が残されていなかった。戊午の密勅問題という有難迷惑が、藩論を引き裂いて藤田東湖らを継ぐ世代を藩外に追い出してしまっていた。他方で、密勅問題は幕府にたいする水戸藩の決定的屈服という結果になったわけでもない。幕府自体にもうそんな力はない。もしかしたら、薩摩と長州が西欧に砲を向けて一敗地にまみれたように、水戸藩も対外的な敗北を経験する必要があったのかもしれない。だがそれにしても、ここでも水戸はあまりに江戸に近い。

しかるに「血気の少壮は」と会沢は続ける。「大敵を引き受けなば打破りて神州の武勇を万国に輝かさん」などと強がっている。だが、今外国の火器はますます巧みを極めている。武勇あれば必勝などと言えようか。ことに太平の世に武勇武備は軟弱に流れており、心は勇なりとも必勝は期し難い。それに、民の生命は聖天子の最も重んじるところであり、一時の私憤にかられて天朝を不仁の道に陥れてはならない。もしも戦って万が一にも敗れるなら、民を塗炭の苦に陥れ尊号に瑕疵を生じる。「国体を恥ずかしむることこれより甚だしきはなかるべし」。

それに、と会沢は名分論を引きずって続けるのだが、「国の存亡を図るのは上にある人の任であって、下としてはことの是非を論じるとしても自分勝手に決することはできない」。少壮の論は「義に当たっては国家の存亡は論ずるに足らず」などと唱えているが、「臣下の身として、天下を一己の私物のごとく、軽々しく投げうとうとするのは臣下の心ということはできない」。

会沢翁は何も変わっていない。

では、上にある人は今国家の存亡をどのように計っているのか。「下は万民が安堵し、上では幕府が富国強兵の政に大果断を下して天下の耳目を一新している」。「聖天子は万民が戦火を免れるよう心を砕いておられる」、この東の外れの国から私会沢正志斎はそう仰ぎ見ている。くれぐれも、軽易無謀にして暴虎馮河してはならないのだ。

会沢正志斎はこのように「時務策」を結んでいる。幕府のこの大果断が何を指すものか、公武合体の進展ということであったろうか。紆余曲折、皇女和宮は文久元年十月、江戸へと出発した。翌年には慶喜が将軍後見職に就く。「時務策」が書かれた年である。そしてまた翌年、文久三年には藩主慶篤が一千人のお供を従えて上京し、水戸でも攘夷熱が再度盛り上がって藩内分裂と内戦へと雪崩れ込んでいった。しかし、この世に会沢正志斎はもういない。

第八章

叛乱、政治体、分裂、言説　政治の経験を歩み切る

1　叛乱というコンセプト

さてこのあたりで、「水戸の過激派」についての私の関心のありかを綴っておきたい。

私は本書を「水戸の叛乱」から始め、叛乱の中の言論（藩論）の抗争を記述してきた。ここで安政五年から六年にかけての水戸藩の立ち位置と振舞いを、水戸の叛乱と呼んでいる。西夷の脅威と安政の大獄の中で、藩主父子が処分され密勅の返納が強要された。これにたいして、水戸藩は西夷と井伊直弼ら「奸臣」への敵対という位置に立たされた。二重の敵と敵対せざるをえない。この敵対が水戸藩の人びとに「尊王攘夷」という己の姿を再発見させた。そして、士民・領民による大衆的抗議行動（屯集）が、

内部から水戸藩を叛乱に押しやる決定的な要因となった。

ある地域社会なり集団なりが外部の敵（外敵）との抗争に立ち上がる、立ち上がるべく強いられる。とりあえずこれが叛乱である。叛乱は外敵の挑発をきっかけとし、またそうでなくとも、叛乱が敵を和解不能の外部として措定する。逆に外敵の設定が叛乱集団を味方として構成する。敵対は当面の行動方針の対立を超えて、時に国家構想から世界像の相違にまで肥大化して観念される。叛乱のこのコンセプト自体は歴史的事情を超えたものである。その一事例を私は水戸の叛乱に見てきたのである。

たしかに、二度にわたる小金屯集という大衆蜂起自体を叛乱と見なすこともできよう。ただ、この蜂起は藩内の封建的権力か何かを敵と見立てて蜂起したのではなく、終始藩としての行動をはみ出ることはなかった。「威義二公以来の代々様」を継承する水戸藩である。そもそも、水戸の安政の叛乱に参加した農民たちは、郷士や村役人に動員された者たちも多かったろう。この郷士・村役人こそは斉昭の天保改革の中で教育されてきた者たちであった。安政期には郷校に集い農兵として軍事教練を受けていた。斉昭への恩義に報いると同時に、尊王攘夷のスローガンに同調しうる者たちであった。藩の農民たちは貧困に打ちひしがれていたが、水戸の叛乱は百姓の一揆でなく、初めから当時としては極めて政治的な主体から構成されたものだった。水戸藩の民衆蜂起が無差別の打ち毀しの様相を見せるのは、後に見るように内戦を経験してからのことである。これが藩自体の瓦解へと続く。これに比べて安政の水戸叛乱は貧民の一揆にしてははるかに政治的な部隊によるのであり、藩を挙げての政治運動であった。だから長期にわたるとともに内部秩序がそれなりに維持された。斉昭の鶴の一声で左右できる段階を超え出ていったが、それでも暴発して壊滅することなく終息した。逆に言うこともできる。藩士活動家は別として、農村からの参加者たちは精神的にも「無傷のまま」で次の内戦期を迎えることになる。

もとより、大衆蜂起が激派と結びついて藩権力への叛乱に転じる契機がなかったなどとは言わない。それでも、藩主父子への忠誠と御三家の立場を逸脱しない。これは蜂起の「限界」を意味するのでなく、逆に水戸の叛乱の端的な表出である。「御国の安危」に臨んで、守旧派から激派、農民蜂起までが叛乱の中でそれぞれの役柄を演じたのが水戸の叛乱だった。だからまた、藩主も家老たちも、弘道館の先生も生徒も、叛乱の人びとに属する。「藩を挙げての叛乱」である。そのように見なして私はこれまでの章を綴ってきた。この見方に付きまとう幾つかの論点を、ここで少々敷衍しながら述べていきたい。

2　政治体とその敵

尊王攘夷を掲げて井伊の幕府と敵対した時、水戸藩は幕藩体制下の藩から一個の政治体（ポリス）に自らを変えた。政治体とは独自の自治と意思決定をなすべき集団である。とりわけ存亡を懸けた外敵との敵対の位置に立つ時、集団は自らを改めて対他存在として発見せざるをえない。他集団と政治的敵対関係に立つものとして、政治体となるのである。叛乱以前には、水戸藩は御三家とはいえあくまで幕藩体制下の一つの藩であった。幕藩体制の秩序に取り立てて異議を放つ存在などではない。それが幕末のこの時期に、幕府とは独立した政治体たることを強制された。

敵は言うまでもなく強大である。しかもなお味方が一個の政治体でありうるためには、何よりも内部の結束を固めねばならない。「人心居合」が必要だ。ところが、味方として内部を固めるこの必要が、思いもかけずに政治体の統一を危うくさせる。挙句には政治体内部がいくつかの集団に分岐して、諸集団のそれぞれが政治体の中の政治体として振舞うということが起こりうる。同質性の追求が異質性を挑発的に顕在化させてしまう。これが叛乱の政治体内部の避けがたい加速度となる。同時に、加速度に抗して政治体を新たに統合する方途が求められる。なぜなら、叛乱は雑多な社会的集団を主体にして「自然発生的」に始められるからだ。当初は同じ心意気とスローガンのもとに始められたとしても、その後の激しい敵との敵対が、叛乱の人びとをして自分が誰であるかを改めて再発見させ、それが分裂と再統合を促すことになる。遅れた階級にたいする先進的階級、労働者階級の分岐だとレーニンなら主張するだろうが、それとは違う。とりあえず、政治体の分裂に階級の別もイデオロギー的な規範もない。政治体が政治体であることで自ら作り出し、身に蒙らざるをえない加速度と言うにすぎない。

水戸藩がいくつもの身分から構成されていたのは言うまでもない。密勅の降下は当初は「まことに一家の面目」であったが、この社会的な異質性のために、小金屯集と大獄の強化をきっかけに政治的な異質性が一挙に顕在化した。言論の場面にそれが如実に現れたことはすでに見た。だからこそ、藩の重役も藩主父子も必死に藩の団結を守ろうと腐心した。叛乱した大衆を「諭す」ことがこれであった。これに動員された勢力がその名も「鎮派」と呼ばれたのである。だが、叛乱を扇動し事実上藩主への忠孝にもとる振舞いをする者たちがいる。激派である。「藩の安危存亡にかかわる事態」、これこそが水戸藩の端的に政治体としての姿であった。政治体が生き延びるためには、分裂は別の次元に再統合されねばならない。

政治体はどうしたら味方として再団結し、外敵にたいする関係を一段階先に進めることができるのか。まずは外敵にたいする対処という次元で、政治が政治体に要求される。尊王と攘夷の在り方は臨機応変にすべしと会沢正志斎が強調した。通常の政治としてこれは当然である。しかしそれだけではすまない。味方の分裂を誰が何をもって再結束させることができるのか。この焦慮のもとにそれぞれが追い立てられていくのである。同じことがまた鎮派なら鎮派の内部に派生する。諸集団の境目自体が日々に揺れ動いた。集団の再結束の努力がまた集団のさらなる分化を引き起こすかもしれない。だから誰かが、幕藩体制下に安堵してきた藩がすでに十分に政治体であることを受けとめて、己が藩自体を対象化しなければいけなかった。すなわち政治は、ほかならぬ政治体の内部で経験されねばならない。政治的なものの概念が二重化せざるをえない。内外二重の政治的経験、これは叛乱集団が政治体であることの最も先鋭な、そして最もありふれた光景である。叛乱のこうした局面で析出し対処を強いられる政治の概念は、叛乱と同様に歴史的事情を超えた次元で捉えられるべきことである。逆に言えば、叛乱が内部に析出する政治は意図的な選択でなく、本来的に受動的な性格のものであり叛乱の人びとを越えて跳梁し、一個のカテゴリーのごとくに彼らを追い立てる。私は幕末水戸藩の政治的到達点をこうした政治概念の一事例として見てきたのである。

3　言論の分裂

政治体としての水戸藩の在り方は、藩論つまり言論の対立抗争の中に如実に現れた。内部の言論の洪水と混雑こそ、一般に叛乱というものの最も特徴的な光景にほかならない。そう考えて、藩士たちの言論とそのスペクトル分布を先に詳しくたどったのである。史料の制約から残された文書を配置するほかはなかったが、これらがたんなる言説のヴァラエティの展示でないのは勿論である。口角泡を飛ばした、時には殺気だった論戦の場面があちこちで展開し続けた。言論は言動であり、その基盤に程度の差はあれ集団や運動を想定しなければならない。文書の言説はもとよりその一角の表象に過ぎない。また、ことの性質上蜂起した大衆の中の言論は再現できないが、藩士たちの論戦が大衆に及んでいたことはもとよりのことである。鎮撫と扇動の二極間に百姓たち自らの言葉が飛び交っていたはずである。水戸藩が叛乱の政治体である限り、藩権力による言論の弾圧は見られなかったし、暴力が相手の言論を封殺したこともなかった。

だが、叛乱の言論は内部で自由に展開されたとしても、「外敵」の存在から来る不断のストレスのもとで戦わされる。討論会ではない。常に政治体の明日の行動決定が求められる。ここから叛乱の言論・言動は分裂抗争する。叛乱の政治体は直前までは別の社会秩序のもとに存続していた。それが今や叛乱の位置に立たされ、もう藩主も臣下もない、階級の区別もない、そういう瞬間がかならず現出する。人びとは従来の社会的位置を清算して「誰でもない者たち」、ただの叛乱の主体として振舞っている。だからこそ、言論は氾濫し混雑し発散する。

むしろ言葉が人々を追い立てているのではないか。言葉の交錯自体が跳梁して、個々人の心情や行動と言葉の関係がここに逆倒する。叛乱の最も目覚ましい現象がここにある。この状況が誰でもない者たちをそれぞれの集団（運動）形成に向かわせ、この同じことが言論の分立抗争として表現される。むしろ言論の分裂こそが叛乱の叛乱たる証左となる。叛乱の当初言論は意味不明の異語の喧噪にも等しい言葉の氾濫である。そして、外敵との対抗関係の進展とともに、言論の氾濫は幾筋かの色合いに収斂し、相互に対立していく。あるいは分岐して再び統合される。言論のスペクトル分裂の基盤では叛乱内部が諸集団に分岐していく加速度が働いている。大衆叛乱の大衆がそれぞれ自分とは誰かを探索しつつ、何者かになっていくのである。

4　政治的なものの跳梁

叛乱集団という空間内部の言論の氾濫がその分岐と抗争へと展開されること、これが集団の各人にとって「政治」を出来させる。叛乱が自ら呼び出したものであり、そして自らが蒙ることになる政治である。言論の分岐はそれぞれの集団の政治的抗争へと推移していくであろう。言論を通じて叛乱はそれ自体が内部に集団的対立を作り出すのであり、外敵との敵対とともにこの内部対立への対処が強いられる。先に触れた叛乱の政治体にとっての二重の政治である。叛乱は言論を通じて諸集団を再統合し、一個の権力に自己を形成できるだろうか。それとも外敵の前に四散して潰えるのか。あるいは、政治体が直ちに内部の差異性を抑圧して同質の共同体に転じることになるかもしれない。セクトである。だが、これは叛乱の政治形成からの脱落である。こうした政治形成の中断脱落を回避しつつ、叛乱の政治体は自己を変えていかねばならない。これに堪えるか、それとも滅亡か。

叛乱が大衆叛乱である限り、その歴史的具体的物語を超えて析出してくる概念としての政治がある。叛乱が歴史を超えた現象として一般化しうるとすれば、叛乱が呼び込む政治もまた叛乱の具体には解消できない水準にある。だから逆に言うべきだ。政治的なものは叛乱の時空に跳梁して、これが叛乱の人びとを駆り立てる。叛乱内部の集団的言説を対立させ分裂させる加速度、人々が叛乱の日々にまざまざと感受するこの傾斜がよってくる力、それが政治的なものの顕現である。この力を取り押さえようと腐心するところに政治というものが経験される。再び、この政治に堪えるか、さもなければ滅亡するか。

私はこれまでにも歴史上の叛乱を、それが革命の始まりであれまた孤立した事件であろうが、叛乱という共通の名辞のもとに見ることができると考えてきた。これは政治的なものの析出と暴威を見ることと同じことであった。水戸の叛乱への私の関心も叛乱と政治という次元からのものであり、断るまでもなく事実の歴史的分析ではない。叛乱とともに政治的なものは、いつどこにでも、ただある。

水戸の叛乱では尊王攘夷の藩論が「戊午の密勅」の処理という態度決定をめぐって分岐した。これ自体は世の中と関係ない消耗戦の様相を呈していくのだが、小金屯集から長岡勢の占拠へと大衆闘争が持続して、言論戦は藩内の集団的対立を促すものとなる。会沢正志斎の弟子たちが、先生の右と左へ分かれていった。激派とか鎮派とか、門閥派諸生とかの集団的分岐が目に見えるようになる。そして激派の中の過激派は藩外へ出て行き、藩内の言論戦は藩内になお残留する激派への武力行使の瀬戸際にまで近づいた。続いて時を置かずに桜田門外の変。これはまた政治体として水戸藩の終わりを画する局面であった。会沢たちは叛乱の政治的形成に挫折したのである。政治体を討幕の手段として対象化することはとうていできなかった。藩内を一つの自己権力として形成することにも失敗した。藩内の集団抗争が一集団の主導のもとに再編統合される展望もない。内部からは激派を桜田門外へ追いやり、外敵との関係では公武合体による外圧の減退を期待するほかない。水戸藩は政治体であることから脱落して、文久年間二、三年の猶予を与えられた。世間から忘れられた。叛乱の中の政治のこの不完全燃焼は、しかしやがて門閥派の藩権力奪取と内戦となって水戸藩をさらに引き裂いていくだろう。

5　政治の規範性　マルクス主義

叛乱と政治にまつわる以上の見方は、いくつかの異説を背景にして立てられている。たとえばマルクス主義の革命観がある。革命は経済的下部構造に決定されて発生し、同じく下部構造に規定された階級こそが革命の進行を主導する。資本主義の生産関係に規定された労働者階級が階級として蜂起して、プロレタリア独裁権力を樹立する。これがマルクス主義の歴史観にもとづく階級革命論だとして、では水戸の叛乱は何であったのか。

私の用語で叛乱とは、この世に政治と権力が消滅しない限り、洋の東西にかかわらず、歴史を超えていつどこにでも存在する。外敵にたいする地域や集団の蜂起である。自然発生的に起こることもあれば、実は革命家の地道なオルグの結果でもあり、通常はこの両方が入り混じって大衆叛乱として生起する。従来はマルクス主義の革命史観に影響されて、叛乱とは右翼軍人の叛乱とか革命政権への反革命とかの呼び名だった。そうでなくとも、大衆叛乱は革命の初期段階の現象であり一過性に潰えるか、あるいは国家権力獲得としての革命に席を譲るべきものと見なされてきた。叛乱の機関としての評議会（レーテ、ソヴィエト、コミューン）が高く評価される場合も同じだった。

これにたいして私の名づける叛乱は、下部構造の決定とか国家権力の掌握とは関係がない。歴史の必然とか進歩とかの判断にかかわらない。ただ、叛乱から自己権力の形成に至る独自の深度が問題になるだけである。マルクス主義的な見方では、叛乱の政治体、あるいはその内部の諸集団のどれが「進歩的」だったのか（なかったのか）とイデオロギー的に論じたがる。水戸の叛乱では鎮派に対比して激派がより「進んで」いる、いや水戸藩全体が歴史に「遅れて」いた、等々である。あるいはまた、水戸では士分を超えた多様な人民が蜂起した、被支配者人民であるがゆえに倫理的に善である。人民の立場に立って歴史を見なければならない。

歴史にたいするこうした評価は近頃では衰えたとはいえ、しかしでは歴史は規範的な見方を排除すべきなのか。理論も物語もなく、ただ誰が・何処で・何時・何をしたか（４Ｗ）の実証史学しかないのか。私は水戸の叛乱の諸集団、諸言説に直面して、人民史観の規範も没規範という実証史学の規範も、ともに基準にはしなかった。ではどうなるのか。叛乱は外敵との関係の変化に対抗していかねばならないし、これに伴って内部の言説もその配置を変えていく。それがどこに向かうのか、向かうべきなのか。この加速度が、言説の競合と分裂それ自体が、言外に析出する政治的なものの概念を成す。叛乱が政治的なものの遍歴を歩み切ること、この観点から叛乱の深度を推し測ること。これが規範になる見方である。水戸の激派と農民蜂起が藩主の「お論」に従って引き下がる、あるいは恐れながらその先に分化していくこと。その先とは、どんな形になるにしろ藩を単一の自己権力に再編成して、大獄に耐え新たな日本国家の形成を展望することであったろう。会沢が思い描いたような公武合体国家が展望であったとして、その過程で叛乱から何が切り捨てられるのかも判断基準にしなければならない。たとえば言論戦からこの差異を見分けることが叛乱の深度を測るメルクマールとなる。その簡単な事例である。

叛乱は概念的にも歴史的にも革命とは独立に定義しなければならない。私は「叛乱論」（1968年）を書いて以来、観念的にも実際的にも革命から叛乱の定義を解放しようとしてきた。革命とは国家権力の問題だとレーニンが言った。そう考えて歴史を振り返る時、革命は結局のところ近代革命のことだったのだという感慨を禁じえない。西洋で革命という言葉は近代革命とともに始まった。次いで、ロシア革命とそれに続く「資本論に反する革命」が国家を掌握したが、それも紆余曲折はあれ結局のところ近代革命の一変種をもって終わった。革命はこれでその定義を使い尽くしたのである。もう長いこと革命という言葉は政治革命であることを止めて、ただの新傾向の宣伝文句になっている。革命はもうありえないし、思考の対象たりえない。だが、叛乱はそうではない。叛乱はただある。

6　政治的なものの概念　シュミット

外敵に敵対する政治体などと言えば、政治的なものの指標は敵味方の峻別だとするカール・シュミットの定義を思い浮かべるかもしれない。シュミットは自由主義が政治対立をあいまいにする点を批判してこう述べたのだが、敵味方峻別と同時に敵味方結束とも言っている。そうだとすれば、敵味方峻別自体が政治なのではない。ほかならぬ敵を前にした味方のこの結束が味方の分裂の契機になる。味方内部で固有に政治的な経験が強要されるのはこの時である。端的に言って、敵味方のそれぞれで内部に敵味方の峻別という政治が発生するのであり、政治的なもの、敵対関係は二重化せざるをえない。敵対関係への対処としての政治的経験は、もとより特定の叛乱に特有のものであるしかないが、ここに跳梁する政治的なものの概念は普遍的なものである。ただし、味方内部の政治は本来再団結のために行使されるのだから、そこでの「敵味方峻別」は有害な働きをすることが多い。スターリン主義として散々経験してきたことだ。政治の経験とは本来的に受動的なものであることを、再度強調しておきたい。

シュミットの政治概念は自由主義批判だから、政治体における二重の政治にまで言及することはない。叛乱の経験からすれば、敵味方の峻別自体が政治なのではない。峻別がもたらす味方の分裂にこそ政治的なものの宿命がある。シュミットはまた敵味方を峻別したとしても、敵を道徳的な悪と見なす必要はないと指摘している。政治的関係は倫理的関係とは別の事柄である。とはいえ、政治と倫理との無関係はそれほどに堅固なものではない。とりわけ政治の当事者にしてみれば、敵にたいする憎悪と道徳的批判を免れることは難しい。叛乱の当事者となればなおのことである。敵味方はお互いを奸賊だ奸徒だと呼ばわって味方を結束させようとする。我が神州の国体論のように、攘夷が穢れた荒夷を駆逐することに直結してしまう。

しかしより重要な問題は、敵味方の道徳的峻別が政治経験の射程を中途で切断することにつながることである。敵にたいする道徳的対峙なら、別に政治は必要とされない。かえって政治の二重の経験を消去して、これを敵味方の道義的で超越的な敵対関係に移し替えてしまう。とりわけ叛乱の集団が倫理的共同体、「共産主義者の強固な共同体」などとして叛乱から離脱するとき、これは政治的経験の射程を切り詰める。セクトである。こうした共同体どうしのテロルが固有の意味で「内ゲバ」と呼ばれる。水戸の叛乱の言説を分析するとき、私は倫理的観点を排除してきた。叛乱が政治の射程を歩き切ることだけを関心の的にしてきたのである。水戸の叛乱の内部対立は「内ゲバ」ではない。

7　言説分析　アレント、ラクラウ

もう一つ、政治体における自由な言論などと言えば、誰しも革命と政治的なものに関するハンナ・アレントの口調を想起するかもしれない。ポリス（政治体）の政治とは城壁と法律に囲まれたアゴラ（広場）で行われる言論と活動である。公共空間における言論と活動が政治的なものの経験をなすとアレントは書いた。ところがなぜか、アレントは自由な言論と活動をその分裂、同じことだが叛乱空間での集団と運動の抗争にまで追求しようとしない。あたかも革命には外敵など存在しないかのようだ。だから外敵との敵対の内面化として生起する革命の諸集団の対立も眼中に入らない。実際には、アレントがモデルにしたアテネのポリスは、スパルタなど他のポリスあるいはペルシャ帝国など、外敵にたいする戦士共同体としてあった。だから「自由な言論」はいつも同時に明日の行動を決断すべき論戦であった。論戦は集団を団結させるが、分裂もさせる。アレントの「公共空間における自由な言論」は、実のところいわゆるデモクラシーの公共空間などとは関係がない。

とはいえ、古代ギリシャのポリスは外国人・奴隷・女性を除外した市民を構成員としており、しかも彼らは生まれながらに政治人間として育てられた者たちであった。ポリスはすでにしてかなりの程度政治的に均一な成員からなる共同体だったのである。デモクラシーのいわゆる多元的構成を前提にはしていない。だから自由な言論は対立したとしても、それが諸集団と活動（運動）の分裂にはつながらないものと想定されている。ところが大衆叛乱と言うとき、この「大衆」は元来が雑多な社会的出自を含んでいる。というより、雑多な社会的規定性を帯びた人びとがそれぞれの出自を一旦は清算することで叛乱の主体「大衆」になる。水戸の叛乱は藩主から百姓をも含んでいたが、もはや家老でも家来でもないという一瞬が、叛乱には必ず訪れる。だからこの瞬間から、叛乱は再度、しかし今度は政治的に再統合あるいは分裂への加速度に晒されることにもなるのである。一言で言ってアレントのポリス（政治的空間）は大衆叛乱の産物ではない。アレントは叛乱の産物としての評議会を「革命の失われた宝」と高く評価したが、評議会は自由な討論会に留まることはできない。アレントの政治の概念も叛乱の政治にまでは射程が届かない。水戸の叛乱をその言説分析から見るとしても、アレントの政治論が役立つことはあまりないのだった。

最近になると、近代民主主義がもう政治的性格を失ってしまった現状で、ラディカル・デモクラシーなるものが構想され、そこでエルネスト・ラクラウのヘゲモニー理論が参照されることが多いと聞く。

ハンナ・アレントの言論空間を諸言説が形作る「地形」に置き換えたのがヘゲモニー理論だと受け取ることができるだろう。政治空間の多元的構成はもう前提である。ここに政治的諸言説の抗争が出現してお互いにヘゲモニーの競合が起こる。「民主主義陣営」内の諸集団の論争、あるいは選挙や国民投票の宣伝戦などをイメージするといい。そこでの異なる諸言説のつなぎ目が節合（articulation、言語論の節合／分節、解剖学の関節機能）と呼ばれ、節合面でのヘゲモニー関係がアンタゴニズム（antagonism、競合・拮抗、関節に働く主動筋と拮抗筋の関係）だとされる。アクターの多元性はもとより前提であり、資本と労働、改良と革命のごとき二項対立は論外である。世論の中の自民党と社会党その他、あるいは民主主義勢力内の反政府、反差別と反原発などなど、そこで特定の言説が拮抗する他の言説を圧倒するかもしれないし、逆かもしれない。そもそもある言説自体が内部に新たな節合線を生み出して新規のアンタゴニズムに至ることがある。それゆえ、ヘゲモニー自体にはどんな歴史的必然性も規範性もない。いわゆるポピュリズムの言説（空虚なシニフィアン）が対立し合う諸言説をかっさらって勝利するかもしれない。ヘゲモニー関係は偶発的だ。かくてラクラウのヘゲモニー論は規範を持たない政治の記述理論だと言われる。

マルクス主義革命論が失効した後に登場したヘゲモニー論は、政治の形式主義的な記述理論がとりあえずは避け難い方法だと主張していて興味深い。誰がなぜ特定のヘゲモニーに与するのか、ヘゲモニーは人をどこへ連れて行くのか。労働者階級革命論を捨てた後の形式理論は何も語らない。語らないことがこの理論の方法的特徴であって、そのことを理由にこれを批判するのは見当はずれのことである。「ヘゲモニーの内部にそもそも階級闘争がある」などという批判である。水戸の言論を私が配置したやり方も、ヘゲモニー理論の性格と矛盾しない。そう言われてもたいして異論はない。斉昭のお諭あるいは会沢の時務策は激派の尊王攘夷の言説を説得できるだろうか、できないとしたらどうしてか。この言説の分かれ目に倫理的規範を持ち込まない。

ところがここでも、問題は叛乱の政治体のことなのである。ラクラウのアンタゴニズムはそもそもが外敵との敵対には使えない。だから言説かつ集団の分裂抗争の諸帰結に踏み込めない。もともと、アンタゴニズムに「敵対」の語を当てるから紛らわしい（アンタゴニズムはむしろ関節解剖学的に理解するのがいい）。諸言説になにがしかの「等価性」を認めうるからこそ、相手のそこに付け入って自己の等価性を連鎖的に拡張していくことができる。これがアンタゴニズム（競合・拮抗）でありヘゲモニーである。だが、外敵とはそもそもが叛乱との「等価性」を認めることのできない相手にほかならない。井伊直弼との対話が途切れたところで、水戸は叛乱の政治体として立ち現れるのだった。

結局ラクラウ理論は大まかな政治勢力（国民、民主勢力、等々）の多元的構成を前提にして、言説のアンタゴニズムの帰趨に左右のポピュリズムを展望する。だが、展望はまったくのところ偶発的に決定されるとしか言うことができない。

8　不在の国家に急かされて

フランス革命はじめ西洋近代の革命がモデルに仰いだのは古代ローマの共和制だったという。この意味で革命が目指したのは復古である。水戸藩で会沢正志斎など水戸学が構想したのもまた復古であった。天に報い（事《つか》え）本に返す「報天反本」である。これは政治体の構想というよりその究極の根拠をなすとされる国体論である。国体論は水戸藩の命運を超えて近代日本に受け継がれた。水戸学が国体論の復古を持ち出したとて、これ自体は保守的アナクロニズムなどではなかったのである。むしろ「国体論の復古的革命主義」という側面を『新論』に読み取ることができる。国家構想としての理性国家とか共産主義共同体と同列のものと受け取らねばならない。

けれども、水戸の叛乱は水戸学の国体構想を現実の試練に立たせることになった。理論が現実と遭遇するずらにない機会が訪れたのだと言うこともできよう。すでに見たように水戸の言論は国家構想を争点に持ち出す余裕を欠いていたが、しかし尊王攘夷の合言葉の形で国体論は叛乱の普遍的な理念として人々を駆り立てていた。会沢から見れば国体は今「公武合体」の政治体として構想されねばならない。二つの国体に根拠づけられた公武合体国家の統合と強化である。水戸学の名分論がそもそも尊王は尊王佐幕であるべきことを教えていた。公武合体の国家体制とは遠く周代の封建制への復古なのか、それとも西夷に対抗する富国強兵策によって思いがけず近代の国民国家につながるのか。

しかしそもそも、会沢正志斎の国体論から見れば現在の日本から国家が失われている。押し寄せる「外敵」を前にしても幕藩体制はばらばら、そればかりか藩は惰眠を貪って恥じない。国体論にもとづいた日本国は現に存在しないのであった。存在しないことこそが幕藩体制の現状をもたらしている。

同じことが我が水戸藩自体をも危機に追い込んでいる。言論戦は党派闘争にまで高じて、藩は分解の瀬戸際にある。事態は一つの藩がそれ自体でどうにかできる段階を超えている。今や我が藩でなく徹頭徹尾日本国が問題なのだ。そこで激派は日本国同時挙兵を主張しているが、今、日本国はないのだ。外夷に直面しながら、日本国が観念としても現実にも存在しないことが、逆に藩を分裂の危機に陥れている。それが分からないのかと、会沢正志斎が苛立つのだった。激派が誤った尊王の道に突っ走ることが、逆に藩の分裂、ひいては幕藩体制の解体を促進している。藩と幕藩体制両方で、分裂抗争と日本国の不在とが併存して進行し、かつ相互に原因結果として反転し合っている。国家がないから分裂があり、分裂があるから国家はない。

こうなれば、会沢の国家構想は危機を前にした幻としてしかありえない。会沢の議論は水戸藩多数派を代表するかに見えて、実は無力で孤独な姿を晒している。会沢が藩と日本の現実を直視するとき、そこに水戸学も国家構想もない。国家構想がないからこの現実がある。この現実に立たされて、会沢は不在の日本国からの呼び声を聴いている。呼び声に駆り立てられて日本国の分裂に介入しようとし、かえって国家の不在（分裂）を促進している。あれほどに会沢が「現実主義」の論法に固執したこと、会沢の言論に国家構想そのものが不在であったこと、これも不在の呼び声に聴従した結果と見ることができるだろう。幻と実践とが会沢正志斎において交差していた。不毛であった会沢の言論戦に、水戸の叛乱の到達点を見たいと思う。同時に、会沢死後の内戦にまで残した禍根をも。

第Ⅱ部

水戸の内戦

そもそも日本において内戦という状態にあたるいくさは、元治元年の水戸内戦以外にはないのではござりますまいか。内戦という以上、それまでまったくの隣人友人としてつき合っていた人間たちが、敵味方に分かれて、同じ国の中で、いくさといえる時間と規模で相たたかうものでなければなりませぬが、まことに水戸の戦争は、その条件に叶った唯一の例ではござりますまいか。

半歳にわたる戦闘とその結果、士分そのほか姓名の判明している水戸人だけでも死者は二千人を越え――総計では五千人に及ぶと申します――維新革命の烽火ともいうべき旗挙げをやりながら、明治新政の世となっては廟堂につらなる者は一人もない、というほど人材を消磨しつくし、……。山田風太郎『魔群の通過』(1978年、p10)

第九章　筑波山挙兵　諸国忠憤の士に訴える

1　日光山からの展望

水戸内戦の先陣を切ったのは藤田小四郎らの筑波山挙兵だった。元治元年（1864）三月二十七日、拠点とする小川や潮来の郷校から集まった総勢六十人で、小四郎らは府中（石岡）から山に向かった。別途田丸稲之介を勧誘し、田丸は大将としてこれに加わった。三々五々、旅支度の格好であったという。それでも、筑波山の大御堂（阿弥陀堂）に結集した時には人数は百数十人に膨れていた。そもそもが小四郎たちの出発拠点が湧きかえっていた。藩の奥右筆の報告によれば、郷校小川館に多人数が集まり潮来館からも参集して、「議論切迫し自発のほども測り難く」という状態になっている。鎮撫に努めるも

「何を申すも大勢のことにこれあり、この節柄人気立ち居り、右の内には父母妻子へいとまごいまでも致し罷り出で候気釣合にて、表には承服いたし候ても陰には今にも自発致し候も計り難く……」。これが挙兵の供給源の様子だったのであり、追従する者たちが筑波山の人数を膨張させた（史料下編、巻13）。

筑波勢はここで挙兵のシンボルとして斉昭の位牌を製作し、また周辺に組織的な資金集めを行った。そして四月三日朝、一行は日光に向けて出発した。今回は斉昭の位牌を「従二位大納言源烈公神輿」と表示して白張着の十二人に担がせ、前後を軍装の行列で固めて隊伍を組んで進んだ。日光参詣の礼装でもあったろうが、明らかに、沿道のアピール効果を狙ったデモンストレーションである。「下へ、下へ」の先触れとともに進んだ。意気揚々である。以降も大名行列張りのこのデモが維持される。

さて、そもそも藤田小四郎と郷校の同志たちはなぜ城下を離れて、筑波山などで気勢を上げることから始めたのだろう。前年には天誅組と生野と二つの「挙兵」があったが、両者はすぐに鎮圧されている。まず、藤田らが日光から全国の有志たちに向けた決起の檄文から見よう。日光東照宮からの訴えとして、檄文はまず皇統連綿の国体と、家康が太平の基を開いた所以も畢竟尊王攘夷の大義であることを強調したうえで、次のように続く。（史料下編、巻13）

しかるに方今夷狄の害は一日一日に甚だしく、人心は目前の安をたのみ、これに加うるに姦邪勢いに乗じ庸懦《ようじゅ》権を弄し内憂外患日増しに切迫致し、叡慮御貫徹のほどもおぼつかなく、祖宗の大訓振張の期もこれなく、実に神州の汚辱危急今日より甚だしきはこれなし。かりそめにも神州の地に生まれ神州の恩に浴する者、あにおめおめと傍観座視するに忍んや。僕ら幸いに神州の地に生まれ幸いに危難の際に処し候上は、及ばずながらも一死を以て国家を裨補し、鴻恩の萬分に報じ申すべしと覚悟仕り候。

よって、熟慮致し候ところ必死の病はもとより尋常の薬石の療するところにあらず。非常のことをなさざれば決して非常の功を立てることをえず。いわんや今日に当たり上は聖主の宸襟を慰め奉り、下は幕府の英断を助け、従来の大汚辱を一洗するにおいておや。ここにおいて痛憤黙し難く同志の士相共に東照宮の神輿を奉じ日光山に相会す。その志誓って東照宮の遺訓を奉じ、姦邪誤国の罪を正し、醜虜外窺の侮りを禦ぎ、天朝幕府の鴻恩に報ぜんと欲するにあり。

嗚呼、今日の急に臨み誰か報功の念なからんや。また誰か夷狄の鼻息を仰ぎ彼が正朔を奉ずるに忍びんや。すでに報功の志を抱きまた夷狄の狡謀を憤りながら、おめおめとして因循姑息に日を送り徒に神風を待ち候儀、実に神州の男子の恥ならずや。願わくは諸国忠憤の士早く進退去就を決し、同心戮力し、上は天朝に報じ奉り下は幕府を補翼し、神州の威陵を万国に輝かし候様致したく、我等の素願全くこのことにあり。東照宮在天の神霊、御照覧遊ばさるべく、そのまた何をか陳ぜん。

神州の国体と東照宮の遺訓とが夷狄により汚されている。内憂外患の今、天朝と幕府を助けて我ら立ち上がらずにいられようか。一読、政治文書というより観念的で激情的な訴えである。当時水戸藩主が攘夷決行の目玉としていた「横浜鎖港」の実現に言及もない。何よりも、水戸藩と領民にたいするアピールを欠いている。もっとも、小四郎たちは同時に老中板倉勝静《かつきよ》、さらに鳥取岡山両藩主へも所信を表明する文書を送っている。板倉宛の書では閣老を叱咤激励して、「姦邪誤国の罪を御正し遊ばされ断然として攘夷の令を布き叡慮を御奉じ遊ばされ、御事業を天下に相顕し候わば」、我々はいかなる重罪に処せられようが恨まないと結ばれている。幕府への断然攘夷の要求である。鳥取岡山両藩へは朝廷への周旋を依頼し、是正すべき三点の「不可解」を指摘している。1．薩摩が長州を追い出し、七卿を追放したこと、2．横浜鎖港の一事も停滞したまま進まないこと、3．老中堀田・安藤らの処分がまだのこと。ここでも先のように「烈公の遺訓地に落ちて」と繰り返し、「攘夷の先鋒として外国人居留地に討ち入り、憤死して忠義の鬼とならん」と決意表明している。その上で、攘夷先鋒の勅許を戴けるよう周旋願いたいと言うのであった。田丸・藤田および郷校から来た竹内百太郎（郷士）と岩谷敬一郎（修験）の四人がこれに署名している（史料下編、巻13）。

2　全国挙兵の先鋒たらん

見られるとおり、筑波山挙兵の訴えには水戸藩の政治にたいする配慮がまるでない。後述するように筑波勢の決起は郷校を拠点とした農民蜂起を基盤にするものであったが、挙兵が目指すところは足元の蜂起の勝利ではない。幕府をも含めた攘夷のための「全国政治闘争」、その先鋒となることなのだった。我が国の課題は攘夷貫徹であり、そのために、朝廷の恩に報いかつ奸邪の臣下を排して幕府の改革を進めよと言う。全国の忠義の同志にともに決起せよと呼びかけるのである。日光のお山の上から日本国の政治を見渡して檄を発している。小四郎が書いたものかどうかは分からないが、弘道館諸生上がりの筆になるような青年客気のアピールである。政治文書としては程度が低い。その後も学生運動などでよく見られた調子である。

けれども、筑波山挙兵に本当は何が賭けられていたのかを理解するには、まずは、決起までの小四郎たちの活動を見なければならない。藤田小四郎（東湖の四男）はこの時まだ二十三歳ながら、前年文久三年の三月に藩主慶篤に伴って上京している。在京は三か月に満たなかったが、幕府が五月十日をもって攘夷決行を約束し、京の攘夷熱は最高潮に達していた。長州藩の桂小五郎など諸藩の志士たちと盛んに交流した。ところが例の八月十日の政変である。長州藩尊攘派は一掃され、公武合体を唱えて薩摩の久光が軍を率いて上京した。もともと攘夷など不可能というのが幕府の本音であり現実的な判断であった。けれど鎖国は東照宮の遺訓であり、朝廷と志士への顔向け上もこれを唱えないわけにはいかない。そこに開港やむなしの薩摩藩などが到着して朝廷世論をひっくり返してしまった。

だからこれ以降、長州に代わって尊攘派水戸の株が大いに上がった。慶篤上京に随行してその後も京に留まっている原市之進の書簡によれば、「長州すでに倒れ候上は、因循家の目指すところ悉く水へ帰し申すべく、また激家の依頼も水戸へ帰し候ことにて、国表屯集等の説、激家にては悉く依頼、さすが水藩は盛んなりと申しおり候」（文久三年十一月六日）とある。また、さる他国者の報告では、「長州説の者国権を取り（攘夷激派が水戸藩の権力を握っている）、もはや当君（慶篤）幕府に構え申さず、只々天朝の命を奉じて攘夷致すの論、近来愈々盛んに相成り、諸方の浪士多数集まり近国へ金子を募り出で候者少なからず」という（市史中巻五、23章）。

水戸藩へのこうした期待に応える形で、かねて小四郎が工作に乗り出していたのが「全国一斉蜂起」の一環としての挙兵だった。それによれば、攘夷監察使として江戸に向かう有栖川宮に、鳥取・岡山両藩の有志数百人が随行して幕府に攘夷を迫る。自身は筑波山に挙兵して「攘夷の先鋒」になることを幕府に請願する。長州藩は家老福原らが出府して免罪を迫る。この計画を京都残留の水戸藩大場景淑を通じて有栖川宮に言上する。

思えば、水戸藩の決起をあくまで全国蜂起の先鋒と位置付けるのは、安政の叛乱以来の激派の一貫した志向である。今回もこれが踏襲されている上に、幕政の方針転換の期待もあったようである。だが、小四郎の先輩たちは悉く桜田門などで倒れてしまっている。この時期生き残りの野村鼎実や茅根伊予之介は藩政に復帰しているが、もう政治を動かす力はない。朝廷は世間知らず、先鋒に呼応する諸藩などあるものかと、会沢正志斎ならここでも批判したろうが会沢はもういない。

小四郎は当初この案の実現のために奔走したが武田耕雲斎に止められた。その代わりに、小四郎らは関東一円の有志のオルグと資金集めに精力的に走り回った。水戸藩と同様に、関東各地にすでに同志がいたのである。たとえば武州の渋沢栄一の天朝組と桃井誠の慷慨組とは合同して赤城山に挙兵し、高崎城を占拠して直ちに横浜に押し出して洋館焼討ちを決行。こんな目論見が行われていた。房総には真忠組の運動があった。文久三年京から帰ってから、小四郎は小川郷校を基地としながら、こうした関東尊攘組の結集を図ろうとしていたのである。筑波山挙兵は、討幕のための山岳ゲリラの根拠地づくりなどではなかったのである。

挙兵に続く日光参詣もまた、その途次の宇都宮藩工作が隠れた大きな目的であった。しかし、筑波勢による宇都宮藩周旋は同時に、筑波山挙兵の失敗を画するものとなった。まず日光への往路、家老の県信緝《のぶつぐ》（勇記）らが会見して小四郎から挙兵の言い分を聞いた。次のようだ。開港以降外国人の増長は目に余る。しかるに幕府は征夷の職掌を果たさない。「この時に当たり忠義を全うする人間が黙って傍観すれば、日本の国体は汚れ、幕府の衰微は日々切迫していくだろう。そうなれば将軍職を他の家に渡してしまうということも避けられない」。まことに歯がゆい限り、特に水戸藩は副将軍であり片時も傍観し難い。そこで今般一同盟約して幕府に忠告することを志願した次第である。特に貴藩は「関東では正義の点で傑出している藩だと尊敬している」。どうかこうして宇都宮城下までやってきた我々の忠義を汲んで、志願の実現に御尽力願いたい。

見られるとおり、徳川家の家臣とりわけ御三家の一員として、外夷に直面しながら衰微するしかない幕府の威信を回復したい、貴藩もどうか尽力願いたいという趣旨である。宇都宮藩をオルグする言葉でもあろうが、攘夷決行を通じて幕府にテコ入れするというのは以降も一貫した小四郎たちの意図である。そして、家老の県はもともと大橋訥菴の門下である。大橋は水戸藩士と結託して坂下門の変を起こして処刑されている。その県の対応、「我が藩の力の限り周旋に努力しよう。しかし宇都宮藩は弱小藩であり、特に徳川家の家臣（譜代）であるから、進退は幕府の命令待ちである。特に現在藩主が留守で、このような重大事を藩主の許可なくては決められない。同僚とも相談しよう」。「我が藩の事情」を持ち出すのは、どこの藩でも攘夷協力を尻込みする重役たちの決まり文句である。ただ、宇都宮藩への尽力要請の中身には幕府への周旋だけでなく、筑波勢への武器金穀の援助や藩兵の動員が含まれていただろう。まさにことは重大であった。県は幕府の了解を得ようと以降出府して必死の工作を始めるが、これについては後述する。

3　攘夷先鋒の挫折

さて、筑波勢は日光参詣を済ませてから、四月十四日には栃木町郊外の太平山《おおひら》に移動した。太平山神社に祈禱し、一帯の社殿に籠城の構えに入った。一行は二百人以上に膨張している。結果としてここに、実に四十七日も逗留することになる。一体何をやっていたのか。

まず、日光からの檄に応じて藩外から同志が馳せ参じて来た。陸奥中村、宇都宮、壬生、筑後久留米、肥前などから来た藩士、それに下野・上野・武蔵・下総などの農民である。それぞれの地域ごとに小さな組を成してやってきた。野州からの者がことに多く、元慷慨組の者たちも馳せ参じた。出身地域などの小集団ごとに行動するのは、以後も太平勢の挙動の特徴となる。だから、これは軍団なのか、それとも山岳コミューンなのか。軍事調練も繰り返していたようである。「宇都宮よりはじめ、壬生・勇記・館林までも併呑して、野望を遂げようとしているのではないか」という噂も立った。だが、軍隊として見ればこれは要するに烏合の衆なのだった。四月十五日に藩からの鎮撫役として側用人美濃部又五郎・目付山国兵部らが太平山へやって来て、「ここで烏合の衆を集めて幕府の禁じるところに触れ、いたずらに失敗となるのは得策でない。速やかに水戸領内に帰還せよ」と告げたが、「死して報国せん、勝敗のごときは顧みるところにあらず」というのが大将田丸の返事であったと、山国の復命書が言っている。ここに作戦の分かれ目があった。山国兵部といえば後に天狗党の軍師になる者だが、小四郎に勧告して太平勢を軍隊編成にして指揮系統を明確にしようと努めたというが、そもそも何のための組織統制なのか。水戸市史には一行が太平山を退去する際の供ぞろえが図示されているが、さながら大名行列のままであった。

繰り返すが、小四郎らの挙兵は全国一斉挙兵の起爆剤となるべきデモンストレーションなのであった。とはいえ、この時期挙兵の期待をかけたオルグの対象は、事実上宇都宮藩に絞られていたようである。もともと小四郎は宇都宮の県への書簡で、しばらく近辺に滞在して「幕府の指揮を受けたい」と言っていた。幕府による攘夷の指揮が発動されるように、宇都宮藩の周旋を期待して待つのである。確かに、県らは奔走した。四月二十九日家老戸田公平は攘夷建白を老中板倉勝静に申し入れたが、受け入れられなかった。これは意外なことに思われたので、五月十五日に県自身が江戸に出て工作に努めたがらちが明かない。そんななか足元ではクーデタが発生して、県ら筑波勢に同調的な家老六人全員が交代させられてしまった。「幕府からの命令のないうちは、兵を出すことはできない。今後度々城下に来られては、自他ともに嫌疑も深まり、いよいよ攘夷建白は難しくなろう。また幕府の命令もあり、以後は止宿は勿論、おいでになることもないように」。これが宇都宮重役からの最終回答だった（市史中巻五、23章）。六月二日、太平山退去の翌日のことであり、筑波勢の長期にわたる太平山待機も実らなかった。再び会沢なら、だから言わぬことじゃないと評しただろう。

小四郎らは改めて結城・壬生・下館など周辺諸藩へ攘夷決起を訴えるが応諾されるはずがない。京都でも筑波勢を支持する工作が多方面から必死に行われたが、これも成らなかった。筑波山挙兵の目論見はここに破綻したのである。挙兵はその当初の役割を果たし終えたと言ってもいい。攘夷のための全国一斉蜂起の夢は潰えた。もともと荒唐無稽の展望だったと言えばそれまでだが、しかし明治維新の結果から見ればこの荒唐無稽が俄然「筑波山挙兵」の名を轟かすことになるのだ。歴史の狡知である。

4　賊徒の悪名

太平山などに長逗留して何をしていたのか。もう一つここで指摘しておくべきは、その後も小四郎たちに最後まで付着して引き剝がせなかった「賊徒」の悪名の由来、つまり関東一円からの軍資金集めと農民からの人馬の徴発である。これは筑波勢の一分派、田中愿蔵隊の極端な無法振りを筆頭によく知られたことだろう。ここでは水戸市史（中巻五、23章）から以下の証言を引くに止める。「筑波勢は、あちこちの宿・村に出張を企て、その場所は栃木・合戦場・岡・戸奈良・太田・木崎・桐生・葛生などで、頭分のものが人数を連れて、手分けしてその所の有名な物持ちに談判し、「攘夷の儀が仰せ出されたならば、国家のためと一同身命をなげうち、純粋な忠義を尽くそうとの志願であるので、御国恩をわきまえて、金子を献納せよ」と言って、金子を集めているそうだ。桐生では、横浜商いをしている者から四万両も差し出させたという話である。戸奈良の石井家は千五百両も出したそうだ。その外あちこちの金持ちが分相応に出すよう強談に及ばれた由、集めた金はおびただしい額である」。「筑波勢は最近では太平山や筑波山に限らず、あちこち異形の体で二、三十ずつ群れて歩行しており、金銀を押借りして、百姓に迷惑をかけている」。加えて、農村に人馬の徴発に出かけており、「勧農の季節なので甚だ迷惑」ということになる。

今に始まったことではない。水戸の叛乱では水戸街道を長期に占拠した領民たちの糧食は、大筋で藩が賄った。そうしないと彼らが江戸へとあふれ出す恐れがあったからである。今回はまして確信犯による「挙兵」である。彼らが水戸領内を出た瞬間から糧食の課題を背負うのは自明のことであった。コミューン集団なら自前の暮らしがなくてはならない。軍隊ならば輜重なしにはすまない。そんなことは分かっていたはずではないか。ここに、小四郎らが自藩をそっちのけにして近隣とはいえ領外に挙兵逗留したことが裏目に出る。藩主が幕府に横浜鎖港を迫り続けているこの時期のこと、領内での挙兵と占拠ならば、攘夷の取引材料として藩からの給付があながち不可能ではなかったろう。郷校拠点を活用して農民を組織することもできたはずである。そして挙兵が藩権力の一翼に食い込むならば、薩摩や長州みたいに藩の公金を使って革命運動をする道も開けたかもしれない。だが、これは筑波挙兵の目指すことではなかったし、小四郎などが慮外に放り出していた考えである。反対に、早くから藩を敵に回すことになった。「当節水府浪人と偽名を使い、諸所において乱妨をはたらく者が少なくない由だが、領内の取締りを強めることはもちろん、他領で不法の所行のあった者もすみやかに逮捕し、厳重に処罰する」。これは文久元年一月の藩からのお達しであるが、同じことは今後とも繰り返し繰り返し命じられることになるだろう。六月一日に小四郎たちが太平山から水戸の藩内に引き揚げることを決めた時、集団の組織性維持のために不可欠なこの糧食問題、そのための郷中の組織化、あるいは藩権力の掌握の必要に改めて気づくことがあったに違いない。だが、もう遅かった。

それればかりではなかった。後々のことを考えれば一層重大なことに、村々からの金穀調達は当の農民たちの反発を一斉に招くことになった。近隣の村々を結集して（組合村）自衛組織を作り天狗勢と戦闘に及ぶのである。後に述べるが、この「反革命」は藩全域で一挙に決起して、筑波勢のみならず尊攘派の郷士・村役人たちの打ち毀しに走る。こうして遠くは斉昭の農村改革、近くは水戸の叛乱の遺産が郷中から一掃されてしまう。思えば無惨なことであった。

5　水戸藩、つかの間の名誉回復

藤田小四郎などが太平山に長逗留した理由として、もう一つ指摘しておくべきはこの時期の政局全体の動向である。水戸藩主慶篤自身がその主役の一人であったから、ここで短く触れておかねばならない。

文久三年（1863）二月、水戸藩主慶篤は御供の者一千余人を引き連れて上京した。藤田小四郎もお供の一人であった。もともと将軍家茂の上洛に随行する予定にはなかったが、朝廷の指示により慶篤が執政武田耕雲斎以下を率いて率先上京するよう命じられたのである。朝廷の肝入りであった。三月に入洛した慶篤は参内して孝明天皇から天盃を受け、天皇の加茂社参拝に供奉するなど、朝廷から特別の待遇を受けた。慶篤は京都滞在を強いられた将軍の代わりに江戸に戻ったが、この時も天皇は天盃と剣を授け「将軍目代」として関東守備を命じた。その詔は以下のように物々しい。朝廷は戊午の密勅の不始末にまだこりていないらしい。

関東守護のため下向仰せ付けられ候につき、防禦筋の儀、大樹（将軍）目代の心得を以て指揮これあるべく候。先祖以来格別勤皇の家柄、先代の遺志継述致し、闔藩《こうはん》（藩を挙げて）一致尽力防戦、夷狄掃攘成功奉るべきよう御沙汰候こと。（史料下編、巻7）

今回将軍の上洛は家光以来のこと、水戸藩主も初代頼房以降初めてのことである。準備がまた大変だった。何しろ随員とその荷駄だけでも半端でない。江戸藩邸も城下もごった返す騒ぎに沸き返った。随行志願者が後を絶たず藩では水戸に送り返すのが大変だった。言うまでもなく恒常的な貧乏藩のことと て、資金の手当てがまた容易なことではなかった。領民の上納金と人夫の負担も過酷なものだった。

こうして水戸の物々しい一行が登場した京都は、諸藩の有志や浪人たちの遊説暗躍の巷となっていた。藤田小四郎などはたちまち尊攘派有志と交流することになる。先に述べたとおりである。そもそも、今回の将軍や一橋慶喜の上洛は幕府が朝廷に押し切られた結果である。前年には公武合体の象徴として家茂と和宮の婚儀が執り行われた。続いて朝廷は二度にわたって勅使を幕府に派遣して「幕政改革」「尊王攘夷」「勅意奉承」を約束させた。公武合体は明らかに「公」の側に傾いてもう止められない。朝廷は攘夷実現を期限付きで幕府に約束させた。文久三年四月二十日の将軍家茂の奉書にいわく、「攘夷期限のこと、来る五月十五日相違なく決定仕り候間、奏聞に及び候。なお列藩へも布告致すべく候こと」。だが、もともとできもしないしやる気もない約束であり、あっさり無視された。攘夷実行をめぐる朝幕のこうした駆け引きが、翌年の将軍・慶喜の再上京と「横浜鎖港」に絞られていくのである。文久年間になると、政局はすっかり京の舞台に移ってしまった。

幕政もまた転換した。桜田門外の変以降もう井伊大老の大獄路線を続ける力はない。文久二年になると井伊幕閣の老中久世広周《ひろちか》と安藤信正（信行）、それに京都所司代酒井忠義《ただあき》や間部詮勝が隠居謹慎させられた。水戸の大獄の立役者たちが処分されたのである。桜田門とそれに続く東禅寺事件（江戸の英国領事館襲撃）と坂下門の安藤信行襲撃事件の関係者が罪を許された。また、斉昭の名誉が回復された。こうした幕政改革を受けて、水戸藩でも安政の大獄に倒れた安島・茅根らの名誉回復、罷免されていた激派シンパの三老（武田・大場・岡田）も復権した。えらい変わりようである。翌文久三年の慶篤上京はこうした風向きの変化に押し出された京都政界デビューであった。

6　横浜鎖港、ことのほかお盛ん

元治元年正月、朝廷からの重ねての攘夷要求は逃れ難く、慶喜に続いて将軍家茂が再度上京した。江戸に戻るのは五月二十日になる。攘夷攘夷と朝廷から直接責められての長逗留であった。そしてついに、攘夷の当面の課題として「横浜鎖港」の実現を約束した（二月十九日）。加えて一橋慶喜が禁裏守衛総督と摂海防備指揮に任じられる。筑波山挙兵の三日前（三月二十五日）のことであった。これに伴い水戸藩慶篤も鎖港実現に向けて奔走する。四月十一日には奥右筆野村鼎実を上京させ、続いて家茂・慶喜・関白二条斉敬《なりゆき》・因備（鳥取岡山）両藩主宛の書状を用達岡部以忠に持たせて上京させた。ともかくも、野村の書簡（四月十二日）によれば、「このほど上公にはことのほかお盛んにて、是非ぜひ横浜鎖港を御成し遂げ遊ばされたしとの尊慮にあらせられ」と、慶篤は鎖港一本やりである。朝廷から将軍目代を仰せつかっている慶篤である。鎖港御熱心は当然にも幕閣の警戒心をかきたてる。岡部上洛を留守閣老から京へ知らせていわく、岡部は堂上方へ取り入って厳重攘夷の勅書か書付を出させる策略に相違ない。こうなれば水戸が長州に入れ替わるまでのこと、昨年のように無謀の攘夷になればこれまでの苦労も将軍の上洛も何もかも画餅となる。御所が動揺せぬようにぜひとも御尽力願いたい。「水の策少しも行われぬよう、厚く厚く御尽力なさるべく候」とある（四月十七日）。明らかに慶喜と水戸藩が結託することへの幕府の警戒感はまだ消えていない。

ところが、ここに京都政局独特のごまかし解決がまた図られる。四月二十日には政治を幕府に委任しかつ横浜鎖港を命じる勅書が出され、これを受けて諸侯に公布された将軍の奉答書は次のようなものだった。

この度大樹上洛列藩より国是の建議もこれあり候間、別段の聖慮を以て先達ても幕府へ一切御委任遊ばされ候ことゆえ、以来政令一途に出人心疑惑を生ぜず候様遊ばされたく思召し候。ついては別紙の通り相心得え、急度職掌相立候様致すべきこと。

御請

横浜の儀は是非とも鎖港の成功あるべく奏上候こと。ただし、先達ても仰せ出され候通り無謀の攘夷は勿論致すまじきこと。（史料下編、巻13）

他に、海岸防禦は急務専一と心得えること、長州の処置一切は朝廷の指図はなく幕府に委任されていることなどが公布された。見られるとおり、文書は横浜鎖港を確かに約束している。ただし「無謀の攘夷」は厳禁という但し書きが付いているので先延ばしの口実になるし、実際にそのようにこの但し書きが使われる。それればかりではない。鎖港を約束した以上、長州問題をはじめとして「政令一途」、以降幕政への朝廷の口出しを封じるというのである。これが将軍とともに上京していた慶喜の狙いであった。実際、この鎖港約束をもってようやく解放されて両人が江戸に戻ると、政治総裁川越藩主松平直克、慶篤、宇都宮藩家老の県、京から戻った水戸藩重臣などが必死に一挙鎖港を迫るのだが、受け入れられない。慶篤をはじめとした断固鎖港運動はほぼ五月いっぱいで挫折するのである。そして、この「横浜鎖港」とペアになって登場するのがほかならぬ「筑波山挙兵」なのであった。

7　宙づりの筑波勢

慶篤にとっては横浜鎖港実現は筑波挙兵を鎮撫する名目になり、かつ筑波挙兵を圧力にして幕府に鎖港実現を迫る。小四郎たちの挙兵がこうした二重の政治の中に置かれた。筑波から日光、そして太平山での長逗留、この二か月余小四郎たちを宙づりにして展開される政治である。こうなれば「横浜鎖港」

は慶篤にとっても幕府にしても実現すべき政策というより、ほとんど攘夷の符牒として使われることになる。早くも四月九日、慶篤は水戸の年寄りどもへ通知している。「この節は小川等を始め人気不穏の趣相聞こえ候ところ、（将軍）御留守中と申し深く心配致し候。鎖港の義に付き閣老にも此度上京に相成り、なおまた我等よりも使い指登らせその上にも建白等二条殿御初めへも指上げ候ことについては、当節の儀は幾重にも鎮静致し居り候様……」。横浜鎖港へ向けて鋭意努力しているから、その実現まで筑波勢に鎮静を保たせろと言うのである。鎖港実現が筑波勢への約束になっている。留守居の閣老から京への報告（四月十日）には、「九日水戸殿が登城して、横浜鎖港の処置なくしては藩内取鎮めの手段がないの一点張り」だという。筑波勢の挙兵がここでは逆に鎖港実現の手段のように使われている。

以下、横浜鎖港と筑波挙兵とを結びつける慶篤の議論を短く摘要していく。鎖港の一挙執行がなければ「内地の異変いつ相生じ申すべきやも測り難く……」（幕府へ、四月十九日）。「人心不穏、このほど鎖港を申し立てて常野に諸国脱藩の者共が多人数集まり容易ならぬ事態にも聞こえ、恐れ入る次第である。とはいえ、もともと外夷に憤怒するは天下一般の人気であるから、外寇を除かねば自然内乱が生じるも測り難くその兆しがすでにある。そこでとりあえず横浜の通商を止めて鎖港の手順を速やかに運ぶなら人心も安心するだろう。この度家老岡部を上京させたのでよろしくお願いしたい」（関白二条へ、同十七日）。「このままでは水戸の取締りも行き届きかね、のみならず自然天下の争乱につながる」（慶喜へ、同十九日）。在京の因備両候へも書簡を送り関白への周旋を依頼した（四月十七日）。京都で横浜鎖港が「決定」された後にも、慶篤は幕府へ建議を止めない。「兵端を開くことを懸念するのでは押張り鎖港も整い申すまじくと深く心配している。厚く評議されたい」(五月四日)。同時に、鎖港即断の勅命を請うよう、京へ急報した。

見られるとおり、慶篤の言動では筑波挙兵など「天下の内乱」の恐れを挙げて横浜鎖港を幕府に強要し、同時に鎖港の約束を以て筑波勢の暴発を防ぐ。ありていに言って、筑波勢は太平山に滞留し、かつおとなしくしていてほしいのである。他方で、外夷と「兵端を開く」ことをどれだけリアルに考えていたか、はなはだ疑わしい。この間の水戸藩史料の「解説」の言葉でも「横浜鎖港を実行し内乱を転じて外戦に傾倒せんとする」と繰り返されているが、これなどは明らかに維新後の薩長史観の反映であろう。

8　弾圧開始

もっとも、慶篤としては筑波勢を「横浜鎖港」の道具に使う政治的意識はなく、その鎮撫に頭を痛めており、かつ心から鎖港に「お盛ん」であったかもしれない。「ことのほかお盛ん」という先の野村の言葉にも取り立てて悪意のニュアンスはない。何しろ、四月十日に早速鎮撫に派遣された山国兵部の復命書によれば、太平山の百六、七十人ならどうにでもなるが、そうしたら「水国四郷校に集まりおり候者その響きに応じ火急に出発仕り候えば、その時御鎮静御居合(和解)は御むつかしくこれあり候間、関八州即時に大乱と相成り、いかほどの材識これある者にも防ぐべからざるの勢いにて大河を決する（決壊する）場合にこれあるべし」とあった。筑波勢だけに止まらない「水国四郷校と関八州の大乱」を慶篤は恐れていたかもしれない。大体が、筑波勢鎮撫に派遣される藩の役人たちは、山国をはじめとしてみんな根は尊攘派なのである。これが転じて、「内乱の機を外に転ずること」などと横浜襲撃まで考えることがあったのか。

そうではあるまい。慶篤が京都政界にデビューし水戸の攘夷の株が大いに上がったが、藩の内実はもう政治体の体をなしていない。桜田以降の弾圧で藩内激派は逼塞させられており、何よりも過日の水戸の叛乱の光景はすでに跡形もない。次の章で見ることにするが、郷村では再度の農民蜂起が始まるが、もう藩内の政治勢力との結びつきを欠いている。慶篤は慶喜にくっ付いて活躍しているだけなのである。

それかあらぬか、家茂・慶喜が江戸へ戻る五月も末になると、幕府は「無謀な攘夷禁止」を楯に横浜鎖港という符牒を抹消していく。京大阪では水戸藩残留組による必死の周旋が続けられるが、お手上げ状態になる。原市之進の江戸への報告には、「公武とも実は医すべからざるの大病と存じ奉り候」（五月十三日）、「この上は是非御家において一と御尽力あらせられ、御実効相立候ようとの見込みにて」（同十八日）といった言葉が見られるようになる。

そして、慶篤はあっさりと幕府に追従した。「横浜鎖港」を捨ててしまえば、もう筑波勢を温存する理由がない。水戸藩の攘夷熱もにわかに後退する。五月十九日の長谷川充迪《みつみち》から江戸の野村への報告によれば、郷校を拠点とする農民勢の勢いに対比して、当藩の「攘夷の衰え」が次のように慨嘆されている。「無謀の攘夷はしないとの条項を楯に幕閣は動かず、頼りの板倉もズルズル後退した。当地では郷校三館はもとより、北郡も二百人、東郡は大久保へ百人蝟集、小川も大洗へ出張、西郡も余程の勢いにある。これらは奸徒集合（諸生の蜂起、後述）にたいする憤激とはいえ、鎖港は将軍自らがお請けになったことであり、かねての宿願貫徹のため押し出した者たちだ。当藩の攘夷攻勢の勢いが衰え、もういかなる名医を派遣されても治療は届きかねる病態同然である」。だが、桜田生き残り組の野村らに、当地の農民蜂起を藩の政治へと組織していく方針も力もない。

筑波山挙兵から五月いっぱいの以上の経過を追ってみるならば、「横浜鎖港」が一時の掛け声のままに消えていったことが分かる。慶篤と水戸藩などがこの掛け声のもとに奔走したが、もともとその現実性など誰も具体的に考えていない。横浜鎖港は攘夷の符牒のままに一時の賞味期限を終えた。筑波勢にとってはとばっちりもいいところであったはずである。横浜鎖港が生きている間はその口実にされ、あるいは放置され、鎖港が消えるとともににわかに弾圧の対象として浮上する。たしかに、小四郎らは慶篤の熱心に期待してその成功を待っていたのかもしれない。幕府および藩庁筋からは、筑波挙兵を横浜鎖港と結びつけて捉える言辞が早くから出ている。だが知られる限り、筑波勢が直接に横浜鎖港を主要目標として行動したようには見えない。横浜率先出陣と焼討ちの敢行が話題になるのは後のことである。挙兵の狙いはあくまで全国一斉挙兵の先鋒、捨て石たらんとすることであり、慶篤にたいする圧力の行使などではなかった。しかしそれでいて、ちょうど慶篤の横浜鎖港が生きていた期間、彼らは太平山に待機していたのである。慶篤を信頼して待ちぼうけを食ったのでないとしたら、何のための待機か。彼らが藩を捨てて挙兵したこと、全国挙兵の幻にいささか長期に囚われていたこと、慶篤と水戸藩にいささかなりとも期待があったかもしれないこと、朝廷—幕府の政事つまりは公武合体なるものにまるで無知無関心であったこと、等々。指摘すればきりがないが、悲劇というほかないだろう。「天狗党」は本当はこの時点で敗北していたのである。

そしてついに将軍帰府後の五月二十五日、幕府から水戸藩そして関八州の諸藩に筑波勢追討の指令が出された。

水戸藩へ

筑波・太平などへ多人数屯集し、不穏を醸しているのは、中納言殿（慶篤）には先君の遺志を継ぐことはできないだろうと見侮り、多勢の威力をもって上を却制しようとするもので、臣たるものの道に背くものであり、不届きである。公法を犯し、さらには諸家脱藩の徒をも加えており、機に乗じて軍用金と号して他領で押借り同様なことをもする。元来攘夷というならば、軍律をわきまえているはずであり、これでは世上の嘲りを受けるもので、水戸家の恥辱であろう。厳罰に処すべきところではあるが、一刻も早く水戸表へ引き取るよう取り計らうように。

関八州諸藩へ

浮浪の徒が野州太平山・常州筑波山等に多人数屯集して、所々を横行している。これは、水戸藩の家来や領分の者が重立ち、斉昭公の遺志を継ぐなどと唱えていると聞いている。水戸藩が自力で取り鎮めになるというので、（将軍は）お任せなされたところ、ますます増長して最近ではあちこち出掛けて金銭の押借りなどをしている。怪しいと思ったら、たとえ水戸藩の者と名乗っても召し捕らえ、抵抗した者は切り殺すなり打ち殺すなりしても構わない。（市史中巻五、23章）

将軍御戻りとともに水戸藩でも筑波勢への帰順勧告が始まった。慶篤から郡奉行への達しは次のように言う。「横浜の儀は是非鎖港の成功あるべく奏上の旨、大樹公より今般改めて仰せ立てもこれあり。右の御儀は及ばずながら我等も精々尽力いたし右様の場合に至り候段、その方共も素もとの志願も相達し候間、一同申し合わせ早々帰宅し文武研究いたし、右の沙汰次第に非常の奉公いたし候様、心掛け申すべく候。この段屹度申し聞かせ候なり」。我等尽力して横浜鎖港の素志は達成したのだから、早々帰宅せよと命じるのだった。

六月一日、小四郎たちは隊伍を組んで太平山を退去した。筑波山経由で再度水戸藩の地に戻って行くのである。地元に戻れば挙兵の目的そのものが再度問い詰められることになるだろう。そればかりではない。出戻り筑波勢を水戸藩で待ち受けていたのは、自らの挙兵が引き起こしたとんでもない政治情勢だった。水戸の内戦が始まる。

第十章

叛乱の遺産　郷校と農兵

1　郷中蜂起

本書は第Ⅰ部で政治体としての水戸藩の物語を綴ったが、万延元年三月の桜田門外の変が政治体の終焉を画する事件となった。だが、水戸藩にはまだ郷中の百姓が残されている。彼らは水戸街道にあふれ出て水戸の叛乱を経験したばかりではない。斉昭の改革路線の中で尊王攘夷の「義民」として政治的に形成されてきた者たちだった。そして、水戸の叛乱をほとんど無傷で潜り抜けて郷中に帰参している。桜田門事件そのほかの残党狩りの数年をやり過ごして、彼らは再度息を吹き返す。筑波挙兵の基盤となりこれに参加する者が出たことは、因備両藩への嘆願書の署名者として竹内（小川）・岩谷（潮来）の名を見ても分かる。だが挙兵参加者だけではない。むろん郷中に留まった者が大多数であり、彼らが「尊王攘夷」で沸騰している有様は前章で垣間見たとおりである。小四郎たちだけでなく、藩内に留まった旧激派の面々がこの地盤に期待を寄せ、反対に藩首脳や門閥守旧派は警戒の目を離せない。彼ら郷中尊攘派を誰が、どうするのか。「いかが致し候ものか」という問いかけは、水戸の叛乱に引き続いて藩の政治に突き付けられていた。

ともあれ、筑波挙兵に至るここ数年の水戸藩の内情を、水戸市史（中巻五、22章）によって見ておきたい。桜田門外の決起から慶篤上京までのほぼ三年間、水戸藩自体は政局の外に置かれていた。斉昭はもういない（万延元年八月没）。桜田門・東禅寺（文久元年五月）・坂下門（文久二年一月）と三年連続した「水戸浪人」の襲撃事件は、残党狩りの弾圧を藩内にもたらした。幕府の圧力は厳しく、玉造村の郷校に滞留していた長岡勢の残党は牢に繋がれた。藩内では密告が奨励され、村々に至るまで重苦しく不穏な空気が支配した。東禅寺事件では三老（岡田・大場・武田）が藩政から退けられ、新設された藩内取締掛には長岡勢討伐の急先鋒だった市川弘美・朝比奈泰尚らが任命された。会沢正志斎の上書（文久元年八月十九日、史料下編、巻3）では、近頃評議一決していよいよ悪者の召し捕りが厳格になり、「久しく見逃し候者も追々手に入れ候様子に御座候。この通りにて押し抜き候わば、一旦は骨折り候ても、遂には静まり候儀と存じ候」となる。長岡勢にたいする会沢の反感は根強い。政治体の解体を招いたとしても、会沢の激派討伐路線は結果として勝利したのである。残されたのはしかし、形骸と化した藩政指導部だった。反面、投獄された者二、三百人、「当時入獄のおびただしきこと前代未聞なり」と報告されている

（床井親徳）。こうした中で激派残党たちは以前からの路線に忠実に他藩との連携を模索している。長州藩との盟約、そして常野（常陸と下野）との共同決起であるが、いずれも成就しないまま潰えた。

先述のように、水戸藩にとって全体の政局が好転するようになるのが文久三年である。これに対応して、藩内では何が始まるだろうか。残党狩りによる逼塞状態から回復して、慶篤の大活躍のもと藩が一丸となり尊王攘夷・公武合体に邁進できたろうか。だが、この見通しをひっくり返すものこそが、翌年早々の三つ巴の挙兵と内戦の開始だった。藩首脳部にとってはあっけにとられる思いであったろうが、急転直下ここから藩そのものの瓦解が始まる。

藩内で何が起こっていたのか。安政の叛乱を引き継いだ農民たちの決起である。各郡の農民たちが藩の許可なしに自主的に決起集会を開く。今回は郷校が拠点となった。文久三年七月には早くも玉造郷校で大規模な集会が持たれた。二百八十九人の参加者名簿が残っているが、玉造をはじめ近隣二十三か村から結集している。次いで湊郷校、「八月、攘夷嘆願水戸藩庁へ出す、同志数十人と那珂湊水門館に会合し命を待ち傍ら文武を研鑽す。人員およそ三百余名に至る」とある。ここでは続いて十月さらに大規模な集会が持たれた。参加者六十三か村四百七十八人の記録が残されているが、その内、応接掛・人別出入改行状取締・周旋掛・書紀読書掛・式場砲剣掛・兵糧元取・総裁・館中取締、以上の役付き七十四人、そのほかが四百四人であった。このうち総裁役七名の中の二人を除いて、すべてが郷士、神官、医者、農民など農村居住者であった。さらに「小川館尊王攘夷連盟帳」には郷士・大山守・庄屋・組頭・神官・農民ら、六十か村七百一人が名を連ねているという。彼らの内で藩士は皆無である。翌元治元年三月の幕府密偵の報告として、「小川館では五百人ほどが館に住み込み、午前中は読書、午後は武芸の稽古を行い、月に三度、八の日が調練、小銃に大砲五挺が入り混じって稽古している」とある。

郷校はすでに藩庁の統制を離れて、農民たちによって郷中の思想的軍事的な自治が行われていたのである。言ってみれば農村ソヴィエトである。水戸に来た諸国の浪士たちが郷校に寝泊まりすることも始まっていたようだ。「他国と違って嫌疑を受けることがなく、別天地にいるような心地」という、他藩から来た尊攘派浪士の感想も聞かれる。当然、藤田小四郎らの猛烈なオルグを受けていた。こうして藩の南郡の郷校は改めて尊攘激派の拠点になっていく。小川は竹内百太郎、潮来は岩谷敬一郎が取り仕切っており、両人はともに藤田小四郎らと行動をともにしていくだろう。軍資金集めのための富農・商人にたいする悪名高い「押借り」も、すでに前年から始まっている。

地方を拠点にした農民の決起は北部でも起きている。同年十一月の北郡村々有志が藩庁に提出した攘夷嘆願書は次のように言う。「近年外国との交易開始により我が国有用の諸品が買い占められ、物価が日増しに上がって諸人の難儀は甚だしい。当年春将軍上京の折、天皇に攘夷の約束をしたにもかかわらず、いまだに攘夷決定の沙汰もでていない。これまでのように交易を続け物価が騰貴し、諸品の品薄状態が改まらないならば、農村は騒動にもなりかねない。これ畢竟攘夷の決定を遅らせているからだ。この度有栖川宮が攘夷の特使として江戸へ下ると聞く今こそ、御先代ならびに烈公斉昭の偉業をつぎ、交易破約はもちろん攘夷一本の断行を懇願する次第である」。安政の叛乱同様、嘆願の趣旨が攘夷という政治的要求であり、今やそれが開国以降の農村の状況に裏打ちされて差し出されている。このほか郡奉行に出された「攘夷の奏功請願及村々申合書」も攘夷要請であり、しかも郡役所に提出されていることは、これが郷中を拠点にした農村在住者の要求であることを示している。しかも、攘夷要求という端的な時代の政治に割り込んでいること、かつての雪冤奉勅運動以上に政治的に組織された蜂起なのである。水戸市史（中巻五、23章）には試みに元治元年争乱の参加者が集計されている（ただし門閥派は除く）。総数二千八百九十五人のうち、水戸藩士は下士も含めて二十一・三パーセントにすぎない。そのほかは村役人・郷士・豪農そして農民である。彼らは水戸の叛乱を経験し、今再び頭をもたげようとしていた。

2　農兵　身分制への挑戦

では、ここで登場する郷中の面々、郷士・村役人・神官・医者そして農民とは誰のことだろうか。百姓という階級一般ではない。たんに時代の攘夷熱に煽られた付和雷同でもない。彼らこそほかならぬ水戸藩が、かねてからかく政治的に形成してきた者たちであった（市史中巻四、20章）。

もともと、十年に及ぶ斉昭の天保改革において、改革派家臣団と村役人・豪農層との協力関係が強化されていた。藤田東湖らが藩内四郡のすべてで郡奉行として派遣され、郷中の政治経済改革の浸透を図ったことは後に見るとおりである。安政改革と攘夷熱がこれに続く。安政改革は短い期間であったが、とりわけ軍制と教育に見るべきものがあったという。改革は水戸の叛乱（安政五年）の農民参加者が誰であったかを教えてくれる。それればかりか、彼らは引き続いて過激派の挙兵と内戦の基盤になっていくだろう。

この点で軍制において重要なのは農兵の設置である。ペリーの再来航を目前にして、斉昭は軍制を農民の動員にまで拡張することを命じた。これが農兵の設置であるが、慎重に段階を踏んで行われたようである。斉昭の最初の構想では、「郷中の門地格別にて心得よろしき者」「有志の者にて国恩存じ弁え候者」「勇壮にて気力これ有る者」を選んで、名字帯刀・夫役免除・勇功恩賞の特別待遇を与えて民兵を取り立てる方針であった。攘夷の思想として国民皆兵は早くも会沢正志斎の『新論』、近年では豊田天功の海浜防禦方針として構想されてきた。斉昭が藩政関与を許されて復活した軍事演習（追鳥狩）にはすでに郷士隊と神官修験隊が参加していた。安政年間になってこれがようやく郷村の組織化へと拡張される。

農兵はまず家格引き上げにより「門地格別にて心得よろしき者」を創出する。これにより従来の郷士層だけでなく計三百四十六人が農兵として採用された。これには村役人以外に家格を引き上げられた一般農民百六十人前後も含まれていた。彼らの基本性格は弘化年間の斉昭雪冤運動に奔走して「義民」と呼ばれた者たちで、天保の農村改革の協力農民であったという。弘化・嘉永期を通じて天保改革が農村に根付いていたことが窺える。もっとも、ある意味党派的なこの家格引き上げは従来の農村秩序を乱してしまう。そこで、村役人の家格を一律に引き上げる処置が取られた。

次いで第二次農兵として、資格が有力一般農民にまで拡張されてこれらは「御備え組人数」に組織された。さらに、献金によって家格を引き上げられた農民の採用へと進んだ。以上のほかに、海防に特化して「海岸壮丁」が組織された。人数は湊詰に百四十五人、磯浜・大貫詰に九十六人である。彼らは「壮健の者」と言われ、上記の家格引き上げ・献金による農兵以外の者たちであった。

こうして、農兵制度は安政四年になって定着するようになる。この時点で、「海岸壮丁」は四百九十六人を磯浜などの詰所に配置し、四十人を一組として訓練を繰り返した。他方、家格引き上げ・献金組の農兵は「郷中銃兵」とされ、総数は一千人に及んだ。農兵の手当は日給でなく扶持とし、この点で一般藩兵に準ずる扱いであった。武器・弾薬が貸与され、この点でも正規の藩兵と同等に、銃中心の編成がなされた。そして後々に大きな意味を持ってくることだが、この時期に各地で開設された郷校が郷中銃兵の調練場として活用された。後に見るように、文武両道が農民にも適用されたのである。

3　水戸の叛乱に馳せ参じ

さて、以上の農兵が外国の侵略にたいしてどれだけ有効であったたか。これは問題ではない。農兵採用が郷校建設と並んで郷中農民を立ち上がらせたことが注目される。採用過程に見られるとおり、農兵は従来からの農村身分制を壊さないように配慮された。また、農兵の中核はかの「義民」たちであり、それゆえ斉昭へ忠誠を誓う親衛隊の性格を持っていたと評価されてもいる（市史中巻四、22章）。そうであったであろう。だが、彼らはすぐ翌年には小金そして長岡の屯集に馳せ参じる。水戸の叛乱と農兵の整備が同時に進行していたことは見逃せない。農兵たちは叛乱における農民動員の組織者であったに違いない。農民有志を藩兵同等の軍隊に組織することなど、封建制の政治ではありえないことだった。彼らは水戸の叛乱の主体であったとともに、名分秩序を底から崩していくかもしれないのだ。そして、斉昭はもういない。

話は前後するが、農兵の設置は水戸藩の兵制を洋式に転換していく努力と密接に関連していた。まずは城下に近接した訓練所、神勢館の建設である。嘉永二年に幕政関与を許されると、斉昭は早速調査を急がせた。まだ反斉昭派が藩政の主流の時期である。幕府の意向をおもんぱかって建設は遅れたが、嘉永五年八月になって大砲訓練場の建設に着手して、安政元年三月には開館式にこぎつけた。銃火器中心の部隊編成と調練の中心となっていく。

弓槍中心の従来の軍制からの転換は、当然のことながら難航した。神勢館では砲術と大隊集結・小銃斉発連発の訓練が行われ、脇を流れる那珂川を利用して水戦の調練もなされた。すでに使われている弘道館の訓練場と諸生たちの軍事訓練との連携が図られたという。藩を挙げての軍事訓練・パレードである追鳥狩を復活して、安政二年に通算五回目が執り行われた。これは安政五年までにさらに四回開催されることになる。

また海岸防備では六十キロメートルにわたる藩の沿岸である、対処に苦労があった。農兵「海岸壮丁」のことはすでに述べたが、有事動員体制の整備とともに、沿岸砲台の建設と大砲打ち手の配備が進められた。こうした軍事編成を通じて、弓槍から鉄砲陣への編成替え、砲兵と歩兵の編成訓練が図られたのだが一挙にはいかない。それに斉昭・会沢ともに、槍構えと火器の二本立ての編成方針を崩さない。会沢は「改正の銃陣では蛮語・蛮服・蛮陣などすべて異国の真似であり、我が国を蛮風に変ずる」と、ここでも保守的な異論を述べた。従来の日本の陣立て、つまり刀槍の精鋭の切り込みこそが大切というのだった。それでも、国民皆兵思想の片鱗、重役の子弟にも残らず銃による調練を促した。指揮系統の一元化を図った。そしてようやく安政四年も末になって軍制改革が一応整って、訓練と指揮系統の一元化がなったという。だが、斉昭にはもう時間が残されていない。

銃火器を中心とした兵器の改良では、反射炉の建設が特記される。寺の梵鐘などをかき集めて作る銅砲から、鉄製の大砲製造へ転換が迫られていた。そこで斉昭は鍋島・薩摩藩などの経験に学び、また藩外の人材を雇用して那珂湊の反射炉稼働を急がせた。藩内には有力な鉄鉱山は見当たらず、釜石から鉄鉱石を輸入する道を開いた。こうして四年を費やした反射炉はようやく本格操業に見通しをえた。その祝典が家老らの出席のもと現地で開かれたのが安政五年の七月七日、その酒宴の最中に斉昭謹慎処罰の報が届いたという。本格稼働わずか三か月で反射炉は閉鎖された。

4　郷校　攘夷の地域拠点

今回の郷中蜂起が郷校を拠点にしていたことはすでに触れた。水戸藩では弘道館以外に各郡に計四か所ですでに以前から郷校が開設されていた。とはいえ、そのうち一校は計画中であり、これを含めて郷校は弘化元年の斉昭失脚とともに形骸化していた。それが嘉永年間に入り、抜本的に整備増設がなされたのである。既設四校に加えて、安政三年から五年にかけてさらに九校が新設された。既設四校は従来太田村の「益習館」などと漢字名が付けられていたが、今回は太田郷校など、すべて当地の名前に改められた。名実ともに郷校たることが図られたのだろう。そして安政二年来の農兵の設立訓練と結合して、郷校が農民の教育と軍事調練の場になったことはすでに述べた。

郷校はこうしてたんに民衆教化の場でなく、斉昭の安政改革の地域拠点として育てられたのだった。この点で改革派の郡奉行が当地の郷校開設に意を注いだことが大きかった。安政二年の時点で、東西南北四郡の奉行はそれぞれ村田正興、太田正徳、金子教孝（孫二郎）そして高橋多一郎（その後継に野村鼎実）であり、高橋の北郡では三校、金子の南郡では四校が増設校だった（東西は一校ずつ）。

その内の一つ、高橋多一郎による北郡田町郷校（久慈郡）の例を見る。安政二年十月、高橋は地元郷士（いわゆる義民）の家に逗留して学校敷地を点検し、同時に農兵に取り立てられた者の剣術を見分した。ここでは郷校建設は明らかに高橋と地元義民が計画推進したのである。高橋の後を継いだのが野村とその部下の関鉄之助である。安政三年になると近隣の農村有志から建築用材や資金が献納され、労力奉仕の願いが出され周辺二十か村に及んだ。同年五月には校舎の建前にこぎつけ、これには農民百十人が参集した。奉行から慰労の酒が振舞われた。関が郡役所で同時に農兵編成をも担当したことは特徴的であった。北郡ではこれ以外に太田・大宮・大子の三郷校が同時に建設された。

これら郷校は共通して「文武館」と呼ばれ、その名のとおり文武の修学訓練を目標にしていた。もとより、従来は農村での武術修練などは水戸藩でも厳禁であったし、天保弘化年間の郷校とはここに大きな違いがある。郷校の新機軸たるゆえんは、以下の大宮村役人連名の願書と、門閥結城派の谷田部通義の反対意見とを対照させれば、よく了解できるだろう（市史中巻四、20章）。

この度村役人並びに、家格引き上げになった者たちは、剣術や砲術等について、農業の暇に相励むように仰せ付けられ、有難い幸せである。先日ご覧頂いた場所へ、文武館が建設されれば、御達しのとおり、そこで剣術砲術の稽古をはじめたく、この願いは当村だけでなく隣村の者まで望んでいるところである。（大宮村役人連名）

百姓どもが武芸をたしなむことは、代々藩主から堅い制禁が出ていて、時々停止の触書があった。ややもすれば年若の者どもは、農事を捨て、剣術などを好むようになると、喧嘩口論などで双方怪我をしたりすることが多く、甚だ宜しくないのに、この度はかえって上から武芸をすすめるにいたったことで、農兵ができたりして、これでは一両年したならば、水戸はどのような人気になること

か、各郡の役人から下知するようにしてほしい。（谷田部通義）

玉造郷校の新規開設の時（安政五年六月）でも、玉造村百二十八人ほか、三十九か村、三百十三人が集まった。この日実演者百三人のうち、砲術が七十八人をはじめほとんどの者が武術の実演を披露した。新設郷校のほか、既設校も名前を変え場所の移転や模様替えをして改修され、調練場を併設した。郷校にたいして主として上中の藩士を教育調練する弘道館も、安政四年五月にようやく本開校にこぎつけた。仮開校から十五年、中身はすっかり形骸化し文具書籍も元のまま、荒廃している現状を改めたのである。何より、教授陣の一新が肝要だった。会沢正志斎と青山延光を教授頭取に据えて校則・就学規則を定め、諸生たちの怠慢弛緩、旧弊を改めることに意を用いた。

郷校といい農兵といい、これらは水戸藩の国是たる尊王攘夷を裏付ける富国強兵策として推進されたものであった。同時に、彼らは過ぐる水戸の叛乱でも壊滅することなく今に繋がっている。そうであればこそ、水戸の改革派、なかんずく高橋多一郎らの遺志を継ぐ激派の諸君は、自らが育てた農民農兵をこれからどう指導していくつもりなのか。藩の分裂が内戦に転化することを未然に防ぐべく、郷中蜂起は何をなすべきか。攘夷を唱えることなどを超えた、これは途方もない政治的な風圧として、水戸藩全体に押し付けられていたのである。

5　武田耕雲斎、郷中鎮撫に

さて以上のように、元治元年の筑波山挙兵に至るまで、ことに前年の文久三年の後半には、京都政局の展開と幕政改革に合わせるようにして水戸藩の元気が回復してくる。藩主慶篤が「お盛ん」になるだけのことではなかった。むしろ、藩主の動向とは無関係なところで藩主の意に沿わない元気が広範に蓄積されていた。そもそも安政の叛乱に馳せ参じた農民たちが、今度は郷校を拠点として政治・軍事的に結束するようになっている。

こうなれば、郷校に結集する者たちは尊攘過激派の巣窟として、改めて幕府と藩の両方の注意を引かざるをえない。幕府の依頼を受けて、元治元年も早々に藩は武田耕雲斎を南郡郷中の「鎮撫」に派遣した。武田といえば全国に最も有名な尊王攘夷の水戸藩士である。当時江戸藩邸の家老職に復位していた。武田なればこそ連中を静かにできるだろうと、幕府も慶篤ら藩首脳も期待したのである。郷校に結集した農民らと武田との接触の様子は、激派といわゆる鎮派との亀裂を文字どおり地方の現場で露呈する場面になっている（市史中巻五、23章）。

武田はまず潮来と鹿島に出張した。そして何を考えたか、潮来の地に「鎮台」なる建物を建てさせ、四月には完了した。激派鎮撫の拠点である。幕府の意向と資金提供があったという。幕府は武田に申し渡した。「追々幕府で激派取締を進めているにもかかわらず、水府近領で毎度乱妨が横行して不穏な形勢だ。将軍は藩主慶篤にたいして、家来末々までも自重させるよう申し渡しておいたのに、このような状況では甚だ不都合の次第、よろしく取り締まるように」。加えて、「資金を出すことで取り締ができるものなら、幕府としては援助は惜しまぬつもりだ」と言うのである。

ところが、鎮撫どころかかえって激派に「資金」を提供するだけに終わった。武田としては「鎮台ができ上った上は、押借りはいうまでもなく、他所へ出ることも相成らず」と約束を取り付けたつもりだったが、その潮来滞在の五、六日の間にも、屯集者が六百人から九百人に増加してしまった。これは二月のことだが、同じころ小川郷校には隊員八百人、湊郷校に五百人と報告されている。第一、滞留する彼らを食わせねばならない。思えばこの武田の鎮台と資金の提供は、先の小金屯集を藩が支えたのと同じ考え方であった。暴発を防ぐために藩が金と食料を提供する「鎮撫」策である。だが、藩内外の状況がこのところ急激に変化しつつあった。

小川校は藤田小四郎の拠点だが、武田は群がる農民たちから攘夷いかんと問い詰められた。「攘夷はすぐにはできない、もちろん攘夷をしないと言うのではないが、幕府の老中でさえできないことを我々五十人、七十人でできるわけがない」と、武田の応答は歯切れが悪い。そこで小川勢は「攘夷ができないのは畢竟姦役人がいるためだから、彼らを打ち果たしたらどうか」とさらに詰め寄ると、「彼らを使うくらいの器量がなくては目的は達せられない」と武田が大人風に応える。次の小川校訪問のときにもまた、「攘夷いかん」「攘夷ができないのか、御自身がやるつもりがないのか」と問い詰められて困惑するばかりだった。やむなく一千両を贈り武芸を見分して帰ったという。以下は湊校でのことだが、「武田より館へ与えたる合薬十貫目、鉄砲は追々与えんとなり」とあるから、資金だけでなく武器弾薬を鎮撫のために提供したことになる。武田が幕府より引き出して郷校連に与えた金子は、潮来鎮台建設費も含めて、数万両にはなると推定されている。結局、武田耕雲斎の南郡郷校の鎮撫工作は、以下のような結果に終わったのだろう。

武田耕雲斎は鎮撫として下り候処、その見込みは金をもって喩し甘く取鎮め候様子ゆえ、右を知り候人は決して取締出来申さずと申しおり候ところ、果たして取締は致さず、金子を散し示喩致すのみに候。

鎮撫しかつ扇動する、叛乱の時と同じだ。武田耕雲斎は言うまでもなく続く水戸内戦で重要な役割を果たす老重臣である。以上に触れた郷校鎮撫工作は、幕府と藩庁から郷中の攘夷の本音を覆い隠すための武田の策略だったろうか。そうではあるまい。以降の武田の行動を追ってみても、この人の個人的名声は別として、およそ民衆蜂起の中の集団を統率できる人物には思えない。山川菊栄の『幕末の水戸藩』の評価は辛辣である。「武田は天狗党の中では最も鈍物で不決断で、ことあるごとにあわてて何の策ももち合わせず、ただ家柄のために利用され、もちあげられているばかりとは同時代の人々のみないうことで、一〇〇〇石取りの家老ではあるが、（青山）延光はあまり感心してはいない」（221）。ちなみに延光とは弘道館教授頭取の青山量太郎のことで、山川の祖父延寿の長兄である。学者一家の青山家の人たちは幕末水戸藩の動乱の中で、局外中立を何とか維持したようである。それに、鈍物・不決断という批評は武田個人の性格といっては当たらない。それは水戸の叛乱・内戦のただなかに立たされた、藩という存在そのものの姿なのであった。

水戸藩を政治体として立て直すために郷中蜂起を組織化する。武田耕雲斎がこれに応えられない様子は見たとおりである。では、激派の生き残りたちあるいは鎮派などはどうだったのか。即断はできない。だが、筑波山挙兵の過程を見ても、小四郎たちがこの展望のもとに山に登ったとはとても思えない。このことは再三繰り返した。あと、藩庁に残った激派の生き残り（野村や鮎沢）、同じく鎮派左派かもしれない役職たち（戸田銀次郎、久木久敬、長谷川充迪など）はどうしたのか。小四郎たちがこれら先輩世代と結託した様子はない。ここにも水戸の叛乱の継承の不在を見ないわけにはいかない。ともかくも、彼らの言動をこれからも追っていきたい。

第十一章　学生たちの決起　忠憤黙視し難く

1　諸生蜂起　逆臣を除くべし

筑波山挙兵に反発して藩内で率先決起したのは弘道館の学生（諸生）たちだった。五月に入ると彼らは那珂川河口の岩船山願入寺に結集して、「弘道館諸生共」と名乗って次のように檄文を発した（史料下編、巻14）。

1．恐れながら先君烈公（斉昭）は『告志篇』を著して広く士民に諭された。その第一条に忠孝の本意を述べられ、次に、人々が天祖及び東照宮の御恩に報いんとて悪しく心得違いをし、眼前の君上（水戸藩主）をさしおき、直ちに天朝・公辺（幕府）へ忠を尽くさんと思わば、かえって僭乱の罪遁れまじき旨を述べられている。このことは我が藩の臣子たる者必ず心得なければならない事柄である。

2．しかるに近来、狂暴の士民ら尊王攘夷の名を借りて、累代厚恩の君上をさしおき、各々その身の分限を忘れて天朝の御明徳を誣したてまつり、他国浮浪の悪徒を語らい、国中の罪なき良民を苦しめ、徳川御親藩の臣下として妄りに将軍家を軽侮し、昇平（太平の世）の至恩を忘れて反乱の大逆を企て、無礼の暴論をもって数々君上に迫り、種々の流言を作って多くの異論の良臣を退け、賄賂を貪り、私党を張り、祖法の法度を破り、士民の礼分を廃している。のみならず、東西に奔走しては公武の仲を妨げ、上下の情を塞いで君臣の通路を絶っている。そのほかの悪行、枚挙にいとまのないほどである。これをもって先君烈公の御遺志と称し、我が水国の真の義勇を転じて虎狼の国となしている。貪乱無礼の盗民を集めて忠孝篤実の世臣を用いず、ついには一国の君臣上下ことごとく反乱の賊におちいること眼前である。

3．まことにこの上なき士民の恥辱、千載の汚名である。臣子の身分たる者決して等閑に過ごせない時節である。我々はこれまで日々弘道館に出入し、文武の業を勤めて、もって君上の恩に報いんと努めてきた。今この時にあたり、国の逆臣を除き賊の横行を制しなければ、何をもってか地下の烈公に見えたてまつらん。これにより、面々の忠憤黙止し難く、自然一同集会致すうえは、ともに心を一にし、力を合わせ、ぜひ黒白を弁明し、これを天下に明らかにし、年来の誠心を相達し、眼前君上のご配慮を安んじたてまつるべし。これが一同の本意であり、よってこの段申し上げおく次第である。

日光山からの小四郎たちの檄文と同様、これも青年血気の文章である。ただ前者と違い、この時期藩主が攘夷攘夷と「お盛ん」であった状況などいささかも反映していない。先君の尊王攘夷の遺訓に触れてもいない。その代わりに前面に押し出すのが同じ先君の遺訓でも、名分論であった。斉昭『告志篇』の名分論については会沢正志斎などの水戸学の関連ですでに紹介した。『告志篇』は天保四年、斉昭が初めてお国入りしたときに家臣に日常道徳に至るまで細々と諭告したものである。その冒頭部分が檄文にほぼ同文で引用されている。「天祖・東照宮の御恩を報いんとならば、先君先祖の恩を報いんと心がけ候ほかこれあるまじく候。先君先祖の恩に報いんとならば、眼前の君父に忠孝を尽くし候ほか、これあるまじく候。万一右のほかに忠孝の道ありといわば、みなこれ異端邪説と存じ候間、忠孝一致と相わきまえ、心得違いこれなきように致したきことに候」。主君であれば先君先祖に、家臣であればその主君に、子であれば父にそれぞれ忠孝を尽くす。この秩序のヒエラルキーを飛び越えて忠義を尽くす気になるのは、とんだ心得違いと心得よ。藩政に問題があれば、尊王攘夷であれ何であれ、君主にどんどん諫言すればいいのだ、君主を差し置いて幕政に干渉するなどは許されない。

弘道館でも彼ら学生たちは暗記するまでに教え込まれてきたことである。そもそもが、水戸学の祖と言われる藤田幽谷がその名も「正名論」を書いて以来の教条ではないか。「天地ありて、しかる後に君臣あり。君臣ありて、しかる後に上下あり。上下ありて、しかる後に礼義置くところあり。いやしくも君臣の名、正しからずして、上下の分、厳ならざれば、すなわち尊卑は位を易え、貴賤は所を失い、強は弱を凌ぎ、衆は寡を暴して、亡ぶること日なけん」云々と。名分論は当然ながら封建身分秩序の厳守を要求するが、加えて、分限を超えた越権行為を禁止している。この秩序を踏み外している者こそ、攘夷を全国に訴えて挙兵した激派にほかならない。ほかならぬ水戸学への、さらには封建秩序への「反乱の大逆」なのであった。

諸生たちが筑波勢に敵対して決起した信念と理論は、ただただ名分論の一点に尽きている。しかしそれにしても、筑波勢と同様に諸生たちの決起もまた烈公斉昭の遺訓を守るという。そして、水戸学の尊王攘夷はまさしくここに尊王と攘夷との分解を露呈している。諸生たちの檄文には攘夷は触れてもいない。そして尊王の教義は封建的名分論として理解されて、尊王ならば君臣の儀に従えと言う。筑波勢は逆だ。尊王は前提であるにしても、なお観念的な大義に過ぎない。その上での攘夷の実行、それこそが幕府を強化する道だと心得て、藩と君主という境界線を踏み外してしまった。むしろ、攘夷は幕府を追い詰める手段と化しているではないか。激派と諸生の両者はもうお互いが「賊徒」であり「奸賊」であるほかないのだった。

この名分論の道義的基準からして、激派の行動は断じて認められない。これが檄文2．である。彼らは「累代厚恩の君上をさしおき、各々その身の分限を忘れて天朝の御明徳を誣《ふ》し（欺き汚し）」ている。「徳川御親藩の臣下として妄りに将軍家を軽侮し」、「無礼の暴論をもって数々君上に迫り」、等々。言い分があるなら直上の身分を通して上に上げねばならない。この秩序をないがしろにして、彼らは藩主を差し置いて幕府へ、さらには幕府を軽蔑して朝廷にまで差し出がましく介入している。こうなれば「士民の礼分を廃し」、かえって「上下の情を塞いで君臣の通路を絶っている」。一国の君臣上下ことごとくが反乱の賊に陥ることは必至である。なお、激派・天狗党排撃の一枚看板になる金銭の押借りにたいする非難は、まだここでは「罪なき良民を苦しめ」と言及されているだけである。学生の檄文らしく、名分論の道義の観念が前面に押し立てられている。

次いで檄文の結論、3．決起の決意表明である。弘道館諸生の身分を明らかにした上で、君上の恩に報いるため忠憤黙視しがたく、止むにやまれず立ち上がったと訴えるのである。

なお、以上に欠けていた「賊徒」の横暴については、諸生たちが水戸城に赴いて家老に「浮浪強暴の徒の鎮圧」を嘆願した時に具体的に触れている。金銭略取・酒食・奢侈・天誅・領民の使役などである。そして彼らの鎮定が延引しているのは極めて遺憾として、「我々ども微力ながら、烈公文武引き立て以来学校において少々は筋骨も鍛え名義を弁じてきた。善を善とし、悪を悪とすると心得ている」と言う。その上で、「政事向き御一新の大願を発して、何卒速やかに狂暴を相鎮めるよう」重役たちに要望している。

2　弘道館長期休校

学生たちの蜂起に先立つ安政四年（1857）の五月のことだが、水戸では斉昭の待ち望んだ藩校弘道館が正式に開校した。翌安政五年に入っても、文武のカリキュラムは前年どおりに行われた。文館では青山兄弟（量太郎、量四郎）らの素読吟味が続けられ、これに講釈聴聞が入る。講師には会沢正史斎の名も見える（六月十三日）。武館では武芸見分が繰り返された。これには、古河・宇都宮さらに石見浜田の藩士の参加も見られる。弘道館の前途は順調のように見えた（市史中巻五、22章）。

ところが、七月に入るとカリキュラムは突如停止され、翌年の十月まで再開されないという事態になる。先に詳述したように、この間に水戸藩を分裂させる重大事件が持ち上がっていたのである。四月、江戸では井伊直弼が大老となり、六月には日米修好条約の調印がなされた。反発する斉昭は井伊と会談して激しく面責した。結果は急度謹慎という処分になる。

次いで安政六年九月一日、斉昭は再度永蟄居の処分を受けて、江戸駒込別邸を発って水戸へ下っていった。沿道では出迎えの士民の数が膨れ上がって五千人にもなったという。冷たい雨の中、人々は土下座してこの陰鬱な行列を迎えた。その中には休校中の弘道館学生たちも大勢交じっていたに違いない。攘夷論の激派はもとより、伝統ある水戸藩存立の危機に憤る学生たちもいた。

水戸藩存立の危機はまた、思いもかけない方向からも押し寄せた。これが戊午の密勅問題である。水戸藩に固有の難題として、これが藩論四分五裂の直接の契機になった。攘夷を促すこの密勅は八月十九日に水戸に届いた。条約調印のわずか二か月後であり、これも弘道館休校中の出来事である。

こうして、安政五年から一年以上にわたる休校の間、弘道館学生たちが極度の緊張状態に追いやられていたことは容易に想像できる。諸生たちもまた藩論の分裂を被って動揺した。実際、激派諸生たちは斉昭と慶篤の処分に憤激し、さらには戊午の密勅に呼応して、江戸に向けた一大デモンストレーションに馳せ参じた（第一次、第二次小金屯集）。彼らは水戸城下の権力を顧みずに、言ってみれば「全国政治闘争」へと藩外へ押し出していった。他方、これに対抗して、弘道館の教職と一般学生（?）たちは老会沢正史斎のもとに集まった。学校ばかりではない。会沢は攘夷不可と密勅返納を唱えて鎮派と呼ばれる藩論をリードしていたのである。藩庁から会沢へ令達される――「五ヶ国条約が発布されたので、また諸生の動揺が起こるやもしれない。国許で厳重に鎮撫することこそ当節の奉公である。教職らはこの旨よくよく申し合わせて鎮撫に当たるべし」これに応えて、というより会沢の信念は従前から強固なものであって、翌年二月には密勅問題で長岡に屯集した激派に向けて、弘道館学生から成る武力討伐軍を組織するに至る。これは先述した。

さてこんなわけで、弘道館は安政六年十月にカリキュラムを再開したものの、登校学生はちらほらといったところだったという。勉強どころの騒ぎではない年月が始まっていた。一方、その後の教職員についてみれば、細々とであれ授業を続けていたようである。彼らの多くは会沢のもと鎮派に与していたが、以後の激動と水戸の内戦を通じて、局外中立の立場を苦労して維持し続けたらしい。青山兄弟（延光と延寿）などの学者一族は維新後まで生き延びることが出来た。

3　門閥派と結託

総じて、彼ら学生たちの初発の信念は君臣の名分論と激派の鎮圧の二点にあり、御家（藩）と水戸学の論理としてはこれもいかにも正論なのだった。たしかに後々の行動から推してこれら学生たちは上級藩士の子弟が多かったろう。だが、改革派と門閥派の長年の権力闘争のことなど、経験的に分かっているわけではない。それだけにナイーブな発想だったと言っていいだろう。彼らは当初弘道館の先生方、および復活しつつある門閥派の双方に訴え出た。両派はその思惑を異にしているとはいえ、決して学生たちの訴えを無視できるものではなかったのだ。

ところで、諸生たちが結集した願入寺は二代藩主光圀の再興になる由緒ある寺院であり、藩からの寄進を受けて堂塔伽藍を連ねていた。ただし、近年は斉昭の廃仏毀釈実施のため大きな打撃を受けており、勢い激派に対立する諸生たちに好を通じることとなった。百人以上の学生の屯集を受け入れ、賄を引き受けもしたのだという。当初四月二十九日に書生有志十人ばかりが岩船山に入り、ここを拠点にして府下に馳せ帰ってオルグに奔走した。「何人にもこの度三館を破却して南上の上、君公へ言上し、国体を立てん」というのが行動方針である。三館つまり激派拠点の南郡郷校（小川・潮来・玉造）を破壊した上で、江戸に嘆願に上ろうというのであった。郷校の百姓たちを攻撃目標に挙げるなど、学生たちのエリート意識が出ていると見ることもできるだろう。

当時の諸生たちのオルグ合戦の様子を想像できるものとして、城下で筑波勢の残留組との間で展開された貼紙合戦がある（市史中巻五、23章）。まず「正義中」の名で出された激派のビラは、願入寺に結集した「姦生」どもを扇動した「姦人」として市川弘美ら門閥派の要人を名指ししている。門閥派プラス諸生による「姦計」として、もうこの時期には認識されていたらしい。また、「報国赤心至誠至忠有志連」と名乗る張り紙が、「国中士民共へ」向けて諸生たちを非難した。今や国人たらんとする者は心を合わせて我らに協力する道理なのに、「腰抜け諸生どもは奸逆を計らんと欲し」願入寺に出張し、「大奸の重役ども」も多数これに同心している。だから、門閥重役から諸生に至るまで、「残らず殺戮し、さらに幕府を征誅、夷を掃攘して、王室を復古せしめんと欲するに至った」のだと。藩内の粛正を通じて討幕、そして王政復古とはずいぶんと先走ったものである。筑波山挙兵の論理からすれば激派がここに至るのは目に見えていることだが、水戸藩では今後とも、この過激を実行する現実など現れることはないだろう。諸生たちがすぐさま反論した。「水戸烈公の御志は若年より天朝を尊み、幕府を敬したまうことにあった。しかるに幕府を討伐せんなどと恐れ憚りもなく文面にしたためるは、至愚至狂の者であってもせざることである。畜生の類にて人間にあらずとは、まさにお前たちのことではないか」。以上は激した若者たちにありがちな売り言葉に買い言葉であるが、同時に、水戸学と斉昭の遺訓が今や内部分裂の危機にあることを暴露するものになっている。紅衛兵たちの壁新聞合戦と同じだ。

貼紙合戦からも窺えるように、諸生たちの蜂起にまず目を付けたのは門閥派重臣たちである。城代朝比奈奉尚・家老佐藤図書などが城代鈴木重棟宅に会して協議した。諸生たちの趣旨には賛同するが、南上は時期尚早という意見だったという。だが筑波勢が太平山に居据る五月ほぼ一か月の間に、彼ら門閥派重役たちが諸生を率いて行動するという形ができ上がったようである。諸生の「正論」が端的に政治的な結集を見たのである。前記朝比奈と佐藤図書、それに市川弘美はすでに安政の叛乱の中で長岡勢鎮圧の急先鋒として顔を出している。後にも見るように、彼らは門閥派と呼ばれた結城寅寿の系列と見なされていた。斉昭の就藩（1829年）以来、改革派と門閥派の暗闘があたかも御家騒動のごとくに繰り返されてきたのだが、去る安政三年（1856）に至って斉昭は頭目結城寅寿以下十四人を処罰して、派閥争いに終止符を打ったはずであった。

ところが、根絶やしにされたはずのこの一派がまたぞろ頭をもたげてきたのである。もう御家騒動や人脈の問題ではない。危機と大衆叛乱の渦中における一個の政治的カテゴリーとして、門閥派は新たに組織化される。安政の激派そして今回の筑波勢のちょうど対極に位置するカテゴリーである。この政治観念が今や諸生の蜂起と結びついて部隊を成そうとしている。この意味で、以降彼らを門閥諸生派と呼ぶことにする。逆に言えば、門閥諸生派の組織化と登場をもて初めて、筑波勢もまた叛乱の中の政治的カテゴリーたりうることになった。本来ならば、両派が別々の部隊として内戦を戦うその以前、安政の叛乱の渦中で、二つの政治的カテゴリーは対抗競合して藩という政治体を再編していくべきはずであった。先に指摘したように、水戸藩はすでにしてこの政治をこなすことができなかった。

4　江戸の権力奪取

さてこうして、ついに五月二十六日、弘道館諸生らは願入寺を引き払って城下の仙波原に結集し、五百余人の隊伍を成して門閥派重臣に率いられ江戸へと出発した。「国家の御為、万生の為、御政治向御一新」を掲げてである。彼らは銃・槍・弓・薙刀で武装し、白地に「生」の字を書いて肩章としていた。その名のとおり諸生軍を誇示していたのである。無許可出府などもう問題にもしていないように見える。

彼らは二十九日に江戸藩邸に到着した。すでにその前日、藩主慶篤は幕府の風向きの変化になびいて、江戸藩邸の武田耕雲斎・山国兵部ら四家老を更迭していた。かくて、押し寄せた軍勢のもと門閥諸生派は一挙に江戸藩邸の主導権を握った。市川弘美（三左衛門）・朝比奈泰尚・佐藤信近（図書）が執政となり、水戸でも山野辺・岡田などこれまでの重役連が罷免された。間髪を入れずに市川らは江戸藩邸の権力を奪取したのである。といっても、国許で代わりに任じられた戸田銀次郎などは藤田東湖とともに斉昭側近だった戸田忠敞の息子であり、もともと尊王攘夷派である。市川らの水戸での権力掌握はまだ完結していない。

それにしても、あまりにタイミングが合いすぎている。市川らは以前から幕閣の一部太田資始《すけもと》とつるんでいて、この政変には事前工作があったに違いない。というのも、市川らが水戸で決起した時期に、江戸の政局が大きく転換しつつあったからだ。すでに述べたように、将軍の帰府（五月二十日）をもって、幕府と慶喜とは「横浜鎖港」をただの名目に変えていく。慶篤のそれまでの攘夷の「お盛ん」もコロリと転換する。こうなれば、太平山に長逗留していた筑波勢と政局のバランスがにわかに傾いて、幕府も藩も片方の弾圧に向けて進むことができるようになる。実際、門閥諸生派の出陣に合わせるかのようにして、五月二十五日付で、幕府は江戸家老を呼んで筑波勢を一刻も早く水戸表へ引き取り計らうようにと命令していた。同時に関八州諸藩にも討伐を命じて、「たとえ水戸藩の者と名乗っても召捕え、抵抗した者は切り殺すなり打ち殺すなりしても構わない」。この政局転換は前述した。

5　水戸城乗っ取り

門閥諸生派が江戸の権力を掌握した六月一日はまた、くしくも筑波勢が藩に戻るべく太平山を退去する当日のことであった。水戸藩とは独立に、幕府による追討命令が諸藩に発令されたのが六月十一日のことだ。市川らの諸生軍はこの幕府の動向を常に後ろ盾としながらも、反面独自に、幕府以上の熱を入れて賊徒追討へと走り出すのである。早速六月十四日、門閥派は市川三左衛門に諸生数百人を付けて筑波勢追討に派遣することにし、彼らは占拠した江戸から今度は筑波勢めがけて逆戻りしていく。十七日に江戸を出発して二十五日に結城着、ここで幕府追討軍が勢ぞろいするのを待って、七月五日下妻、下館方面めがけて出撃した。後述するように幕府・市川軍は途中高道祖《たかさい》で筑波勢と会戦し、次いで野営地で奇襲を受けて壊滅する。そこで市川隊も江戸に引き返そうとするのだが、途中杉戸で図らずも佐藤・朝比奈が率いる諸生ら百数人と行き会うことになる。佐藤・朝比奈は江戸藩邸の三日天下で七月一日に罷免され、水戸で再起を図るために下向する途中だった。水戸街道で抵抗に遭うのを回避して日光街道を下ってきたのである。こうして門閥派三人組と諸生たちとは合流して十八日に杉戸を発って二十三日に水戸城に入城する。「朝比奈・市川・佐藤三太夫、諸生一同笠間を通り、およそ人数三百人位にて御下国」である。江戸に上ってから二か月余り、やけに手間取ったように思われるが、情勢を見ていたのだろう。そして水戸城を占拠するや、市川らは城下の筑波勢と見られる者たちを片っ端から逮捕して回った。

市川らの水戸城占拠は今後の彼らの戦いにとって決定的な快挙となった。易々と占領できたことが信じがたい。というのも彼らはたかだか数百人の諸生たち、これにたいして城内には大勢の藩士たちが政務をとっていたはずである。彼らはみな広い意味での尊王攘夷派であり、水戸学と斉昭改革の伝統から言ってそれ以外ではありえない。それなのに城内で政治的抵抗を組織するでもなく、何もしていない。

市川がただちに激派（武田耕雲斎派を含めて）を城からパージするのに抵抗した様子もない。やっと市川派を追い出す動きをするのは、王政復古の後、京都残留組の水戸藩士たちが官軍とともに戻ってくる寸前なのである。

以上が、門閥諸生派の誕生と権力奪取の概略である。誠に素早い。水戸城占拠はまた国許での権力奪取であり、筑波勢はもとより鎮派でもなく、一握りの門閥諸生派が城を乗っ取ったことは、以降の内戦のゆくえにとって決定的なことであった。この間に筑波勢は小川郷校に戻っている。加えて、後述するように、水戸ではいわゆる鎮派の決起があり、彼らも江戸に上りそしてまた水戸に戻ってくる。元治元年の六月から七月のわずか二か月間に、ゆくりなくも水戸藩の政治カテゴリーの三つ、筑波勢と門閥諸生派そして鎮派（藩庁と弘道館の主流派）がそれぞれ隊を成して出そろった。今風に言えば左右の過激派と中間派である。これに幕府の筑波勢追討軍を加えて、四者が目まぐるしく交差するのがこの二か月のことだった。そして、そのすべてが水戸城へと収斂してくる。城下での会戦とその後の内戦がもう止められない。

しかしそれにしても、この二か月間水戸藩の動向を引き回したのは市川の門閥諸生派の行動である。彼らの政治的読みと根性と果断さ、そして権力主義者としての性格は抜きん出ている。当初「客気の少年ばかりで一定の論もない」と先生（豊田小太郎）から評された諸生たちである。それが市川らに率いられて「権力奪取の思想」の先兵となり、これからも門閥諸生派であり続ける。思えば小四郎なども もとは弘道館諸生だった。彼ら「少年たち」が最後まで絶滅戦を戦うようになる。繰り返すが、安政の水戸の叛乱における当事者たち、会沢正志斎・高橋多一郎・武田耕雲斎そのほかの者の遺した禍根というほかない。

6　門閥派農兵　天狗来たらば搦め取れ

前章で郷中農民の蜂起が筑波勢の基盤になりその動員資源になったことに触れた。農民蜂起は内戦そのものからは区別して捉えなければならない。郷村で生起していた農民の行動は一層広く底深いものだったろう。内戦はその政治的表現の一つに過ぎないと言ってもいい。というのも、郷中蜂起は尊攘派だけのことではなかったのだ。

農民たちは初め筑波勢にたいする自衛と反撃のために組織化された。とりわけ、田中愿蔵隊の乱暴は耐え難かった。田中はすでに七月三日に筑波勢を除名されているが、その後別動隊を率いて各地に遠征しては軍資金と労役を暴力的に強要した。たまりかねて郷中の農民たちが近隣の村々と連合し武器を取って立ち向かったのである。中でも鯉渕村を中心として組織された集団は有力で、七月二十五日に筑波勢が水戸城下へ攻め上るため長岡に屯集した際には、近隣の農民二千六百人を組織した。鯉渕村はもともと文久二年に村役人の不正にたいして長期にわたる村方騒動を経験しており、ここを中心に近隣四十一か村が組織されたという。そのうち水戸藩領は四村だけで、あとは宍戸藩・笠間藩・幕領・旗本領の村々であった。筑波勢の押借りはそれだけ広範囲に及んでいたのである。（市史中巻五、23章）

以降、鯉渕勢の転戦ルートを見ると、十月末までほぼ水戸藩全域にわたっている。自らの郷村を離れて縦横無尽といった感がある。ことに市川諸生軍が水戸に入城した七月二十三日以降はその指揮下に入り、八月十五日には城下近辺で筑波勢を襲撃撃退している。この戦いは藩庁から高く評価されて鉄砲百丁を貸与された。翌日には城下防衛を命じられて六百人が進軍したが、その様子は「あっぱれ凛々しく押し通り候風勢士分に勝り候形勢」と評されている。その後も藩庁からの武器の貸与は続き、市川あいは幕軍の指揮のもとに各地の激派拠点へ出撃する。

この時期の農民の動向については高橋裕文『幕末水戸藩と民衆運動』（2005）が詳しい。これによると、筑波勢の金穀押借りにたいする村連合の自警団は、すでに五月の末に筑波山周辺で始まっている。水戸藩でも六月二十五日「村々申合せ役人組合相立て、昼夜油断なく」巡回するよう命じている。七月に入ると領内各地でこうした組合村の武装自警団が、激派浪士を撃退するようになった。「天狗来たらば搦め取り、手に余らば打ち取らん」。こうしたなかで、組合村は自衛からむしろ積極的に筑波勢にたいする応撃追撃に乗り出していく。先の鯉渕勢はその走りだった。そして、七月二十三日が門閥諸生派の水戸城入城である。その動員命令もあった。鯉渕勢以外にも各地から門閥諸生派の指揮下に激派討伐戦に参加していった。郷中から見れば、期せずして反尊攘派の農兵の組織化であった。これがかねてから郷校を拠点に組織されてきた農兵と戦う。郷村での農民同士の内戦が始まった。

7　叛乱の遺産の一掃

というのも、水戸内戦へ動員された反激派の農民たちは、時を置かずに郷中での打ち毀しへ移っていった。村内で激派のシンパないし尊攘派に荷担した有力農家の打ち毀しである。自衛が攻撃に転化する。そのはしりは七月二十七日、久慈郡太田村（日立太田市）であった。その日、自衛のために集められた住民が竹槍を持って辻々を固めていたが、夜に入って村民一千人が組頭を務める村役人・商人十三軒に押込み、家財・建具・敷物まで残らず打ち毀した。「野口・小菅両郷校に拠った浪士の過酷な金品・労役の徴発に協力して、村民に大きな迷惑をかけた」というのがその理由である。以降各地の打ち毀しの展開は前掲高橋の著書に詳しい。高橋は打ち毀しの村々を地図におとしているが、那珂川と久慈川沿いを主としておびただしい数に上る（p211）。打ち毀し勢は近隣にまで遠征することも多い。時期はほぼ八月上旬に集中しているようだ。ほとんど全国一円、一斉蜂起と呼びたくなる。打ち壊されたのは数百軒以上と言われる。後述の那珂湊戦争が始まったころである。

打ち毀される側は藩吏・村役人・郷士・神官・修験・商人と、概して村の有力者が多い。彼らは筑波勢への協力者というだけでなく、小金屯集の参加者、つまりは水戸の叛乱の主役尊王攘夷派であった。また必ずしも激派というのでなく、時の那珂湊戦争への参加者が含まれる。幕府・門閥諸生派と那珂湊で戦ったのは激派というより、藩の多数派・鎮派であった。それに、先の太田村の例にあったように、郷校が狙われた。打ち毀された郷校は前記野口・小菅だけでなく小川と大宮に及んだという。小菅館では『告志篇』など斉昭の著書まで焼き捨てられた。「百姓ども年来の悪政を改る時致れりと歓び、……」という意向があったであろう。打ち毀しを受ける側、郷中の尊攘派有力農民たちは反撃を組織することもなく、個々に沈黙していったようである。当の激派筑波勢は那珂湊に布陣して戦争中で、郷中でカウンターを組織した形跡は全く見られない。門閥諸生派との内戦で敗退したばかりか、激派は同じ農民に敗れたのである。

要するところ、門閥諸生派に動員された「反革命軍」というより、以上もまた尊攘派郷中蜂起に対決するもう一つの農民蜂起なのだった。門閥派の覇権もあずかって、一時彼らは郷中で勝利した。そればかりか、かねて郷校を拠点に文武両道に励んだ郷士たち、つまり村民を小金の屯集へと動員した尊攘派農民たちの家が軒並み打ち破られた。斉昭の改革の成果、というより水戸の叛乱の遺産が一掃された。一掃というほかないほどに、もう水戸の叛乱は影もない。もろくも、もったいないことであった。尊攘派農民は同時進行中の内戦に多分根こそぎ動員されていたのだろう。内戦の成否というより、郷中のこの敗北ほど水戸の叛乱が残した禍根を示すものはない。

8　百姓一揆　瓦解する水戸藩

尊攘派農民にたいする村々の打ち毀しは、これも時を経ずに、政治対立を離れた一揆へと転化していった。叛乱の遺産が一掃されたことの、当然の帰結である。前掲高橋によれば、打ち毀しがすでにこれをはみ出す以下のような行動を伴っていた。施金要求、家財の破壊と分配、豪農経営の破壊、負債の破棄、耕作の放棄と妨害、豪農所有地の売却、公文書破棄、そして村役人の罷免要求である。打ち毀しはこのように郷村の激しい分解を伴いつつ生起した。尊攘派と門閥派の政治的軍事的対立だけのことではない。水戸内戦ははるかに郷村の深部にまで浸透していた。もはや攘夷も開国もない、改革と保守の対立でもない。はるかに近世農村秩序の解体につながる郷中一揆なのだった。

それゆえ、政権を握った門閥派はじきに農民の蜂起自体を禁圧するようになる。これは後に述べるが、すでに翌年八月、家老佐藤図書と諸生八十人が村々を巡察してこんな勧告を発している（高橋、前掲p209）。

近頃郷中風儀よろしからず、その身分の分限を忘れ職業に怠りかえって身分にふさわしからぬ浮説を唱え、とにかくに上の御法度を軽んじ、徒党がましき儀を相催し、または時の勢いに乗じ私の意趣遺恨を以て人の悪事を言いふらし、あるいは己の欲心を説くべきために時の役人を誹り、右様の悪風はこれなきよう致すべし。

どだいこの時期、横浜開港に伴う生糸・茶の価格騰貴、さらに米麦大豆の値上がりが藩の経済と暮しを直撃していた。尊攘派のスローガンが「横浜鎖港」要求に絞られたのには理由がある。城下には商人にたいする脅しの貼り紙が現れる（文久三年十一月）。「交易以来諸品が高値となり、卑賤の者達は暮らしが立ち行かなくなっている。これは諸国一統のこととはいいながら、御領中諸商人共が益々利をむさぼり、米穀は勿論呉服太物等追々値段を引き上げているためである。これには町奉行やその配下まで加担しており、言語道断の所業である。これから五七日の間に改めなければ、打ち果たす所存である」と（市史中巻五、22章）。実際、小川村などではすでに文久元年から穀物商にたいする差し押さえや打ち毀しが始まっていた。

こうしてかえりみれば、水戸の左右の過激派がその内に立たされた、地滑りのような近世農村社会の崩壊を認めざるをえない。実際、慶応年間になると世直し一揆が全国に蔓延した。

藩の過激派たちは上手に藩を近代化に向けて誘導することができなかった。薩長などと違って、かく誘導することができなかったゆえの過激派であった。

第十二章　三つ巴　国事奇態を生じ

1　鎮派　二つの過激派に挟まれて

蜂起した諸生たちがオルグに回った相手は門閥派重臣ばかりでなく、当然ながら弘道館の先生方、文武の師範たちだった。助教の石河明善は最初の決起趣意書の執筆を諸生たちから依頼されたのだという。石河は断ったそうだが、では、先生方はどう対応したのか。

弘道館の文武の師範たちは安政の叛乱の中で鎮派の知識人をなしていた。教授頭取会沢正志斎がその過激な代表だったことは繰り返すまでもない。すると今回はどういうことになろうか。諸生たちの心情と主張とは紛れもなく水戸学の正論、少なくともその一脈をなしている。先生方が教え込んできたことである。筑波勢の金穀押借りは目に余り、そもそも知識人のやることではない。それに、鎮派とは藩内過激派にたいする自重あるいは姑息派のことだ。長岡勢鎮圧のために自ら討伐隊を組織した会沢正志斎のことはまだ記憶に新しい。だから、先生方とはいえ学生たちをむげには拒絶できないのである。実際、師範たちの内には同調者が出たし、五月二十六日の仙波原の決起集会に参加したばかりか、その組織者になる者もいた。弘道館だけではない。藩庁の役人、その主流派は鎮派にほかならないが、彼らの内には大番頭の渡辺超のように進んで集会に参加し共に江戸に上った者もいた。市川らが江戸藩邸の権力を掌握したのに伴って、渡辺は参政に上げられている。少なくとも当初、仙波原勢は諸生たちと門閥派重臣それに弘道館師範などの鎮派、この三者からなっていたのである。当然、鎮派の中には門閥派同様の思惑で諸生たちを政治利用しようとする者もいる。

しかし他方で、弘道館は水戸学尊王攘夷の理論的牙城である。斉昭の遺訓、尊王攘夷にかねてから敵対してきたのがほかならぬ門閥派役人であることを先生方は忘れていない。今その門閥派が諸生たちとくっついた以上、おいそれと諸生と同道はできない。門閥派から主導権を奪わねばと考える者も現れる道理だ。前記渡辺超などはすぐに反発、市川らの魂胆は結城派の復活であり斉昭の遺訓を裏切るものだと、貞芳院（慶篤実母）経由で慶篤に嘆願する。こうして、鎮派は片や筑波勢、他方で門閥諸生派の間に挟まれて、右往左往するしかない政治的位置に立たされた。安政の叛乱では、まだ激派と鎮派の対立は同じく尊王攘夷派内部の問題だった。それが今や、典型的に中間主義者の位置に追い込まれている。さていかになすべきか。

2　困る困ると言い合うばかり

ここに弘道館師範で「誠鎮派」を自称する豊田小太郎（靖）から江戸の同志に宛てた書簡がある。鎮派が新たに立たされた政治的位置を如実に示すものなので、以下煩を厭わず摘要してみたい（史料下編、巻14）。

今や国事奇態を生じこの先いかがなるべきか、痛心に堪えない。だが、時ここに至っては各々が進退を決めずには済まないことだ。そもそも四月二十九日、諸生十人ばかりが岩船山へ押し入り、そこから府下に馳せ返って「この度（郷校）三館を破却して南上の上、君公へ言上し、国体を立てん」と奔走している。諸生仲間が岩船へ馳せ参じて仲間が増加している。客気の少年ばかりで一定の論もない。思い思いの議論を交わし、ある者は南上、ある者は三館を討つという。

だが、我ら「誠鎮派」なる者には気力なく、諸生たちを統一し指導する人もいない。大変困る困ると言い合うばかりだ。しかしほっておくうちに、諸生に見込みありと見た奸家などが物頭あたりにまで遊説し、府下でも人心を余程引き立て、集会する諸生に令を下す者がいる。重役連中は立場上傍観していては済まない。そこで、諸生たちが「我々がお供するのでぜひ南上の上、逆臣を除き真に烈公の赤心を天下に発揚したい」と攻め込んだところ、何はともあれその説もっともと賛同者が出ている。

彼らは弘道館諸生たちに違いないのだから、先生方もただ見ているわけにはいかず協議を重ねているが、結論が出ない。ほとほと決断し兼ねている。ぜひ「誠奸合一にて」（誠鎮派と門閥派が一緒になって）ことを謀りたい様子である。だがこれは奸にとっても同様で、しきりに誠に手を伸ばしてきている。諸生たちの存意書を見れば至極もっともな大誠論だから、相談されれば同意するしかない。ただし、今のところ奸が主で、誠は客に過ぎず主には敵いがたい。このまま彼が主でことがなるとすれば、烈公赤心発揚は名ばかりでどうなることかと杞憂している。だが心配するばかりでは無謀無策のままだ。このままだと諸生たちの勢いも挫けて、暴徒（筑波勢）が再び逆焔をほしいままにして、国中が干戈を交えるは必定である。考えれば考えるほど進退に窮するばかりだ。己一人のことならどうでもよろしいが、一国の進退いかんと、再三反覆熟考しているところだ。

諸生らは門閥派に依頼しかつ奸家のほうも彼らを扇動しているので、大半はこちらで統御は致しかね、諸生たちを鎮家に取り返すのはなかなかむつかしい。ともかく南上は抑えて、御当地で周旋すること。いずれにしても誠が主となり、奸を客とするほかはない。彼は我をまな板に載せてことをなすつもりであるが、我らはそのまな板に載って彼をまたその上のまな板に載せるつもりでやるほかない。そうでなければ彼らの掌中に入ってしまい、ことは破れ国家（藩）は暴激の手に落ちる。当面は彼の正論に同意しておき、臍の下云々（本音）は腹に納めておき、ことの成り行きで我を主、彼を客に変じさせることだ。彼らのことを奸と言い立てては何をされるか測り難く、一時は面白からぬことだが致し方ない。

また、このところ分裂している我らと公平家とが合一するいい機会である。合一できたとしても余程必死にならねば彼らの力には及ばないのだから、いわんや分裂したままではだめだ。小生は公平家に向かってこれまでのことは残らず謝罪してまでも、是非今度は一統したいと考えている。もっとも公平家たちは奸を憎みすぎのきらいがあり、鎮に凝り固まれば公平家を遠ざけるし、公平家は鎮が奸とつるんでいると疑うだろう。ここで小事にこだわれば大事を誤るから、是非ぜひ合一を成し遂げねばならない。小生は当地で周旋に当たるから、江戸でも熟考の上早速取り掛かっていただきたい。

3　本音は腹に納めて

ざっとこんな調子で延々と続く。ほんのこの間、どこかの大学紛争で見たことのある景色である。「東京大学の危機を理性的に解決する」。豊田の書簡の趣旨を要約するのはやさしいが、その調子をこそ読んでもらいたい。これまで藩論は激と鎮とに分かれてきた。それが今や奸が登場して、奸も激も独自に兵を動かすまでになっている。双方が烈公赤心の一面を継承して「正論」を張っているのだ。鎮派はどちらにどう付けばいいのか。どうすれば主導権を握れるのか。「国家大変」に際してほとほと困り果て、決断しかね、再三反覆熟慮している。鎮派などと言われても、一派として組織だってなど全くいないのだ。激と奸があればこそ初めて位置付けられる、両派に取り残されて右往左往する中間派と言うほかない。この時点までは江戸でも地元でも、彼らこそが執政としてまた弘道館師範として、藩権力を継承し運用してきたのである。みんな鎮派なのだ。そこにどんな政治的見込みもない、党派形成も見られない。ことなかれ主義の多数派である。彼らがおたおたと動き始めるのはやっと六月に入ってからであり、すでに門閥諸生派は江戸藩邸に押しかけて藩政を奪権し、筑波勢は水戸に向かっている。鎮派は日和見主義を決め込むのでないとしたら、分解し迷走するほかない。

こうした中で、豊田小太郎は鎮派内部を区別しているようである。自らは誠鎮派を名乗り、これは純粋鎮派の意味だろうか。他に公平家と名指す連中がいると言うが、これは奸に接近するのは良しとしない鎮派の中の尊攘派だろうか。ともかくも、豊田は折り合いの悪い公平家との再団結をまずは勝ち取りたい。その上で、諸生たちの相談に応じ、加入戦術を駆使してゆくゆくは門閥派の指導から学生たちを奪還する。そのために当面は本音を抑えて門閥と手を結ぶ。そんな策謀を思い描いている。

インテリ好みのこんな政略が鎮派の主流だったかどうかは分からない。この豊田といえば水戸学の豊田天功の息子であり、かつて安政四年に上京して幕府を全面的に批判する建議書を独断で青蓮院宮に呈したことがある。「豊田小太郎京師において差し上げ候書簡、幕の執政等を悉く誹り候て、当時王室への忠を尽くし候もの水府より外は有間敷と云うことを主張致し候よし。老公甚だ御配慮万一他へ漏れ候て幕へ出候わば大変なり」ということがあった（市史中巻四、21章）。ところがこれが幕府に漏れて老公斉昭自身による内奏とされ、水府陰謀説の有力な証拠にされてしまった。「水戸内奏の訛伝」と言われる事件になった。豊田小太郎、若気の至りであったかもしれない。今回の加入戦術も策謀家の面目というこうとかもしれないが、さて、少しでもうまく運んだであろうか。鎮派の以降の行動から見れば、とてもとてもと言うべきであろう。

4　鎮派、雷同して決起

さて、この二か月の門閥諸生派の動きはすでに前章に見た。これと筑波勢の動向との交差も相当に複雑、かつ偶発的なものだったが、これだけでは済まなかった。この錯綜にさらに鎮派の決起が加わって、水戸藩の内部分裂はさらにこんがらがっていくのである。

市川弘美が諸生を引き連れて江戸藩邸に乗り込み、武田耕雲斎らを追放したことは前述した。情報が水戸に届くや、さすがに大騒ぎになった。市川ら門閥諸生派の振舞いに憤慨した有志が集まり協議したが、大枠で鎮派と呼ばれていても彼らの意向がてんでんばらばらであることを暴露した。尊攘派の長谷川充迪《みつみち》の記録によれば、

このこと水戸に聞ゆるやあたかも大洋中に蒸気罐の破れたる姿にて、とやせんかくやせんと驚呼騒擾すること限りなし。或いは筑波を打ってその嫌疑を明かさんと論ずるあれば、いやいや今は勅書を奉じ攘夷を決する外道なしと唱うる者あり、或いは姑《しばら》く潜みて時を待つにしかずという者あれ

ば、さるときは徒に奸徒（諸生派）に魚肉せられなんと反駁するもあり。論説区々にして衆力をまとめ狂瀾を挽回すべき程の大策は誰も立たざりけり。（史料下編、巻14）

そうこうするうちに、斉昭の残した親書なるものが持ち出された。斉昭はかつて安政三年に結城寅寿とその一派を処罰したが、今後ともこの一派は永世役人に登用まかりならぬという書き置きであったという。そこで一同感涙にむせんで、この遺訓を奉じて死をもって藩主慶篤を諫めようと衆議一決した。執政榊原新左衛門と参政岡田徳至がその任に当たろうと進み出た。これで士民も荒野に道しるべを得た心地で、「皆雷同して勇み立ちてぞ見えたり」となった。

5　大挙南上して奪権

だが、内実は一様ではない。長谷川が同日茅根伊予之介に相談すると、茅根は因備両侯に依頼しようなどとまだ言っており、先の衆議一決は鈍策なりと反対した。そこで長谷川は兄に相談すると、今となっては尊攘の大義はさておいて烈公の遺訓を守ることこそ常道だと説得され、管下の士民を引き連れて南上する決意を固めた。とはいえ、幕府は江戸への関門を閉ざして許さないだろう。野村と林了蔵と相談した。林が強調するには、正と奸とは氷炭相容れないが鎮と激とはこれとは違って、元来君子党中一時の小差により分裂したまでのことで憂愛の至情は同じだ。それなのに軋轢が生じて互いに呉越の関係になり、そこを漁夫の利で奸に突かれてしまった。今や鎮と激とがともに全力を振るって小人を撃つ時だ。こう林が主張した。長谷川も同意、だが政府が分裂状態の現状をどうするか。「この時党派分裂を極めたる折柄なれば全力をまとめ奸徒に当たる」。そこで、まだましの戸田銀次郎を首領と仰いで南上することにして戸田の承諾を得たのだという。

以上から窺えるように、鎮派南上も初めから一枚岩ではない。長谷川らは榊原隊が正兵、戸田隊は奇兵と位置付けて、それぞれ水戸街道と水路とを経由して別々に江戸に向かった。加えて、武田耕雲斎が謹慎中の身だからと一族を率いて別途南上する。要するに、門閥諸生派に立ち向かわんとする水戸城の勢力は大きく三派からなり、これが鎮派の実態であった。長谷川に言わせれば、榊原隊は攘夷断行の意志もなくただ烈公遺訓により藩主を諫めるの一念であり、戸田隊の真意は除奸、武田は憂国の宿老である。

しかしともかくも、ここにきてようやくの鎮派一斉決起である。六月十七日に榊原隊が江戸に向かった。ちょうど筑波勢追討のため市川が諸生を率いて江戸を発った日である。二十四日には戸田隊が、続いて武田隊が江戸を目指して出発した。沿道では期せずして大勢の士民が随行し、水戸領内は騒然たる空気に包まれたという。繰り返すが、むしろ逆だ。郷中士民の蜂起の中で、榊原も武田も戸田も動いているのである。水戸街道の長岡や小金に湧き出てくるのは今や彼らの身についたビヘイビアである。

さて、榊原隊は水戸街道を南上したが、たまたま田中愿蔵による土浦近村の焼き討に遭遇して足止めを食い、二十一日にようやく江戸に着いた。だが、幕府と内通した朝比奈・佐藤を前にすげなく退散、二十四日には水戸に後戻りである。ところが、彼らとともに南上した民衆が大挙して小金に屯集しており、榊原隊がこれに合流する形になって再度江戸へと押し戻される。江戸の市川から二十四日水戸のお仲間の鈴木重棟に、武田勢が出陣したこと、筑波勢から田中愿蔵隊がこれに加わったことを告げて、国許から軍勢を差し出すよう要請した。幕府からは二十七日、たとえ入府の印鑑持参の者でも入れてはならぬとの固いお達しが出た。武田隊はもともと小金に滞在していた。そうこうしているうちに、戸田隊は水路を取って二十七日に江戸藩邸に入り、先行して藩主に周旋しまた佐藤図書を面責するなど猛然と運動した。そこに遅れて榊原隊などもようやく戻って来た。

これも偶然の一致と言うべきか、実はちょうどこの時期幕論が一時的に転換して、激派追討に重点を置いていた老中板倉勝静らが罷免されて、幕府自ら市川派の排除をほのめかすような状況になっていた。そうなれば慶篤もなびく。逆戻りの南上部隊も市川排除を要請した。「鎖港のことはさておいて、一日も早く（結城寅寿一類の）市川らを除かない限り、慶篤公の忠誠も水の泡となるばかりでなく、実に水戸藩の安危にかかわることである。この思いを止めることができず、必死の覚悟で南上した」。これに応えて慶篤は七月一日佐藤・朝比奈を罷免した。「よかろう様」と悪口を言われるゆえんだが、慶篤にしてみれば御三家として幕府の風向きに従うまでなのである。江戸の門閥派政権は一か月で頓挫した。まずは鎮派南上の勝利であった。

6　大発勢、水戸に戻る

さてこれで、江戸藩邸から門閥派を追放して榊原・戸田らは目的を達したのだが、どっこい、追討に出ていて処分を免れた市川軍がすでに水戸に向かっている。そして、権力を回復して江戸に留まっていた鎮派のもとに、市川軍の水戸入城（七月二十三日）の報が届いた。それまでの一か月間江戸で彼らは何をしていたのだろう。小金になお七、八百人が屯集したままである。そこで、七月二十一日幕府から水戸家老へ小金組の退散命令が出て、慶篤からも諸生隊を含めて帰藩指示が発せられた。なお、慶篤の指示には次の添書が加えられている。「鎖港の儀は公辺にても精々御世話もあらせられ、この節追々御手続をも相付き候場合故、一同にも心配等致し申さず早々に引き取り候よう致すべきものなり」（史料下編、巻15）。何を今さらと言うべきだが、これを逆に見れば、江戸滞在の鎮派（殊にその内の戸田派）のこだわりは依然として横浜鎖港の幻だったことが推察できる。

実際、野村と長谷川はことここに至っては勅使の派遣しかない、勅使の到着を小金で待つとの策を立て、潜伏中の目付山口正定と安達清一郎を京へ派遣した。彼らは在京の大場一真斎・原市之進と図って慶喜に陳情した。ところが、京では大事件が持ち上がっており、それどころではなかったのである。長州による禁門の変（七月十九日）である。思えば筑波山挙兵のそもそもの企図、攘夷一斉挙兵に長州藩が遅ればせに応じた形だった。だが、長州の敗退は全国的な反動の波となって水戸にまで押し寄せてくる。

二十六日には幕府は早速筑波勢と長州の者とを並べて、暴行の徒と朝敵の討伐を布告した。

ともかくも、江戸残留組は先の慶篤の勧告に従って続々水戸へと向かった。渡辺超は部下の諸生二百を率いて即日江戸を発し、二十四日には戸田隊百余人がこれに続いた。また、床井・大胡ら百二十七人(いわゆる激派有志)が家老へ建言して、「慶篤の命に従い一同そろって下るつもりだが、鎖港の成功とともに奸賊を厳重に処置する」ことを要請した。

そこに、市川諸生隊の水戸城占拠の報がもたらされる。虚を突かれた彼らは七月二十六日、数十人の連署で藩主慶篤が直ちに水戸に赴いて藩内を鎮撫するように要請した。ところが将軍を補佐する任の御三家で江戸にいるのは当時水戸家だけで、慶篤が帰国することはできない。そこで慶篤は、支藩宍戸藩主松平頼徳《よりのり》を慶篤名代として水戸に遣わすことを幕府に申請して、許可を得た。頼徳一行は七月三十日に江戸を発った。これが鎮派のさらなる迷走をもたらすことになる。

頼徳一行は宍戸藩家臣数十人のほか、江戸藩邸の重役および江戸に滞在していた榊原新左衛門以下鎮派の面々数百人であった。すでに指摘したように街道は士民でごった返している時期だ。行列はたちまち膨張した。これが「大発勢」と呼ばれる。武田耕雲斎そして山国兵部の一行も後を追った。

しかし水戸に近づくと道中は市川の妨害工作で橋梁は撤去され、大木が路上に横たえられていた。しかも市川派によって招集された農兵が防備に当たっており、同時に頼徳ら一行に飲食や人足の提供が禁じられていた。城下の戒厳令である。これもあって水戸に着いたのは八月十日になってからで、一行は三千人に膨れ上がって城を包囲した。だが、市川らはすでに藩権力と城下を固め終えており、名代頼徳以外の入城は頑として認めない。権力維持のためには当然のこととはいえ、藩主（名代）が自分の城に入るのを臣下が断固拒否するのだから、思えば大した根性であった。「もはや上公（慶篤）自ら帰国されて親政をしかなければ治平はなりがたい状況」と、榊原が江戸に急報したのももっともであった。タイミングだけを見ても、大発勢は完全に出遅れたのである。

7　筑波勢も進路変更　まず内奸を除かん

さて、この二か月、では筑波勢は何をしていたのか。六月一日に太平山を退去した彼らは再び筑波山に寄り道していたが、市川隊と幕軍の侵攻を迎え撃つべく下妻に出撃した。前述の高道祖での会戦である。互いに賊徒・奸徒呼ばわりしている門閥諸生軍との初めての戦いとなる。そして、七月九日早朝、筑波勢は夜襲によって門閥・幕軍を蹴散らすことに成功した。この戦いでは地理に詳しい下妻藩の元庄屋飯田軍蔵の役割が大きい。幕軍の報告では、「下妻辺百姓ども皆浪人に内通いたし候故、かかる難儀に及び申し候」ということになる。「其所の里人少しも油断相成らず、皆々浪人一味にて人足と偽り、あるいは村役人または道案内などと申し、色々姿を変え、謀りことを致し候故、十分敵の謀計におちいり候」。典型的なゲリラ戦の勝利だった。筑波勢の行程には地域残留組の郷士・農民たちがどこでも

（ことに南郡では）随行する。

だが、筑波勢がこのように領内のゲリラ軍となるためには、大きな方針転換を必要とした。典型的にもこれが集団の分裂をもたらす（市史中巻五、23章）。下妻で勝利した翌十日の軍議では、まだ「横浜鎖港の先鋒を務める」ことが決議された。「賊兵は敗北したとはいえ、必ず援兵を乞い、近日中に攻めてくるだろう。とすれば賊兵のために身命を捨てることになるかもしれない。しかしそれは我々の本意ではない。一人でも夷賊を討つことこそ我らの赤心である。ひとまずこの所を避けて海岸近くに兵を潜め、船を求めて横浜にのぞまん」。この方針に沿うものであろう、幕府に攘夷の儀を周旋することを土浦藩に要請して断られている。京では薩摩・会津と長州との対立が激化している時期に当たる。

だがそうこうしているうちに、市川勢の水戸侵攻という情報が飛び込んできた。ここで小四郎と他藩からの参加組との意見が分裂した。小四郎の方針提起、「まず内奸を除き水戸城を占拠したうえで、ここを根拠に諸藩の協力を得て攘夷の兵を出すのが得策だ」。これに反対して、久留米脱藩浪人の方針は、「吾輩はもともと天下のために外夷を攘わんことを志しているのであって、水戸党派の争いなど吾輩のあずかるところではない」。もっともな意見である。小四郎たちがそもそも「水戸党派の争い」など無視して挙兵したのではなかったか。これに同調する他藩の者たちはこうして藤田小四郎たちと袂を分かって出て行った。もっとも彼らとても横浜襲撃は絵空事に過ぎず、じきに水戸に戻って藤田とともに戦うことになる。

筑波勢の以上の分裂はたんに出身地の違いによるものではない。すでに宇都宮藩との同盟を諦めて太平山を退去する段階で、攘夷の全国的アピールという挙兵の目論見は空論であることが明らかになっていた。水戸藩地元の戦いを経て、事態を確認して方針を立てなおすことが集団に要請、いやすでに強制されていたのである。「まず内奸を除き水戸城を占拠したうえで」と小四郎が主張する。水戸城占拠の戦略的重要性は言うまでもないが、それだけではない。「まず内奸を除く」ことにはもともと水戸藩尊攘派の命運が懸かっていた。なぜなら、筑波山挙兵はその実藩内の広範な郷中蜂起を地盤とも背景ともしたものだったのであり、彼らは今ようやくその地盤に戻ってきているのだ。地盤に根差して内奸の権力を掘り崩していく方針こそが要請されていた。しかしこの課題は途方もないものとして、今後の内戦の中で小四郎たちの肩に重くのしかかり続けるだろう。

ともかくもこうして、市川門閥諸生派と戦うことを決して小四郎たちは、筑波山に残した同志たちをも撤収して、府中・小川・潮来という本来の地盤に再結集した。ここから、小四郎隊は水戸に向かった。二十四日には長岡、翌日水戸に入って市川勢と激戦を展開して敗退している。なお、筑波勢から除名され、六月下旬から野口郷校時雍館を本拠にしていた田中愿蔵の部隊もまた、二十七日に水戸へと進軍していく。

他方、田中隊の乱暴狼藉にたいする自警団として組織された鯉渕組など農民軍団は、七月末から八月にかけて市川の指揮下に編成されて激派と戦うことになる。加えて、尊攘派有力農民にたいする打ち毀しが藩内全域に広がり始めるのもこの時期からのことであった。

8　水戸城下へ、会戦へ

ところで下妻で筑波勢の夜襲にあって壊滅した幕府追討軍のことだが、戦意喪失して江戸に逃げ帰ってしまった。幕府軍といっても諸藩の兵の寄せ集めであり、数は圧倒的に多いが戦争などしたこともない。今後もしばしば小人数の筑波勢の奇襲を受けて散り散りになる。そこで幕府は改めて追討強化を目指し、若年寄田沼意尊《おきたか》を常野追討軍総括に任命した。以降内戦勝利まで、市川門閥派を指揮し逆に市川の要請に応えて、幕軍を率いることになる「悪役」の登場である。田沼はもともと幕府の外国掛であり、もとより横浜鎖港などもってのほかと思っている。

実はこの間に幕府の風向きがまた変わっていた。六月二十四日には阿部正外（白河藩主）が老中に就任した。もともと外国奉行で開国派である。そして禁門の変（七月十九日）とその結果としての長州征伐へと政局があわただしく変転する。幕府はもう建前としても横浜鎖港を事実上放棄した。本音との使い分けはもう止める。こうした中での筑波勢追討の強化であり田沼の任命であった。幕府はただちに宇都宮藩、高崎藩などに出兵を命じ、田沼は七月十四日に出撃を命じられた。こうして田沼追討軍もまた一方の主役として水戸内戦に交差していくのである。ただ、田沼追討軍の江戸出発は七月二十七日と遅れる。大部隊の編制の手間もあったろうが、同時にこの間の幕府の内情がからんでいたろう。幕府はまた水戸藩にたいして筑波勢取締りの強化を命じた。「無謀の攘夷に陥るということになっては、勅命に背くことになり、恐れ多いことである。幕府の兵とともに暴行を働く者を討滅し、常野人民の害を除き、報国の赤心をあらわして幕府と一致して尽力するのは、親藩の臣たるべき者の務めである」。「無謀の攘夷はもってのほか」という五月の横浜鎖港勅命の「但書」が、ここに公然と使われている。

朝廷の動きがどうであれ、藩主が何と言おうが、幕府の水戸激派征伐の方針はもう変わらない。

城には烈公夫人貞芳院や公子が留まっており、そうでなくても城は権力の象徴であるのに、大発勢が江戸へかけつけた間、これを諸生党の手に任せたのは大失敗だった。筑波党もこの空白期に水戸城をねらえば乗取れないことはなかったらしいが、そこまで頭が働かず、城をそっちのけに遠い所でやりあい、あたら勢力を浪費していたのだった。

これは山川菊栄の感想（『幕末の水戸藩』、p339）だが、さてどうであろうか。ともかくもこの二か月、各派は戦略戦術もへちまもあればこそ、入り乱れて交錯し右往左往を繰り返しつつ、八月までに城下に集まってきたのである。年表を整理するだけでもこんがらがるような事態だが、ほかでもない。私はむしろ以上の錯綜に幕末水戸藩の政治的経験の末路を感じ取る。水戸藩は水戸の叛乱において己を一個の政治体として経験した。そして失敗した。政治体は分裂解体した。その結果がこの二か月の迷走である。そこにどんな必然性もない。それゆえの各派の進軍行路の偶発的な交差であった。煩をいとわずに以上に各派と政府追討軍の行程を追ったゆえんである。城下へ、そして会戦、内戦へ。

だがその前に、短期間に錯綜した四派、すなわち筑波勢・門閥諸生派・鎮派（大発勢）・幕府の行動を何とか簡明に俯瞰しておきたい。その試みとして、今度はこの二か月を時間で区切る形で、各派の横断的な関係、あるいは無関係を年表風に整理しておこう。

六月一日　筑波勢が太平山を退去し、筑波山経由で藩内に向かう。江戸では市川・佐藤・朝比奈が権力掌握。田中愿蔵による栃木焼討（愿蔵火事、五日）。
　十一日　幕府諸藩に筑波勢追討命令。
　十七日　鎮派決起、江戸へ。市川諸生軍江戸を発ち筑波勢討伐へ。
二十五日　市川隊、結城で幕府討伐隊と合流。
七月一日　江戸で佐藤・朝比奈罷免。
　七日　田沼意尊、常野追討軍総括に任命。
　九日　筑波勢の下妻夜襲、市川隊・幕軍敗退。市川隊は江戸へ。
　十日　筑波勢小川校に戻り軍議「まず内奸を除くべし」。
十八日　市川隊、江戸からの佐藤・朝比奈隊と杉戸で合流、水戸へ。
十九日　京都で禁門の変。
二十三日　門閥諸生派水戸入城、城下制圧。
二十四日　筑波勢藤田ら水戸へ進軍。江戸の鎮派水戸へ。

二十五日　筑波勢と門閥派諸生隊、水戸城下の会戦。
二十七日　幕府田沼追討軍江戸出発。
二十九日　農民隊鯉渕組、田中愿蔵隊と合戦。
　三十日　大発勢、江戸を発ち水戸へ。
八月十日　大発勢水戸到着、市川隊と城下で会戦。

　こうしてまとめてみても、各勢力の動きの脈絡のなさが際立っている。狭い水戸藩とその周辺に限られたことなのだが、てんでんばらばらに交錯している。門閥諸生派は江戸藩邸に上って権力を掌握するが、江戸は佐藤・朝比奈に任せて、市川は諸生を引き連れて筑波方面に向かった。幕軍と合流して筑波勢追討体制を整えたまでは順調である。賊徒討伐は彼らの初発の目的であり、幕府と藩主の意向もその方向で定まっている。市川としてはまずは江戸の藩主を取り込んで筑波勢を討ち、その上で水戸進撃という目論見だったろう。ところがたまたま、遠征途上で筑波勢と遭遇して完敗してしまう。そこから幕軍同様に逃亡である。江戸へ撤退する。そこでまた偶然に、江戸を追われてきた佐藤・朝比奈組と出会って逆戻り、合体して水戸城下へ向かった。江戸の奪権から水戸城占拠へと大きく進路が変更された。
　前にも指摘したことだが、水戸藩は水戸街道というパイプにより江戸藩邸の藩主につながるという奇妙な形をしている。その水戸城下では門閥派による江戸奪権の報に驚いて、鎮派は南上し藩主を翻意させることができた。だが、鎮派の内実は大きく三グループに分かれており、思惑も違う。江戸の政権を奪い返したはいいが、城下をお留守にして時を空費している。そこに門閥諸生派の水戸城占拠の報が入って、急遽戻ってくる。藩主名代を頭に戴いた一隊に幾つかのグループが追従する形である。行きも帰りも行き当たりばったりであった。ここで目に付くのは、鎮派の行きも帰りも水戸街道が士民百姓で充満する事実である。安政の屯集が繰り返される。鎮派の思惑や内実とは別に、水戸藩という存在が今や湧き立っているのである。鎮派が組織でなく雑多な構成からなる運動であることに対応して、これに追従する群衆も雑多でありえた。安政の屯集が一種の政治動員という形を取っていたのに比べて、今回ははるかに自然発生的であった。かつては斉昭の部隊という単一の性格が明白だったが、今度は違う。藩士たちは烈公遺訓の赤心を唱えてはいたが、村々はもう藩主への忠誠とは別のところで動き出している。郷校を拠点とした広範な郷中蜂起だけではない。田中愿蔵隊の乱暴にたいする地元自衛組織から出発して、筑波勢討伐の農民軍団が各地に立ち上がった。郷村の農民自体が分裂して、打ち毀しが広がっていく。鎮派の行き当たりばったりに、むしろ広範な水戸藩民衆の蜂起を見たいと思う。

そして藤田小四郎たちである。彼らは藩外での挙兵の自己否定のために藩内に戻ってきた。禁門の変から長州征伐へ、政局全体で攘夷挙兵の潮が引いていく時期に当たる。幕府は筑波勢追討軍の派遣を決めているが、諸藩からの連合軍は早々と粉砕されて、その後の再建は遅れる。この六―七月の期間は幕軍の外部からの介入はまだ実質的に始まっていない。そのため、出戻りの小四郎組に課せられているのは、全国一斉挙兵の先駆けという路線を棚上げして、まずは門閥諸生派と対決する方針である。筑波勢はこれまでの部隊の分裂という形で自己を否定した。だが、全国展望に代わる見通しを立てるにしても、小四郎たちにもう時間が残されていない。

9　内戦へ　叛乱のつけを払う

さて、狭い藩内をあわただしく迷走した諸勢力が、それぞれ別個に吸い寄せられるようにして水戸城下に集まってくる。内戦が不可避になる。重ねて注意したいのだが、筑波山挙兵から内戦までのこの時期、諸勢力の錯綜を通じて透けて見えてくるのも、やはりこれに先立つ藩論の分裂である。「水戸の叛乱」を背景とした藩論のスペクトル分裂こそが、時の水戸藩が自ら作り出しかつ身に蒙った政治というものの表現だった。激派即時討伐を主張して登場した市川らトリオから桜田門決起の激派まで、それぞれが藩内で言論を戦わせ、言論を通じてそれぞれが自らを集団として発見していく。そうであれば、諸集団を再度藩権力として再編統合していくことができるのか。それとも特定の集団による藩権力の掌握が現実的な道なのか。藩に課せられたこれが政治的課題だった。そしてこの時期、藩も藩内のどの集団もこの政治をこなすことができなかった。攘夷か開国かをめぐる全国政局の展開の中で、水戸藩はなすすべもない。今回筑波山挙兵をきっかけとして登場した諸勢力とは、かつての藩論分裂の集団的表現にほかならない。その諸集団が内戦にまで吸い寄せられていく道筋こそ、かねての水戸藩の政治的無能と失敗のつけというほかない。

だが、水戸の叛乱は地域に潜伏して生き残り再度蜂起して、この「政治的つけ」の支払いを諸集団に強要した。目前に迫った水戸の内戦とは、叛乱の中の政治からの脱落の結果である。幕末水戸藩の過激派たちが後に残した禍根である。

第十三章

内戦　英雄的で、無惨で、愚かしく

1　お国初めての戦争

二十五日、今朝五ッ時過ぎ、追手の御人数にわかに繰り出しこれあるにつき、賊徒いよいよ寄せ来たり候やと申す間もなく、砲声相聞こえうち続いて大小砲乱発数刻の後、町家を放火いたし候と相見え、余の家正面に当たり烟焰天を衝きて上がり見る間に火道二三四に相成り、右変を避けて逃げ来たり候老若男女ならびに器物を持ち運び候者おびただしくこれあり。暫時のうちに砲声相やみ候。追々馳せ来たり候者に話を承るに賊徒大いに敗戦して皆逃げ去り候よし相聞こえ候。四ッ半火事も鎮り候と相見え、烟薄く相成り候。

戦争の儀は御国初以来初めてのこと。（史料下編、巻16）

水戸城下で戦闘が始まった。市川門閥諸生派と戦うことに決した藤田小四郎たちは、筑波山に残した同志たちをも撤収して、府中・小川・潮来という本来の地盤に再結集した。ここから、小四郎隊は水戸に向かった。八月二十四日には長岡に入り、翌日水戸に進軍して城を占拠している市川勢と激戦を展開したのである。右の見聞録（小宮山「南梁年鑑」）が述べるように、水戸藩始まって以来初めての内戦であった。筑波勢から除名され、六月下旬から野口郷校時雍館を本拠にしていた田中愿蔵の部隊もまた、二十七日に水戸へと進軍して行く。

小四郎たちは二十五日の戦いで敗退して小川に退却するが、次は大発勢の到着である。松平頼徳を水戸藩主名代に戴いた大発勢が水戸に近づくと、道中は妨害工作で道はふさがれ、門閥派に動員された農兵が立ち塞がっている。城下の戒厳令である。これもあって水戸に着いたのは八月十日になってからで、一行は三千人に膨れ上がって城を包囲した。慶篤の六日付の公達は名代派遣やむなきの事情を説明した上で、次のように「御家中一統」を呼び掛けている。「御家中の族、近来自然党派相立、よって人心区々に相成り居合い（融和）かね候段、深く御憂慮遊ばされ、御家中は一体のことに候間、熟和いたし文武相励み候儀は勿論、御奉公の筋専一に心掛け御家中一統至誠を本とし忠孝の風に赴き候ようにとの尊慮にあらせられ候間、頭立ち候族《やから》の父兄は別して右の思召しのほどを感戴し、支配支配の子弟等に厚く説諭致し候よう致すべし」（史料下編、巻16）。

だが、市川らはすでに藩権力と城下を固め終えており、名代頼徳の入城は認めるが随行の者は筑波勢潜入を理由に頑として認めない。大発勢が市川の使者と入城交渉をしている最中に、城下吉田山で戦端が開かれた。ところが、頼徳以下の大発勢は城下の戦闘を回避したのである。もともと藩主名代に付き添って江戸を出た連中である。軍としての体をなしていないし装備も不備であり、戦意もない。頼徳はあくまで交渉による入城にこだわり、城下を戦乱に巻き込むことは避けようとした。これでは決戦の方針がまとまるはずがない。ここで戦うとしても三千の部隊の兵糧がない。そこでひとまずのこととして那珂湊への移動を始めた。城下から十キロほど、那珂川河口の港町であり、物資集散地として栄えている。頼徳軍は途中の「城兵」の妨害を撃退しながら那珂湊に入った。すでに九月十六日になっていた。「城兵」とは手回しよく那珂湊までの沿道と河川に配置された市川の軍勢のことである。「奸諸生」「奸民」とも大発勢は呼んでいる。

ところが、門閥派との交渉を仲介する者がいるというので、頼徳軍は二千の部隊を引き連れて水戸近郊の神勢館に戻る。ここは斉昭が造成した藩の砲術練兵場である。だが、交渉などうまくいくはずがない。二十二日にはかえって市川勢から攻撃を受ける始末であった。二十九日、頼徳らは那珂湊に撤退した。

2　湊戦争　奸賊かつ公儀に敵対

水戸城入城をめぐる以上の対立は、これまでのところはいずれも水戸藩士民同士の戦いに限られていた。片や藩主の意向など無視する奸賊であり、他方は筑波勢と一緒くたに賊徒呼ばわりされる大発勢との戦闘であり、藩内の党派争いによる内戦を出るものではなかった。しかしここにきて、ようやくのことと言うべきか、田沼の幕府追討軍が戦線に登場する。市川からは、「頼徳が筑波浮浪の徒を引き連れて城下に迫る」と来援の催促である。かくて八月二十四日、幕軍先発隊二千人が弘道館に入った。市川は武田・山国・田丸・田中愿蔵・斎藤彦らの家族を投獄し、逆に結城寅寿の与党を赦免して江戸藩邸人事も専断した。市川独裁体制が完成する。

このようにして、ここに門閥諸生派と幕軍、藩主に背いた者と公儀という奇態な連合ができ上がった。頼徳勢はこの構図を許してしまった。だから逆に、これから頼徳軍が戦う相手は市川かつ幕府であり、公儀の名分と一体化した奸賊なのである。頼徳陣は抜き差しならぬジレンマにはめられてしまった。同じことは、これから見るように筑波勢にとっても当てはまる。以下の那珂湊の攻防戦では、諸党派はこの政治構図に駆り立てられていく。罠を突破するには自らを討幕軍と規定して、門閥諸生軍と幕軍を同列の敵と見立てるほかないのだが、頼徳はもとより筑波勢にとってもこれは論外の方針であった。

那珂湊には筑波・潮来勢も支援に駆けつけて来て、事実上頼徳勢の一翼に認められた形になる。中間に武田隊が独自に布陣した。こちらも文字どおり呉越同舟であった。筑波勢と田中愿蔵隊はそれぞれ別個に北郡に打って出て、各地で市川・幕府隊と戦闘を展開した。北からは山野辺主水《もんど》の援軍がようやく助川に達した。これにたいして、村々では筑波勢と見なされた農民にたいする打ち毀しが頻発していく。南郡でも鹿島で戦闘が行われる。かくして、内戦はばらばらに、しかし水戸藩全域に広がっていった。

幕府もまた九月十三日に関八州奥州に浪士狩りを指令した。「筑波山に屯集の浪士どもが散走し、姿を替え落ち延びている。風体怪しき者を見かけたら捕縛、手向かいする者は切り捨て御免。この党類をかくまった者は厳科に処する」。「賊徒と分かれば巨細吟味には及ばない。今は領内が防備そのほかで多端だから、其の筋に差し出さずとも速やかに死罪申し付けよ」（史料下編、巻17）。この戦時処断法により死罪に処せられた者は多い。水戸では戦死者をさらし首にした。内戦の拡大はまた無政府と無法の拡散であった。

さて、九月中旬になると、那珂湊勢にたいする幕軍と門閥軍の攻撃態勢が整った。両軍は別個に行動しているが、それぞれ南北の賊徒集団を各個撃破して進軍し、那珂湊を包囲する布陣である。那珂湊では頼徳が榊原新左衛門を軍事総督にして防衛体制を敷く。激しい那珂湊攻防戦が始まった。

3　大発勢の最後

ところがここに幕軍軍監戸田五介なる者が現れて、頼徳を誘い共に江戸に出て市川弘美の所業を藩主ならびに幕府に直に訴え出ようと持ち掛けた。激戦中の九月二十六日のことである。頼徳は誘いに乗った。これが成功すれば奸賊市川と公儀を敵にするというジレンマが解消され、市川にたいして公儀頼徳軍という構図を作れると期待したのである。だが、江戸に向かう頼徳とこれに随行した自藩と水戸藩の臣下三十人余を、田沼は途中で捕縛して水戸に連行してしまった。市川がせっついたに違いなく、もし頼徳が幕府に訴えるなら、せっかく自身が設定した政治構図が破綻しかねないからだ。頼徳一行への処断は容赦のないものとなる。頼徳従臣の七人がすでに自刃しており、十月五日に頼徳は切腹した。「野州屯集の浮浪の徒の暴行ならびに水戸領内の動揺につき、水戸殿名代として鎮静のために差し遣わされながら、かえって賊徒ならびに水戸殿脱藩の士に加わり、公儀の御人数に敵対に及び、不届きの所業につき切腹」というのが罪状であった（史料下編、巻18）。激派筑波勢と結託したという汚名から最後まで逃れることができなかった。市川はこの機会を逃さなかった。頼徳にお供した者十七人を斬首したばかりか、この際榊原ら那珂湊勢の水戸の居屋敷・家財の没収、家族の投獄に及んだ。

次は、頼徳という正当化のシンボルを失ってしまった那珂湊榊原軍である。榊原は頼徳から命じられた攻撃禁止を馬鹿正直に守っている。頼徳の命がかかっているからだ。頼徳一行が逮捕処刑された情報も届かない（これは少々信じがたい）。他方、頼徳処刑の日十月五日を期して追討軍は那珂湊への総攻撃を開始した。ことここに及んでも榊原は抗戦を禁じている。「諸生へは対戦致し候えども、素より公辺御人数へたいし御敵対申し上げ候所存毛頭ござなく候」と、前記幕軍の戸田五介に約束する有様であった（十月十一日）。

だが、事実上戦闘は始まっている。ことここに至って大発勢も筑波潮来勢と共同で防衛戦を戦うしかない。こうなればいよいよもって那珂湊勢は一括して公儀に歯向かう賊徒ということになる。このジレンマを救おうと、水戸では市川から退けられている鎮派の戸田銀次郎・久木久敬らは策をめぐらした。城兵とともに出陣中の久木と幕府歩兵頭平岡四郎兵衛が合意した案は榊原勢の自首、ただし斬首の処罰などは絶対になしという条件である。田沼もこの交渉案を受け入れたという。そこで同じく出陣中の戸田銀次郎と榊原陣中とが交渉を重ねた。それにしてもこんな場面でまた、久木とか戸田とか、懐かしい顔ぶれである。彼らは市川陣営とともにいたのだ。

先方の使者の提案はこうだ。我々は「筑波山屯集の賊徒追討の命を蒙り磯浜村に出張した。湊に屯集しているのは松平大炊頭殿守衛の人にて、まったく賊にはあらざるよしにて、賊徒は和田台牛窪に屯すると承る。正義の者を賊と一巻に追討するは嘆かわしいことなり。よって公辺の御人数を湊に引き入れ、追討の御用を勤むるにおいて、此の方も中立て振りもこれあるべし」（史料下編、巻19）。追討軍をすすんで自軍に引き入れてともに賊徒を討つという案である。榊原勢にとっては交渉・降伏だが、激派には文字どおりの陰謀・裏切りであるのは当然であった。しかし自軍一千人の兵を救いたいと。二十一日榊原らはこれに応じた。一方、裏切りを察知した筑波、潮来、それに武田勢は事前に湊の陣営を脱出して北に向かった。

こうして十月二十三日、榊原以下一千百五十四人が投降して各藩に預けられた。内訳は、水戸藩士とその従者が四百六十九人、他は農民と庄屋・郷士などが五百六十六人を占める。以上がいわゆる大発勢の中核的内実である。在郷の農民が半数に上るのは水戸内戦全般の特徴である。そして翌年三月、榊原ら水戸藩重職を中心に幕命により切腹・斬首に処せられた。榊原新左衛門は時に三十二歳、若い。死罪および自刃の者合わせて四十三人。水戸内戦のこれが終わり方であった。以降水戸藩では市川派による独裁と、激派にたいする血なまぐさい報復が続くが、これについては次章に譲る。

他方、那珂湊を脱出した三派は一千余人、十月二十五日に久慈川上流の山間部大子《だいご》に結集した。そして禁裏守衛総督の一橋慶喜に訴えるべく京に上ることを決定する。以降の天狗党西上の道行きはよく知られている。翌慶応元年一月十八日天狗党八百二十三人は降伏した。ここでも水戸藩士は三十五人、三百三十五人が農民であった。武田耕雲斎・藤田小四郎以下幹部二十四人が処刑されたのは二月四日のことだった。

振り返れば水戸内戦は藤田小四郎らの筑波山挙兵がすべてのきっかけであった。幕命にも藩の鎮撫にも従わない。あまつさえ、一円の押借りと労役の強制が広範な農民自衛軍を蜂起させてしまった。尊王攘夷の先鋒たらんとした挙兵は、藩の主流派も含めて藩論によって「賊徒」で一括されてしまったのである。だが思えば、これも水戸藩全体が背負った尊王攘夷という観念の重荷が、それぞれの党派に強制した応答であったろう。水戸学と斉昭の教育とが領民に植え付けた観念が尊王攘夷である。そして開国という差し迫った危機の中で、この観念が政治の次元に具現化されるや、藩論を引き裂き幕府の介入を招いた。筑波勢という一部跳ね上がり分子の愚挙さえなければ隣人同士殺し合う悲惨もなかった。こう思うのは人情というものだが、「この英雄的で、無惨で、愚かしくて、そして要するにつじつまの合わないドラマ」（山田風太郎『魔群の通過』、p378）は、それでもこれは歴史だったのだと見なさざるをえない。

第十四章

門閥という党派　御家騒動から権力闘争へ

1　何が彼らを駆り立てたか

かねて私は幕末水戸藩の内紛を見聞きするにつけ、いわゆる門閥諸生派の行動が気になっていた。彼らのあの根性はどこから来るものだったろうか。彼らは水戸内戦を勝ち抜いた結果、江戸でも水戸でも藩権力を独裁する。藩主慶篤の意向などどこ吹く風であった。だがそれもつかの間、日本の政治という舞台そのものがひっくり返ってしまう。王政復古の大号令である。この間彼らの藩権力はほんの二年ほど、徳川慶喜の将軍就任とともに風向きが変わる。そして慶応三年三月、彼ら門閥派は隊をなして水戸を落ち延びていった。だがこれがおしまいではない。彼らは百人規模で会津から新潟に転戦する。北越戦争が会津の敗北をもって終息しても、まだめげない。水戸に戻り弘道館を占拠して戦い敗退する。これが明治元年十月になってからであるが、まだめげない。隊をなして下総八日市場まで移動して会戦、ここで壊滅する。一体門閥派諸生たちの何が、ここまで彼らを結束させたのか。水戸内戦の時期にも、すでに見たように、彼らの根性の一貫性は群を抜いている。

確かに、門閥派と呼ばれるように諸生たちを率いた鈴木・朝比奈・佐藤・市川たちは名家の重臣であった。武田耕雲斎ら尊攘派の重役たちにたいする権力闘争として、彼らは早い時期から幕府の要人たちを取り込み、江戸の大商人と癒着を深めていた様子である。後の明治維新史観によれば水戸の三悪人のごとくに名が挙がる市川・佐藤・朝比奈のうち、例えば佐藤図書は水戸初代頼房時代からの譜代の名門で家老格の家の出である。その息子もまた諸生派に属し、最後まで付き従って死んだという。門閥派で最も家格が高く名目的に棟梁とされた鈴木重棟（石見守）は、城代家老一万石の家格であった。市川に最後まで付き従った諸生の内では門閥の子弟の比率が高かっただろう。市川自身の二人の息子も戦死している。この経緯は次章で述べるが、ともあれ彼らは明治維新から見た敗者である。史料は限られそれも勝者から見た姿である。どこまで門閥諸生派の内情に迫れるだろうか。

もとより、水戸藩に名門家系は彼らだけではない。二万五千石の中山氏、一万石の山野辺氏がいる。武田耕雲斎だって甲府武田氏の出で、水戸藩創設以来の名門である。門閥だから門閥派だなどとは言えない。大体、小さな世界で長く権力の座にいた者たちが、それだけで徹底的に利害侵害者と戦うなどということは普通はない。お大人はことなかれ主義で様子見をしていればいいのである。そんな者は当時の水戸藩鎮派にもいっぱいいたであろう。

　門閥派の根性を支えたものとしてより重視すべきは、諸生たちの信念である。「あれには思想がからんでおった」の「あれ」とは、山田風太郎が天狗党について述べたことだが、同じことは諸生たちの蜂起についても言える。そう考えて私は、先に弘道館学生が決起した時の檄文から、水戸学由来の名分論を読み取った。名分といってもここでは主として君臣の道徳秩序に焦点が当てられていた。だがもっと重大なことに、封建制を支える武士と百姓との分限秩序がある。それを斉昭の改革は解体の危機に追い込んだ。藩内各地の郷校の開設であり、農兵の設置である。郷校には農民・神官・村医師などなどの地域民衆が群がってきた。あまつさえ、夷狄襲来に備えるためとはいえ、斉昭は彼ら百姓どもを武装させ郷校を拠点にして訓練までしたのである。武士を差し置いて連中がつけ上がるのは目に見えているではないか。「反乱の大逆」だ。諸生たちの決起が当初南郡の郷校を襲撃することを掲げたのもこのためだった。この大逆にたいするカウンターとして諸生たちは蜂起した。そこに守旧派の門閥連中が付け入ったのである。

　とはいえ、思想はつまるところ観念に過ぎないと、少年たちの行動理念を評することもできよう。理念が組織をなし、あまつさえその後の市川勢のように軍隊となってしつこく戦い抜くことができるには、何かが理念を「物質化」しなければならない。こう考えて思い当たるのは、水戸藩における長い派閥闘争の歴史である。諸生たちには体験的に分かりにくいことだったろうが、指揮権を握った市川ら藩重役こそはこの「歴史」の申し子であった。端的に言って、斉昭と藩政改革派にたいする権力闘争、そしてその敗者としての家系に積もってきた怨念である。ここでしばらく時期をさかのぼって、水戸藩の権力闘争が御家騒動から政治的な党派闘争へと推移していく歴史を垣間見ておきたい。その歴史の申し子として、門閥諸生派、その根性、そして藩権力獲得後の彼らの施策と行動を理解するためである。

2　姑息派の岩盤

幕末水戸藩の党派闘争は、最後は筑波勢と門閥諸生派との内戦として悲劇的な決着にいたる。両者は互いに相手を「賊徒」と「奸徒」と名指して戦ったが、前者は天狗党として敦賀にまで西上して壊滅し、他方門閥過激派はようやく明治元年になってから維新政府軍によって粉砕される。水戸藩の派閥抗争の果つるところ、これについては後に取り上げるが、抗争の根は深い。

「当時の病根、愚眼を以て見候ては、姑息の二字に止まり候」。藤田東湖は早くも天保三年（1832）にこう指摘している（「壬辰封事《じんしんふうじ》」、『水戸学』岩波日本思想体系53、p163）。現在の水戸藩の病根は藩士たちの姑息に尽きるというのである。姑息とは上辺だけの取り繕い、これに仁恵がましい風味やもっともらしさも加味して、小事にかまけて大患を忘れる類のことだと、東湖はわざわざ注記している。藩政もすでに二百年以上のしがらみ、江戸でも水戸でも官僚的秩序とことなかれ主義が染み付いてしまっている。賄路権門の弊に陥っているとは言わない、だが巧言令色・右顧左眄の役人風秩序が固まってしまっている。当然、門閥の出が藩の要職を固めている。

　東湖が封事を寄せたこの時期は、斉昭の藩主相続からまだ二年目、勢い込んで始めた藩政の人事刷新が一頓挫していた。「御国中惣体の正気（元気）、今年は去年に相減じ、今日は昨日よりも相衰え候と申す様なる勢に成行き候段、実に嘆敷《なげかわしき》次第」だ。改革派の会沢正志斎が御用調役を左遷された。こうした中で今一度藩主のねじを巻こうというのが東湖の封事のねらいであった。斉昭は藩主相続以来家臣からの意見具申を奨励していたから、これに応えたのである。それに斉昭はまだ江戸を動かず、東湖は郡奉行に任じられて国許にある。そもそも斉昭は就任に当たって、郡奉行七人すべてを東湖ら改革派に入れ替える人事を断行した。これは大きかった。東湖らは初めて現地に赴任してつぶさに領民の暮らしに接し、自らを省みるとともに改革の意欲を燃やしていたのである。これが後の改革派農民の蜂起に繋がっていく。それだけに、藩主との意思疎通にもどかしさが募っていたのだろう。この年、業を煮やした東湖は郡奉行辞職を請うが許されなかった。

　しかし江戸にある斉昭にしてみれば、改革に意気込んだはいいが分厚い積年の慣行の壁にぶち当たっている。それに改革といっても殿様だから身分秩序の感覚は捨てられない。人事のバランスに腐心しなければならず、この判断は以降も藩主に欠かすことのできない配慮となる。改革人事に揺れ戻しが続く。東湖はしかし、人事の原則を委曲を尽くして説くとともに、役職ごとに具体的な人名を挙げて酷評しては、これまた個々に改革派同志の名を挙げては推挙することを止めない。組織論とは畢竟するところは人物の問題になる。「第一に人物の次第」、実もふたもないこの真実を物語っていて東湖の意見封事はリアルなものであった。姑息に代わって東湖が任用を求めるのは狂狷《きょうけん》の士である。規格外れだが信念で突き進む者たちが必要だ。また、学派の別に頓着してはならないと、東湖は風説（立原派と藤田派の抗争）を「埒もなき次第」と一蹴している。

もともと水戸藩は例外的に定府とされ、江戸と水戸とに政府が二つという体制である。それぞれに家老と城代、その下に執政（御用達、老中、年寄）七人、参政（若年寄）次いで御側用人、御用調役、奥右筆頭取と続く。しかし、人事の入れ替えがないままに定府制が固定され、藩主は江戸を離れず結局は江戸主導の政治になる。そもそも「江戸の邸と水戸と他国の如くなりて、定府の人は水戸の人を田舎者と嘲り、水戸の士は定府の士を軽薄者と謗り、政事の妨げになりぬれば」（『常陸帯』）といった状態なのだ。実際、改革にたいする根深い反感は一朝一夕で消えるものではなく、門閥姑息派の地盤になっていくだろう。このため、東湖の壬辰封事はまた江戸・水戸の人事交代制の必要を強調している。今すぐにとはいかないにしても「御役人の交代こそ、ぜひ御始め遊ばされて然るべし」と言うのである（181）。定府制を廃止することは斉昭のたっての意向でもあったが、断行決定は就藩七年後の天保七年になってからであった（116）。

人事と学派の問題に続いて、壬辰封事は郡奉行の経験から見た官僚の役人風の弊害を列挙していく。「前振《まえぶり》」、何ごとも前例、前例だ。今日に通じて身につまされ、また苦笑を禁じえない事柄である。東湖は末端なりとも自ら改めて、郷中の百姓と「格別響き合う」連携を作り始めていた。だが、「一つの弊を改めたく存じ候ても、その度毎諸役所へ掛け合い、その筋へ申し出候えば、彼の故障此の突当りこれあり、容易ならざるの義」となる。弊害は結局百姓の迷惑に行き着く。つい、「百姓ほど因果なるものはござなく」という感慨も出る（185）。次いで法令、刑罰の実情を訴える。

総じて藩主には仔細に過ぎる事柄の指摘ともいえようが、逆に言えば現場の改革も藩主の一声がなければ進まない状況だ。いや、瑣事は任せていただいていい、何よりも「上より一定の御見通」を立ててほしい。改革の基本方針の策定公布が喫緊の必要だと東湖は訴える。

幕末水戸といえば、当然のことではあるが、改革派の人物と業績ばかりが光を当てられる。だが、幕末といえども水戸藩の藩政は江戸でも地元でも、権力は藤田のいわゆる「姑息」連中に根差しているのであり、激動の中でも姑息こそが主流派であったことを見落としてはならない。この主流の中から、最後は門閥諸生というもう一つの水戸の過激派が登場することになるだろう。

3　斉昭と改革派の処分　　甲辰の国難

さてこのように、「連年の旧弊容易に改まり兼ね、東に成り候えば西に敗れ、右に進み候えば左に躓くと申様なる気味」（181）というのが、斉昭二年目、天保三年の現況だと東湖が指摘した。この「旧弊容易に改まり兼ね」の実情に姑息門閥が根を下ろしていたのは明白である。天狗派と俗論派という相互の蔑称も、すでにこのころには使われていたという。

両派の対立はそもそもが斉昭の藩主相続の時点（1829年）で顕在化した。家老榊原昭昌（三左衛門）・赤林重興らはかねて助成金を通じて幕府とのつながりを強めてきたが、彼らは将軍家斉の息（清水恒之丞）を後継に擁立すべく画策していた。これに対して斉昭擁立を目指して東湖や会沢などが結集して、陳情のために無届出府に至るのである（このため東湖は逼塞の処分を受けた）。こうして斉昭は藩主となり、天保の藩政改革が始動する。そして斉昭の新人事にたいする巻き返しが直ちに起こったことは、先に東湖の壬辰封事に見たとおりである。

両派の確執と斉昭のバランス人事によるシーソーゲームが、その後も跡を引いて止まない。天保十一年、斉昭は長期になる水戸在藩を開始するが、この前後に戸田忠敞《ただあきら》と会沢正志斎を若年寄に、東湖を側用人に取り立てた。改革派人事であるが、翌年には戸田を用達に上げ、しかし他方で、結城朝道（寅寿、二十三歳）を若年寄（その二年後に執政）に抜擢した。結城家は南朝方の武将結城宗広の後裔で光圀時代から水戸に仕え、家格一千石の名門である。「寅寿儀は何を申も家柄禄高代々家老勤め候者、虎之介（東湖）は町人より引立に相成、二代目の者に候えば」とは売り言葉に買い言葉、東湖の抗議にたいする斉昭のいささか露骨な返答である。ここでも斉昭苦心のバランス人事であったろうが、結城寅寿は後々門閥派の棟梁となり、死後もその代名詞になっていくだろう。

そして弘化元年、改革派と門閥の拮抗を大きく崩す事件が引き起こされた。改革派の名付ける「甲辰の国難」である。斉昭が幕府から致仕（引退）謹慎を命じられた。新藩主は慶篤（十三歳）が継いだがこれには讃岐藩主頼胤など三連枝による藩外からの後見が付いた。また、斉昭に連座して戸田・東湖ら改革派がごそっと免職蟄居に処せられた。寅寿は残った。斉昭処分の理由として幕府は七箇条を挙げたが、その実、「寺院破却の事」が眼目だった。神仏分離は水戸藩の伝統であるが、戸田の再三の諫言にもかかわらず、斉昭は前年来梵鐘仏具の没収、寺院僧侶の大規模な整理統合を強行した。鎮守の氏子制を導入したが、これは幕府の寺請け制度に根本的に抵触する。それに何より京と江戸の寺院勢力の強い反発を買わずにはすまない。そしてこれに付け込んで、門閥派が寺院勢力と一体になって新老中首座阿部正弘に工作した結果が、この一大処分の経緯だったという。

斉昭の無用な勇み足であった。この失策のせいで、自身が藩政関与を許されるまでに五年、東湖に至っては処分解除は十年後（嘉永五年）という始末になった。全国に名をはせた水戸の天保改革は大きく頓挫し、改革路線の後退停滞は取り返しのつかないものとなろう。まさに国難であった。ペリーの来航は翌嘉永六年、斉昭は復活して海防参与などもっぱら幕政に力を入れるのだが、これもあらずもがなの振舞いで失脚する（安政五年）。東湖のほうは戸田と並んで三年後の安政二年の江戸大地震で死去する（五十歳）。なお、以上は鈴木暎一『藤田東湖』を参照した。

4　御家騒動　天狗と柳派

甲辰の国難を引き起こした幕府および水戸藩の内情については、水戸市史中巻（四）が詳しい。影の主役が結城寅寿と認定されており、早くに取り立てたこの者の裏切りにたいする斉昭の怒りは激しい。斉昭の言葉の一部を引用する。「寅寿は年若ではあったが、代々の家柄なので、外に名門では適当な人物もいないので、戸田をはじめ相談して若年寄に中付けた。ところが或ることから戸田の忠言を根にもち、家老になったら、戸田・藤田をば打落して見せると口走ったというが、これは自分も全く冗談とばかり思っていた」。これとは別に、水戸市史には東湖による詳細な人物論「結城寅寿行状記」が紹介されているが、表向き改革を推進すると見せて、反対の行動に及んでいたという。東湖の批評は当時の斉昭周辺の内情を記してとても面白いものだが、同時に東湖自身の政治家としての資質を示していて関心を引く。もうただの学者人脈（藤田派）の棟梁ではなかったのである。

その寅寿が首謀者となって斉昭引退後の藩の人事を壟断した。斉昭失脚後は、「結城一人の政事となってしまった」、「天保の政事改革をバタバタとひっくり返した」（東湖）。他方で、斉昭の無実を訴える雪冤運動が起こる。藩士も郷士もそれぞれに江戸に上って幕閣そのほか要路への嘆願と抗議の行動を繰り返した。農民らが数千人規模で城下に参集して気勢を上げた。斉昭処分の年の九月から十月にかけてである。天保改革が農民上層にまで浸透していたことの証左であったが、このスタイルが第二回目の斉昭処分（安政五年）にたいする抗議行動に引き継がれる点で重要である。

けれども、雪冤運動がまた斉昭と水戸藩にたいする幕府の警戒心をかきたて、そこに反改革派が付け入った。斉昭の謹慎は年末には解除された。だが、そんなことはどこ吹く風、斉昭はまだ藩政関与が許されてはいないので、結城派人事が更新されていく。郡奉行も総入れ替えされた。結城派としては天保改革にたいする積年の不満を組織したのだろうが、雪冤運動の盛り上がりと斉昭復帰が不安材料であり、派閥を固めることが急務だった。他方では、雪冤運動の鎮静化とともにその主要メンバーが幕府により罰せられる。会沢は弘道館教授頭取を辞めさせられ、戸田・藤田の蟄居幽閉は許されない。

当時の記事には「天狗」二百六十三人と「柳派」九十九人の氏名が列挙されているが、この内一千石取り以上の石高の者は六人、全員が柳派に属しているという。文字どおり門閥派なのだが、この者たちは「非常の際は風の吹くままただ折れないように、自分ばかり大事で忠不忠には構わず毒にも薬にもならない」と評されていた。藤田東湖の言う姑息派のことだろうが、天狗との対立を離れても藩の多数が日和見主義であったこと、結城派の基盤が彼らにあったことに再度注意しておきたい。幕末水戸藩の党派対立という周知の事実をただのセクト争いに限定して見ないことがここでも大切である。

とはいえ、斉昭の藩政関与が許されるまでの弘化年間の党派争いを見ると、これはもう幕府が深く関与したおなじみの御家騒動と言うしかない。斉昭の復権をめぐって、両派お互いの誹謗中傷と謀略、そして大奥を巻き込んだ幕府要路への内密の工作合戦である。併せて莫大な金品が賄賂に使われたという。斉昭の処分直後の一年余は、確かに天保改革の評価が争われた。これがまた斉昭にたいする幕府と寅寿派の警戒心を高めて、運動の首謀者会沢正志斎ら九人（安島・吉成・山国・金子・矢野ら安政期の主役を含む）が禁固の刑に処せられた。禁固は四十四人に及び、獄中の取扱いは過酷であったという（弘化三年の獄）。

改革派の民衆動員は、形の上では後の（安政五年の）第二次の雪冤運動を先取りしている。だが会沢らの処分を契機に、改革派も実力闘争を転換、もっぱら幕府要人の懐柔工作路線と寅寿派との暗闘に専念するようになったという。主役は高橋愛諸《よしゆき》（多一郎）であり、鮎沢・矢野（長九郎）・野村らが奔走した。後の激派の中心、そして桜田門外の決起の面々である。いずれにしても、弘化三年から嘉永元年までの四年間も、後の激派を含めて、世の中と関係のない御家騒動が続けられ、後々の門閥派の種が深く植え付けられることになった。

5　これも党かれも党

世の中に関係ない御家騒動、しかしながら、世の中そのものが変転した。嘉永の異国船到来騒ぎである。これとともに水戸藩の御家騒動もにわかに政治的な意味を帯びていくことになる。嘉永二年三月には三連枝による慶篤後見が解除されて、斉昭の藩政参与が許された。けれども、御家騒動で根付いた対立は斉昭の鶴の一声によって収まるようなものではなかった。

斉昭は藩政関与の第一声として慶篤に親書を送り、何よりもこれまでの「朋党の患」を自戒した。「朋党ということは国家の大患にて、その人々の行状にかかわらず、是も党、彼も党と言いて、罪名もなく人を罰し候よう成り行き候えば、必ず国家の大害を生じ、末は危亡にも至り候」。ところがその朋党の患がなお止まない。斉昭は当然人事の刷新を企てるのだが、反斉昭派は陰に回ってあくまで抵抗する。江戸藩邸の慶篤と大奥を取り込んで父子の対立を煽る。斉昭がいちいち名を挙げて藩重役の更迭を老中阿部正弘に頼み込む、これには驚かされる。弘道館でも教授頭取の会沢と青山延光が退けられ、形骸化が進んだ。

結局のところ、水戸藩の御家騒動が収まり斉昭の統治が貫徹していくには、黒船の来襲（嘉永六年、1853）を待たねばならなかったようである。斉昭の処分から実に十年の歳月が費やされている。斉昭は早速幕府の防海参与に任じられ、隔日登城して老中に意見具申するよう要請された。同時に、戸田・藤田の処分も最終的に解かれて、両人は斉昭の幕政参加を助けるべく海岸防禦御用掛を拝命した。翌安政元年には軍制参与に任じられ、巷間「水戸の老公」の人気は大変なものだったという。だが、十年のブランクは斉昭から何か大きなものを失わせたように思える。つまりは水戸藩という地盤の掌握である。加えて、勢い込んで幕政改革を幕閣に建白してみても、暖簾に腕押し、むしろ井伊直弼をはじめとする譜代藩の反感を買うことになる。確かに、老中阿部正弘とは緊密に協議する仲になったが、阿部の協力にも限度があった。

たとえば、防海参与となって斉昭は早速国防方針を立案して、とりわけ「和戦か決戦かの基本方針をまず決定する」ことを強調した。本人の基本方針はむろん、我が国法を犯す外国とは断固戦うと「大号令」を発すること、幕閣が和睦やむなしを決めたとしてもそれは内密にしておくことである。だが、諮問を受けた有司・諸藩は全員「決戦打払い」に反対である。阿部は斉昭案の修正を重ねた結果、大号令は尻つぼみになってしまった。こんな調子である。来年のペリー再来航に際しても「御聞届けの有無は申聞けず、なるべくだけ此方よりは平穏に取計らわせ申すべく候えども、彼より乱妨に及ぶ義、これあるまじくとも申し難く、その節に不覚悟これあり候ては御国辱にも相成り候儀に付き、防禦筋実用の御備、精々心掛け、……」。ペリーは翌年再来日して日米和親条約が結ばれた。開国である。安政四年、阿部正弘も死去するし、斉昭は幕政参与などすべて「御用御免」となった。四年ほどの幕政参加であった。

さて、水戸の御家騒動は、結城寅寿以下斉昭反対派にたいする処分をもって終わる。斉昭と戸田・藤田たちが自由に政治を始めた矢先、安政二年の江戸大地震により両田が犠牲になってしまった。大地震は水戸藩に人的かつ財政的に大きな損失をもたらした。この苦境と両田を失った改革派の弱体化に乗じて、結城派の巻き返しが起こる。とりわけ、藩主慶篤を取り込むことが焦点だった。これが側近を奪われた後の斉昭の疑心暗鬼を駆り立てたのだという。安政三年四月、結城寅寿は切腹を命じられ、これは藩二百年以来の大刑と称された。同時に結城派の現役十六人が処分（四人が刑死）追放される。処罰は郷士にも及び、結城と金銭的関係の深い十二人が謹慎、降格された。当然、結城派追放の後を改革派が埋めていくことになった。斉昭処罰以降十二年、ようやくにして江戸でも水戸でも改革派は権力を奪還した。後は一致団結して「安政の改革」に邁進すればいいのである。外国の通好要求も政局の展開もいよいよという時勢である。水戸藩という存在が政治の焦点に再登場しなければならない。

だが、そうはならなかった。この後わずか二年余、激動の中で水戸藩の分裂は再現して抜き差しならないものになっていく。今度はもう御家騒動であるどころか、分裂はまったくのところ藩の命運にかかわる政治的な事件になっていくだろう。それに、斉昭の安政の軍制改革に特に貢献して褒賞にあずかった者として、大番頭市川弘美（三左衛門）と佐藤信近（図書）が登場する。水戸のもう一つの過激派、後の門閥諸生派の棟梁である。

6　政治党派へ

すでに第一部で見たように、安政の藩論分裂の果てに長岡宿を占拠した激派にたいして、市川らは即時討伐路線を主張して登場した。結城寅寿一統が絶滅させられて鳴りをひそめていた門閥派であるが、藩の危機に直面して新世代が顔を出したのである。だが、これはまだ門閥派の底流が一瞬波頭を見せたという段階だったであろう。それが文久の三年間を経て、筑波山挙兵にたいするカウンターとして明確に集団として登場した。特徴的であったのは弘道館諸生独自の決起に市川たちが乗っかったことである。

権力が部隊を見出した。御家騒動の勢力争いと陰謀の伝統から、ここで彼らは明らかに逸脱する。筑波勢にたいする対抗集団として自らを固めると同時に、それとして決起し行動し、これによって目的を達しようとする。門閥としてはこれまでになかった行動形態である。水戸藩が世間から忘れられた文久年間に、市川らは反激派の党派の強化に専念していたのだろう。

水戸藩門閥派の歴史の申し子とはいえ、門閥諸生派は派閥のただの復活とは別の集団として自立した。筑波勢を仮に革命とすれば、革命が明確に反革命集団を成立させたのである。両者の対立はもう「内ゲバ」などというものではない。藩という政治体は分裂したのである。諸集団の抗争をあくまで政治体内部の対立として、これを政治体自体の飛躍につなげる人物はいない。党も存在しない。これが安政の危機を政治的にこなすことができなかったつけであった。その体たらくを目の当たりに見せたのが鎮派なる体制派だったことは、筑波勢と門閥諸生派を両極に置いて前章で紹介したとおりである。もう内乱・内戦しかないのだった。そして次に述べるように、水戸藩という政治体は市川派による小さな封建独裁国家となって、維新の危機に立ち向かうのである。内戦に続いて、この奇態にも反動的な構図に水戸藩ははまり込んだ。

終章

門閥諸生派の最後　忠が不忠になるぞ悲しき

1　独裁と粛清

さて、幕軍と組んで門閥諸生派は内戦を制覇した。対戦相手の大発勢は降伏して、藩主名代を含めて榊原新左衛門など首脳陣も幕軍が処刑した。筑波勢と武田耕雲斎は取り逃がしたが、これも翌慶応元年二月に一橋慶喜の追討軍によって敦賀の地で壊滅した。市川弘美らの藩権力独裁を阻むものはもうどこにもない。だが、気懸かりは藩の外部、京都の政局と幕府の動向だ。一橋慶喜がどうやら次の将軍になりそうなのだ。在京の慶喜には水戸藩士百人以上（本圀寺《ほんこくじ》勢）が私兵のごとくに残留しており、彼らはまたぞろ因備両侯を通じて朝廷工作を始めているらしい。両侯と慶喜、それに水戸藩主は言うまでもなく兄弟の間柄である。明日の政局はどう転ぶか分からない。市川らの水戸藩は典型的に孤立した小独裁国家の位置にあった。

恐らくこうした危惧のためだったのだろう、市川らは年明け早々から大規模な藩政の粛清を始めた。旧鎮派が大勢藩庁には残っている。いつ何時外部からの風向きの変化に応じて反旗を翻すか知れたものではない。そこでまずは鎮派の重臣から、というわけで一月二十九日戸田銀次郎、渡辺超、久木久敬、笠井重政らが食録・家屋敷・家作没収、御用長屋に禁固する処分が下された。鎮派の中でも榊原らとは別行動を取った者たちとしておなじみの顔ぶれであるが、内戦では彼らも市川勢とともに戦っている。戸田と久木は大発勢を降伏させる立役者だったはずだ。その戸田の処分状に言う、

去夏市川三左衛門江戸へ罷登り、御家の御為筋の儀言上に候みぎり、その方儀（戸田は）表向き同意の躰にて罷出、押して決起の諸生等一同出府の上（際）、大久保甚五左衛門、岡部忠蔵等申合せ、種々虚妄の儀相構え、三左衛門初め厳重の御処置方の儀、遮て申上げ候ところ（藩主には）深く思召しあらせられ候につき、一旦その意に御任せなられ候えども、直様水戸表へ罷下り、行われ難き時勢を伺い早々押隠し、三左衛門へまたまた同意の次第にもてなし、内密に派党を結び衆人を惑乱致させ、御取締の心付きもこれなく、かえって御国難を相増し候始末、畢竟累代の御厚恩を忘却せしめ候故の儀と、重々不届きの至りにつき厳重仰せ付けらるべきのところ、追てその方へ随従いたし候者共、賊徒追討戦争の場所へ罷出、接戦に及び候儀もこれあり候につき、格別の御仁恕を以て、

せがれ雄之介へ住人扶持下され置き、蟄居仰せ付けられ、その方儀は居屋敷家作とも御引き揚げ、御用長屋へ遣わされ候条、厳重相慎み罷あるべき者なり。（史料下編、巻21）

昨年五月に門閥諸生派が決起して江戸に上った際、その方は表向き同意の振りをしながらその実誹謗中傷、市川らを排斥した。一旦は意のままになったがそれが通らないとなると水戸へ帰り、時勢になびいてまたまた市川へ同意の振りをして、その実密かに「派党」を結んで衆人を惑わし、かえって国難をいや増しにした。これが戸田の罪状である。ただし、配下の者が賊徒追討戦争に参加したので罪一等を免じるというのであった。市川ら三人組が江戸で藩権力を奪取したが（六月一日）、鎮派が出府して慶篤にこれを撤回させ人事を元に戻した（七月一日）。その首謀者が戸田であるとするのである。その後水戸に戻って分派活動をして密かに徒党を組んだ。以上の申し立ては市川政権の典型的にスターリニストのロジックであり、メンシェヴィキ同伴組にたいする裁判の論理が出ている。同時に、過激両派の間に挟まれてあちこちせざるをえない中間派の振舞いが、容赦なく暴き立てられているとも言えよう。

粛清は続く。大発勢脱走組の処刑（三月五日）、さらに天狗党の武田・山国・田丸・藤田らの首級が回送されてきて城下と那珂湊に梟されたうえ、長岡原に捨てられた（三月二十五日）。同日、かねて禁獄されていた武田耕雲斎の一族が斬罪に処せられた。武田の孫の代までが絶滅させられたのである。山国と田丸の留守家族も獄死した。豊田小太郎は逃亡した。

さらに十月二十五日の処刑はすさまじい。彼らはこの際反対派絶滅を企てたというが、先の武田家処刑にバランスを取ると称して、ともに武田討伐戦を戦った元参政岡田徳守ら十七人を牢から引き出して深夜極秘裏に処刑した。さすがにこれはやりすぎで、その後幕府との蜜月が破綻していくきっかけになったという。というか、政局の変転とともに幕府自体が変わろうとしており、次第に水戸藩門閥派と波長がずれていくのである。

藩内の反対派絶滅と対照的に、同じ時期、鈴木と市川がそれぞれ二千石加増などお手盛りの褒美である。また、御家断絶の結城派藩士たちの家名再興が許された。農村では賊徒追討の御奉公ぶりが奇特の至極だとして、門閥派に与した郷士二十人近くに昇格と増給が行われた。

2　封建反動の郷中改革

とはいえ、門閥派は反対派の絶滅だけに腐心していたのではない。早くも慶応元年一月中に彼ら流儀の「郷中改革」に着手した。端的にこれは斉昭が安政改革の目玉とした農兵と郷校を廃止することだった。諸生たちの初発の意志に見たように、水戸学由来の名分論にもとづく封建身分制の再興であり、それもここでは主として君臣の道徳秩序に焦点が絞られていた。封建制を支える武士と百姓との分限秩序を、斉昭の改革は解体の危機に追い込んだ。藩内各地の郷校の開設であり、農兵の設置である。あまつさえ、夷狄襲来に備えるためとはいえ、斉昭は彼ら百姓どもを武装させ郷校を拠点にして訓練までしたのである。武士を差し置いて連中がつけ上がるのは目に見えているではないか。門閥派の郷中改革はこのように斉昭にたいする文字どおりの「反革命」を目指すものだった。その後、郷校を拠点とした郷中蜂起では農兵はその武装化を表現しており、言ってみれば武装農民ソヴィエトを構成した。市川らが何よりもこれを解体せんとするのは当然であった。ただ、明治維新史観によればこれは敗者の歴史に属することであり、水戸藩史料はその性格上触れるところがない。代わって水戸市史（中巻五、24章）が丹念に資料を集めて紹介しているので、それによって以下概略を見ておこう。

この度御人数組（農兵）御廃仰せ出され候につき、左の通り相心得べく候
一　御人数組一円御廃のこと
一　（村役人）大山守・横目ならびに同格列の者の外、役儀に対し帯刀の儀は、以来御停止のこと
一　苗字は庄屋・年寄・舟庄屋ならびに同格列已上は御免、以下御停止のこと
一　浜々廿分一役・村々小山守対役の儀、御上下着用御制禁のこと
一　猟師の外、已来鉄砲御制禁に相成り候条、所持の者は役所へ相納め申すべきこと
一　弓矢手槍の儀、これまた右同様に相心得べきこと
一　百姓ども武術稽古の儀は、堅く御制禁に候条、稽古道具相納め申すべきこと
一　馬乗袴・襠高袴・伊賀袴立付は村役人たりとも御制禁のこと

右の通り相達し候条、堅く相守り申すべく、もし心得違いこれあるにおいてはきっと申付くべく候

一　郷校御廃止のこと

右の通り相心得うべきこと

見られるとおり、農兵と郷校の廃止だけでなく、農民が各々その分を守ること、加えて農民の武装解除を命じている。身分秩序を守るだけでなく、郷中農民が再び「反乱の大逆」に立ち上がることのないようにしようとしている。このお達しは郡奉行を通じて郷中にくまなく申し告げられた。さらに九月の藩庁から郡奉行への通達によれば、先の騒動に関する衆人処罰の基準が以下のように示された。「波山の徒（筑波勢）はたとい自訴ありとも死罪。ただし戦争に拘らずとも陰謀の働きこれある者同断のこと」。「湊に屯集し戦場へ始終押張り罷出で候者同断。ただし戦争に及び半ばより脱走し召し捕らえられ候者共は永牢」。それればかりか農村調査が繰り返し行われ、「賊徒」の追跡と「賊徒追討」の軍功などがともに調べられた。

罰するばかりではない。続いて年寄衆二人（執政佐藤図書と参政近藤礼敬）が、農村復興と郷中の風儀改善を説いて村々を巡回した。すなわち「昨年の如き叛乱」のもとになった弊風を必ず相改めよと。このお達しはすでに先に（十一章）引用したが、要約すれば以下のようだ。

1　百姓が分限を忘れ、分外の政治などに奔走して、根拠もないことを言いふらす。

2　御上の法度を軽視し、徒党がましい振舞いをする。
3　時勢の混乱に乗じて身分を忘れた傲慢の振舞いをする。

たんに内戦で疲弊した農村に秩序を回復するというだけではなかった。門閥派の手足となって戦った農民自警団もまた規制の対象である。彼らは同時に村内の攘夷派の家々に激しい打ち毀しを展開したが、これはえてして幕末農民一揆の様相に転化して藩庁の郷中改革を妨げていくであろう。「近頃諸生の名前を偽り、諸所で乱暴して家を破り、あるいは火を付けたりする者もいる由であるが、これらの行為はもってのほか」と、九月には厳しい打ち毀し規制策が取られた。賊徒追討の農民軍だって解体の例外ではないのである。だからこれは復古であり、復古とは斉昭改革のその以前への回帰なのだった。すでにしてアナクロニズムであり、アナクロが過激であった歴史の一こまとなっていくだろう。

また、門閥派政権は弘道館の再開を期して新人事を発令し、慶篤の直書の形で布達した。「文武は武士の大道であり、終身おこたりなく励むべきものであるが、近来学問の方で異説を唱え、教諭方の本意を失っている向きがあると聞くのはもってのほかのことだ。今後は朱子学を学ぶようにせよ。武術も先代から当家に伝わった通りを守るべきで、新規の術は斥け、実用専一に修行せよ」と。斉昭時代の教育内容つまり水戸学は「異説」であり朱子学の本道に戻せ、新規の軍事に走るなというのであった。

3　歴史の転回、必死の抵抗

さて、激派が壊滅し、門閥派政権が覇権と農村改革に執心していた慶応年間（1865-1867）になると、京の政局にも幕府の意向にも着実に変化が進行していった。慶応二年には七月に徳川家茂が没して、十二月には慶喜が第十九代将軍になる。また孝明天皇が崩御された。時代は王政復古へ向けて急展開を始めるのである。

かくて門閥派がよって立つ地盤にも歴史の暗い影が差し始めた。

市川と諸生たちによる執拗な、悪あがきとも見える実力行使が目立つようになる。慶応元年、先述した十月二十五日の処刑のやりすぎは内外の批判を招き、幕府は穏便策に転じて「水戸藩改革」「改正」を唱えるようになり、これに慶篤も追従した。その結果慶篤は二、三の鎮派の復権を図ったが、翌年三月市川が諸生を引き連れて到着、あっさりこの人事は元に戻された。慶応二年六月、朝廷は当時門閥派により差控えの処分を受けていた付家老中山信徴《のぶあき》の上京を命じ、幕府もこれに応じた。危機感を持った市川は中山派遣を御免にすること、それができなければ諸生四、五十人を同行させるよう、朝比奈に工作を要請した。山中派遣をめぐって慶篤は市川らを謹慎処分にしたが、すぐに諸生たちが江戸弘道館に立て籠もって抵抗、処分は解除された。すったもんだで中山はやっと七月十五日になって出発、これにも諸生たちが品川駅に集まり同行を要求して気勢を上げた。

市川たちの危惧したとおり、京に着いた中山は関白二条斉敬《なりゆき》に面会して、「藩政を改正し忠邪を弁別、烈公の遺志を継いで尊王攘夷の大義を守れ」と激励される。家茂が四日大阪で薨去して大騒動のさなか、幕府は「朝命により鈴木・筧の永蟄居、市川・朝比奈・佐藤の切腹」を慶篤に命じる書付を中山に渡した。中山はこれでは水戸中大騒動になると懸念してこれを撤回させたが、代わりに、幕府に「水戸藩政改革掛」を設けるから協力せよと要請された。これを受けて慶篤はまず鈴木重棟を謹慎にしたが、江戸の諸生らが押しかけて抗議し、「慶篤を擁して水戸に籠城せん」と揚言するまでに至る。十月十八日、「御殿中の騒動、憤烈走雷のごとく足地を踏まぬ勢い、実にたまげ仕り候。御目付も廊下に遮り、君上にも悉くご配慮し役々へ御諭も候えども、一円諸生相用いず」（史料下編、巻21）という事態になった。この日はまた、閣老が江戸屋敷を訪れて三箇条を申し入れたが、1．市川三人組は今晩中に退役、2．代わって興津所左衛門らの任用、3．時期を見て三人組は永蟄居、鈴木は退役という厳しいものだった。手のひらを返したような幕府の豹変である。

追い詰められた諸生らは最後の抵抗に立ち上がった。十月二十一日には幕府から目付堀錠之助が水戸に派遣されたが、先の三箇条に激昂した諸生たちに詰め寄られた。こんな調子である。

この度の処置には、はばかりながら一同驚惑している。たとえ公辺の下知であっても、国家紛亂になるものであれば遵奉しかねる。これまでに逆亂鎮撫の下知はあっても逆亂発起の下知など聞いたこともない。凶賊を引き上げて忠良を退けるようでは、この先水国に限らず天下諸国一時に干戈の巷となり、蒼生塗炭の苦しみとなろう。とても東照宮へ顔向けできないことで、貴殿は徳川家臣として齟齬をきたさないのか。せっかく御国が平定にならんとしているのに新たに騒亂をもたらすようなご指図、誠に仰天長大息の至りである。我々は死を以て先年の追討戦に引き続いて同様に戦うつもりである。（史料下編、巻21）

もう海外情勢も政局もなんのその、世の中の動きも藩政もかかわりがない。我らと奴らとの党派闘争があるのみなのであった。抵抗は続く。藩では十一月十五日には内藤正直を呼び出した上で水戸に派遣することにしたが、その前に江戸弘道館で鈴木石見立会いのもとで諸生たちに取り巻かれてしまった。内藤はもともと一昨年五月の最初の諸生蜂起の首謀者だった。次いで太田村の百姓を率いて賊徒追討に活躍、諸生たちの信頼が厚いから選ばれたのだが、殺気立った諸生らは内藤をなじった。「汝は一橋さえよければ御家がどうなろうと構わない畜類同様だ。見るも汚らわしい」と、乱闘の末あわや切られるまでになった。十八日、水戸から諸生が江戸へ急進し、その夜、市川宅で重役と諸生の総結集がなされ今後の段取りが協議された。二十日、水戸では東照宮境内に結集、数百人の諸生たちが先年の岩船山総決起集会に倣うのだとして、以下の檄を発した。「水府の安危ここに極まる。よって諸生一同東照神君御宮へ大会す。岩船会合と同様大節の儀を相唱えるので、一昨年のごとくに尽力し御国恩に報いるよう是非とも相談致したい。人数の多少にかかわらず同意の者は早々に罷り出よ。十一月廿日　郷士・山横目・庄屋中へ　御宮詰諸生」。檄文が村々に向けて呼びかけられているのが注目されるが、もう彼ら初回の決起のようにはいかない。

慶応二年いっぱい続いた諸生たちの抵抗闘争も、藩内では限界に達しようとしていた。翌年の十月に大政奉還、十二月に王政復古である。断固佐幕派の市川らは追い詰められていく。それに、激しい物価騰貴のもとで、慶応二年七月からは豪商などの無差別の打ち毀しが頻発するようになる。藩内でももう右も左もない、事態は幕末百姓一揆の様相を急速に呈していくのである。

4　京都勢の帰国、奸徒追討の勅書

さて、時代は鳥羽伏見で慶喜の幕府軍が敗北し、薩長の征東軍が江戸へと進軍する慶応四年（明治元年）となる。かつて文久三年（1863）藩主慶篤に扈従して上京した水戸藩士百数十人はそのまま京に留まり、今ではすっかり慶喜の私兵となって攘夷を唱えていた。だが、今や慶喜は「朝敵」とされその追伐令が出される始末だ。事態の変転に振り回された本圀寺勢であったが、ようやく「維新」に踏み切って東上を決意する。彼らは三条実美《さねとみ》に嘆願して「速やかに鈴木・市川始め奸人共に厳罰を加え忠邪の弁を明かし、藩屏の任を失わぬよう処置せよ」との慶篤宛勅書を引き出した。露骨に奸徒厳罰を命じ藩政を正に戻せという朝命である。もう攘夷督促の密勅でもなんでもない。水戸藩激派残党によるただの朝廷の政治利用である。それでも彼らは勅書を奉戴して二月江戸城に入り慶篤とともに策を練って、小石川藩邸を無血奪回することに成功した。この間に門閥派に処分された者たち、諸藩に潜伏の者たちも続々集まってきた。もう幕府はないのだ。

とはいえ、ここで切羽詰まった事態に追い詰められているのは、今や水戸藩自身でもあるのだ。何といっても尊王とともに佐幕を堅持してきた御家であり、大政奉還直後にもわざわざ断固「幕府回復」を藩として表明したばかりであった（紀州藩が招集した譜代の重臣会議。十一月二日）。それに今では（前）将軍慶喜が江戸城にいる。慶喜と慶篤兄弟が結託して佐幕の諸藩を統合するのではないか。京都を奪取した薩長が猜疑の目を向けるのは当然である。佐幕かつ勤王は水戸学以来誰も疑わない藩の理念だが、それがまさに分裂して、水戸藩は股裂き状態に陥っている。水戸藩という存在自体が文字どおり安危の淵に立たされている。この事態を痛いほどに認識して、慶喜の私兵だった京都在留藩士たちは今戻って来たのである。勅書を戴いて。

長谷川充迪《みつみち》（作十郎）の手記がこの間の認識を如実に示している。「目今の大勢を通観せば勤王と佐幕の二議は天下の人臣を両立（二分）せしむるほどの勢いにて、ことに勝敗未だ知るべからず。いわんや（市川らが）戦に勝てば再び我が藩を掌握するの望みあるをや。故に彼ら（市川ら）が朝命に迫られ佐幕に走るは必然の情勢にて……」（史料下編、巻23）。だから藩として佐幕と攘夷一本鎗から維新に舵を切って、ここで改めて勤王の意志を内外に疑念の余地なく示さねばならない。そこで縋りつく唯一の手立てが、今回京都勢が奉戴して下ってくる勅書ということになる。薩長の嫌疑を横目ににらみながら、朝廷との絆を今一度アピールしなければならない。そして、この点でこそ気懸かりなのが市川一派の去就である。なぜならば、彼らは「藩主を擁して」水戸藩の名で諸藩に佐幕をアピールするに違いないからだ。ほかならぬ藩主の名義で、勅書の受け取りを拒否するかもしれない。そうなったら水戸藩の存亡にかかわる。事実、じきに水戸を退去した市川諸生隊は会津を目指して北上するのである。我が藩は「会津の二の舞」になってはならない。

5　御家存亡の危機に

以上はもう世の中と何のかかわりもない水戸藩だけの問題だが、市川諸生隊の早急の追放がなければ御家が危ない。そのためには彼らの包囲網から藩主を引き離すことが先決、必須のことと認識されていた。「奸人共に要せられ万々一賊徒に陥り候よう相成り候ては、折角烈公卓越の忠誠水泡に相成り候のみならず、天朝へ対し奉り遁るべからざる大罪にて、水戸家安危の際にこれあり」（史料下編、巻22）。長谷川も必死だった。この緊迫感がよく出ている一場面を垣間見ておきたい。これはまた、市川らが現在置かれている政治的位置の危うさをも照らし出すことになろう。

明治元年二月十日、鈴木重義以下京都残留水戸藩士二百二十三人が勅書を戴いて江戸に到着した。一行のうち野村鼎実《まさみ》と長谷川充迪は先行して九日に江戸に入り、江戸城の慶喜に報告に上がった。以下、長谷川の手記からその場面の会話を抜き書きする（史料下編、巻23）。

野村　君は城内に留まってよきに計らえ。自分は一旦戻って鈴木とともに勅書を守ってまた参る。

（慶喜の配慮により慶篤が登城する。奸徒の阻止を心配したが無事であった。「猛火の中より玉を取り出す」。黄昏になり、岡田が召され、自分（長谷川）は随行して大廊下を通り抜け御前へ。慶喜、慶篤そして中山がそろって待ち受けている）。

慶喜　遠路大義であった。勅諚を賜った次第を申せ。

長谷川　朝廷の変革は容易ならざる次第となり、御家にも勅諚を下さいました。これまでの御沙汰とはこと変わり、実に大切の場合と心得て縫殿（鈴木）初め警護して下って参った次第であります。

慶喜　勅意はいかなることか。

長谷川　愚臣のごとき輩には拝見は叶いませぬ。ただ、三条（実美）殿から内々の御沙汰がございました。それによれば鈴木（石見）・市川・朝比奈・佐藤・大森の五奸を厳罰に処し、烈公勤王の遺志を継げとのことでございます。

慶喜　我等へのおとがめはないか。御家に傷が付くような内容はないのか。

長谷川　勅意のとおり実行いたしますれば、さらなる御沙汰はございますまい。愚臣帰途に尾張侯にお伺いしたところ、早々石見などを排斥し忠邪を明らかにして勤王の家風を継続すれば、中納言様（慶篤）の身の上も問題ないとのことであります。もし実行が先延ばしにでもされれば、さらに厳命が発せられるのは必定。水戸家の安危にかかわるほどの大切、生半可に進退して後悔することなきよう、君上によくよく言上すべしとのことでありました。

慶喜　水戸家にはこれまで一度ならず朝命が下された。（必ずしも奉命の忠を示せなかったから）どんなお咎めがあっても申し訳が立たぬところだが。それがいまなお寛宥の勅書を頂くとはありえぬほどの幸いである。速やかに勅書を受けよ。

慶篤　謹んでお受けいたします。

（中納言の君は我が身にお咎めなきや、御家にかかわらぬかと、繰り返しお尋ねになる）。

慶喜　小石川へ帰れば石見などの党に脅迫されて、思召しに反する危難が生じるのではないか。勅書が無事到着するまでは（江戸）城中に逗留するように。

慶篤　（色を変え）それは御許しください。何物にも代えがたき勅書であり、万一不敬の暴挙があればとんでもないことになります。私から家老初め皆に厚く申し諭し、一統謹慎してお迎えしたいと思います。これが最も肝要なことです。

慶喜　奸徒の暴動を鎮める手当てがあれば心配はしない。ただ、奸徒がお帰りを襲う危険がある。

慶篤　（しきりに当惑の気色で、私に向かって問う）彌太郎（朝比奈）は石見（鈴木）と違ってものが分かるから、面談して諭せば必ず承服する、だからこと穏便に収まるだろう。反対に私が登城中で逗留と伝えられれば彼らとても切迫し、勅書東下の者に手向いするかもしれない。帰館して臣下に諭さねばならぬ。このことが京に知れたとて不都合はないだろう。貴公はいかに思うか。

長谷川　(以上のやり取りを手に汗を握って伺っていたが、ことの成否はこの一点にありと判断して思い切って申し上げる)。君上の御意向御尤もと存じ上げます。ただ、時により大事と小事の区別がございます。王政復古という天下変革の今日、恐れながら小事に泥みすぎての御心配ではありますまいか。五奸の横暴の風聞は京にまで届いており、それゆえ厳罰の御沙汰が発せられたのです。藩邸到着の際の妨害を慮って兵器携帯を許されてもおります。連中がどう対応しようが君は登城で留守であれば、罪はすべて妨害の徒のせいになり君に嫌疑がかかることはございません。お帰りなって直に諭されても、十中九までは行き届かぬことになりましょう。なぜなら、(鈴木)彌太郎とて五奸の一人、すでに生命なきものと覚悟しているはずです。ですから窮鼠猫を噛むの振舞いに及ぶやもしれません。彌太郎はともかくも、朝命軽視の諸生共が恭順するとは思えませせぬ。それなりの理屈をつけ衆力をはさんで君上を脅迫し、思いがけない大事を引き起こすは必定と存じます。これまでも君上に従わず横暴をほしいままにしてきた者共であります。必死を極めたる上はなおも逆威を募らせて、君上は弧囚同様の御姿となってますます危難の淵に深入り遊ばされます。後悔も及ばぬようになる恐れがございます。愚臣最大の心配がこれです。先年の国難の二の舞は水藩の恥辱となるのは申すまでもございません。これまで信任してこられた者共のことです。順逆を取り違えてはならぬとの思召しから、狂乱の心得違いがないよう連中を諭されたいとの御仁心はまことに有難いことでありますが、御帰館をこれ幸いと君上を押し立て逆威を呈せんとするかもしれません。そうでなくとも、他で争乱を引き起こして人心を集めるために、君の御意向だと言いふらすようなことがあれば、上様も一時に嫌疑を招くことになりましょう。とくと御熟慮ください。愚臣は決してことを好んで申すのではございません。只々、君上の不都合なきよう、御家の瑕瑾にならぬようにとのみ存じ詰め、その一念より恐れを憚らず申上げる次第でございます。（私は京を離れてから心に願うことはただ一点、中納言の君に拝謁することだった。そのため思わず申上げ過ぎたが、持病の癇気を発してあらがう君を何とか納得させる一助になったかと思う）。

長谷川一世一代の弁舌であった。こうして、長谷川は日の出のころに品川に戻った。皆喜ぶこと限りない。正装も整えぬまま隊伍厳重に立てて、江戸城へと押し出した。（勅書とともに）鈴木を上座に据えて、慶篤は勅書を拝受。夕方になり、幕兵も含め厳重警護のもと、勅書を押し立て慶篤を擁し一行は江戸藩邸へ無事入ったのであった。なんだか既視感を覚える景色である。戊午の密勅は藩論を二分する騒ぎを引き起こした。今度は藩一致しての五奸の排除のはずである。だが、京都勢が担ぎ込んだのはまた、藩論そのものの急転直下の転換という難事であった。以上の会話はその緊張感が言外によく出ている。市川派の集団内部の様子を示す史料が（恐らく）ない以上、こちらとしては長谷川などの手記を通して、逆に敵の姿を推し測るしかないのである。

6　壊滅

勅書を奉戴して、慶篤はようやく鈴木・市川・朝比奈・佐藤そして大森信任の五奸に切腹を申し渡した。だが、水戸からはなしのつぶてであった。藩が完全に二分している。「王政復古とはいえ全国は勤王と佐幕に二分、どちらに転ぶか分からない昨今、水戸の連中が佐幕に走るのは必然、軍事制圧を急ぐしかない」と、長谷川らにも焦りが募る。水戸城では断固防衛の構えであり、あれから一か月もたつ。そこで渋る慶篤を説き伏せて、ようやく藩主自らが勅書を奉じ兵を率いて水戸に進軍することが決せられた。ところが重圧が迫る水戸では、反門閥派がやっと決起して、夜陰に乗じ城中になだれ込んで政権を奪取した。三月十日のことである。市川・朝比奈・佐藤以下五百人は戦わずして、同日夜水戸を脱出した。これを受けて慶篤が初めて水戸の地を踏むのが二十一日になる。去る内戦の時から慶篤は自ら申し出て謹慎を続けていた。心身ともに困憊の状態だったであろう。それから二十日もたたぬ四月五日、病没した（脚気）。慶篤三十七歳であった。

思えば斉昭の処分に伴い十三歳で藩を引き継いで以来、水戸藩はまれに見る紛乱を経験しなければならなかったが、慶篤が（斉昭の葬儀を除いて）水戸に来ることは一度もなかった。もともと無定見で「よかろう様」と陰口をたたかれた人であるが、そんな藩主など幕末動乱期にも他にいくらでもいた。慶篤が特別というわけではなかったろう。ただその言動を追ってきて思うのは、いつも幕閣の動向に左右されたということである。幕府が攘夷の構えを見せれば、慶篤自ら「ことのほかお盛ん、是非ぜひ横浜鎖港を」といった具合である。御三家の宿命を生きたとも言えようか。

慶応四年（明治元年）三月十日夜、かくて市川派諸生たちは会津を目指して水戸を落ち延びていった。その際脱落者が相次いだのは当然としても、逆に、会津藩勢至堂に入った時にはその勢力は膨れ上がって四百人とも一千人を超えていたとも言われている。もちろん、新しい藩権力による報復を恐れて、シンパの農民たちが行軍の途次に集まってきたからである。その後、会津を通過して越後へ、列藩同盟とともに新政府軍と戦い、五月十五日には多数の死者を出して敗退した。続いて会津に撤退し、会津戦争をともに戦って敗北して辛くも脱出した（九月二十二日）。だがこれにめげずに、また水戸に戻ってきた。

この間、市川派が去った水戸は本圀寺勢の天下となり、残留組にたいする血なまぐさい処刑と暗殺の嵐となる。門閥派の頭目、鈴木重棟も一族もろとも処刑された。さらに、五月には武田金次郎の一隊が戻って来た。金次郎は耕雲斎の孫であり敦賀で降伏したが、若年（十七歳）であったために死罪を免れた。それが王政復古とともに解放され、同志百三十人とともに「斉昭の遺志を継ぎ、奸徒を掃除」せよという無責任な朝命を奉じて帰ってきた。悪名高い報復のテロルが開始された。

さて、九月二十九日水戸に戻った市川隊であるが、城下の防衛線を実力突破して弘道館を占拠する。ここで攻守所を変えて、官軍との間で十月二日まで激戦が展開された。弘道館戦争である。官軍の死者は八十七名、戦傷は百三十三人余であったという。市川隊の死傷者もこれに匹敵したであろう。そして、市川をはじめ生き残り組はなおも逃走を続けて下総銚子を目指す。ここから北海道に渡航して榎本武揚と合流する目論見であったという。何とも見上げた根性と言うほかない。だが、十月九日、八日市場付近の戦いで市川隊七十人は壊滅した。

以上のような市川門閥派の道行きは、どうせ悪者の運命だということで明治維新史観が無視してきた。それを、水戸市史（中巻五）は克明にたどっている。執念を感じさせるものがある（筆者は瀬谷義彦氏）。歴史の「哀れ」が強調されている。水戸を脱出して以降の市川隊の行路が地図におとされている。対比して、よく知られた天狗党西上のルートマップを想起せざるをえない。両者は幕末水戸藩の過激派として同等かつ対照的だと想定されているのは明白である。私もそう思う。

市川三左衛門は江戸に逃れて潜伏していたが、一年後に見つけ出されて水戸に連行され逆さ磔の刑に処された。「長岡原の刑場へ見物人山のごとく詰めかけ、尺寸の地をも余さず。並木の両側へは飴菓子などを売る商人等余ほど多く見世を張り、その状あたかも祭礼場のごとし」。

最後に、武田耕雲斎と市川弘美三左衛門の辞世を並べる。

討つもはた討たるゝもはた哀れなり　同じ日本のみためと思へば

君ゆへにすつる命はおしまねと　忠か不忠に成そかなしき

あとがき

「この分裂騒動、どこかで見た覚えがある」。一九七〇年代末に山田風太郎『魔群の通過』や山川菊栄『幕末の水戸藩』を読んだとき、こうした既視感が刺激された。明治維新直前の水戸藩にたいする既視感は後を引いたようで、今になってようやくこれに形を与えた。そういう感想である。だがもとより、「見た覚え」のない皆さんにも読んでいただけないといけない。実証史学でも歴史物語でもない。とすれば、歴史の具体性そのものでなく、またイデオロギー的な論評でもなく、乱世を扱う手法がなくてはいけない。年来、私はこれを叛乱と政治の分析と考えてきた。今回も期せずして、「水戸の過激派」を見る目はこうしたものになったと思う。それで、一章を設けてこの手法とそれにまつわる政治思想上の問題とを略記することにした（第Ⅰ部第八章）。詳細は本書に続いて情況社から復刻される私の『政治の現象学あるいはアジテーターの遍歴史』を見ていただければと思う。

しかしもとより、本書は政治思想の論評でなく、歴史上の一ポリスの顚末を細部にわたって追跡するものである。その際、歴史と史料は『水戸市史』と『水戸藩史料』に負っている。記して感謝したい。史実や史料の選択とそれについてのコメントは、もとより責は私にある。ともかくも、明治維新百五十年・全共闘運動五十年を経たこの年に、本書を公刊できて幸いである。
本書の刊行は作品社の福田隆雄氏のおかげである。心から感謝したい。

二〇一九年五月

長崎　浩

主要参考文献

水戸藩史料、上編・下編、吉川弘文館、1970年（国立国会図書館デジタルコレクション）
水戸市史、中巻四・五、水戸市役所、1982年
『水戸学』今井宇三郎・瀬谷義彦・尾藤正英校注、日本思想体系53、岩波書店、1973年
鈴木暎一『藤田東湖』、吉川弘文館、1998年
瀬谷義彦・鈴木暎一『流星の如く』、NHK出版、1998年
刑部芳則『公家たちの明治維新』、中公新書、2018年
高橋裕文『幕末水戸藩と民衆運動』、青史社、2005年
但野正弘『藤田東湖の生涯』、錦正社、1997年
山川菊栄『幕末の水戸藩』、岩波文庫、1991年
山田風太郎『魔群の通過』、ちくま文庫、2011年
吉田敏純『水戸学と明治維新』、吉川弘文館、2003年
吉村昭『桜田門外の変』、新潮文庫、1995年
吉村昭『天狗争乱』、新潮文庫、1997年
ヴィクター・コシュマン『水戸イデオロギー』、田尻祐一郎・梅森直之訳、ぺりかん社、1998年

		12月、密勅返納問題で城中大評議、藩論分裂 長岡宿屯集	
万延　一	1860	1月、勅書返納の最終幕命 2月、高橋多一郎ら脱藩、3月井伊大老暗殺 8月、斉昭没（61歳）	 桜田門外の変（3月）
文久　一	1861		英国領事館襲撃事件（5月）
二	1862	会沢正志斎「時務策」 12月、慶篤、勅書を諸大名に配布	坂下門外の変（1月） 大原重徳勅使江戸へ 三条実美勅使江戸へ 和宮降嫁
文久　三	1863	3月、慶篤上京、藤田小四郎扈従 7月、会沢正志斎没（82歳）	薩英戦争、天誅組・生野の変 家茂・慶喜上京、横浜鎖港決定 8月18日政変
元治　一	1864	3月、筑波山挙兵、6月水戸へ戻る 5月、弘道館諸生決起、6月江戸へ 6月、鎮派決起、江戸へ 7月、門閥諸生派水戸城占拠、 8月、大発勢水戸へ、門閥諸生派と会戦 10月、大発勢、幕軍に降伏 11月、武田耕雲斎・藤田小四郎ら西上へ	家茂、再度上京（1月） 禁門の変（7月） 第一次長州征伐
慶応　一	1865	2月、天狗党敦賀で処刑	
二	1866		慶喜第十五代将軍に（12月） 孝明天皇没（12月）
三	1867		大政奉還、王政復古（12月）
明治　一	1868	10月、門閥諸生派敗走、壊滅	鳥羽伏見の戦（1月）
二	1869	4月、門閥諸生派市川三左衛門ら処刑	

幕末水戸藩年表

年号	西暦	水戸藩	全国
文久　八	1825	3月、会沢正志斎『新論』なる	異国船打払令（2月）
十二	1829	10月、斉昭第九代藩主に	
天保　一	1830	1月、藤田東湖ら斉昭擁立運動で逼塞処分	
三	1832	4月、東湖「壬辰封事」を上呈	
四	1833	3月、斉昭初めて水戸へ、天保改革の十年へ	
七	1836		全国大飢饉
八	1837		大塩の乱、生田の乱
九	1838	3月、斉昭「弘道館記」なる	
十三	1842	3月、結城寅寿執政となる	
弘化　一	1844	5月、斉昭致仕謹慎処分、慶篤第十代藩主に 東湖ら、免職蟄居処分。斉昭雪冤運動	
嘉永　二	1849	3月、斉昭藩政関与を許さる、東湖ら処分解除	
嘉永　六	1853	7月、斉昭幕府の海防参与に	ペリー来航 家定第十三代将軍に
安政　一	1854	7月、斉昭幕府軍制参与に	日米和親条約調印
安政　二	1855	8月、斉昭幕政参与に。東湖・戸田、大地震圧死	安政大地震（10月）
安政　三	1856	4月、結城寅寿死罪、門閥派処罰。9月、農兵設置	
安政　四	1857	5月、弘道館本開館。7月、斉昭幕府参与を退く 斉昭ら、一橋慶喜将軍擁立工作	
安政　五	1858	 6月、斉昭ら登城して井伊直弼を面責 7月、斉昭急度慎処分に 8月、戊午の密勅降下、小金屯集（第一次）	井伊直弼幕府大老に（4月） 日米通商条約調印（6月） 安政の大獄開始（9月） 家茂第十四代将軍に（10月）
安政　六	1859	5月、小金屯集（第二次）始まる 7月、斉昭永蟄居・慶篤差控・慶喜隠居・安島切腹 10月、高橋多一郎ら激派処分	幕府、勅書返納を迫る

水戸藩と水戸街道

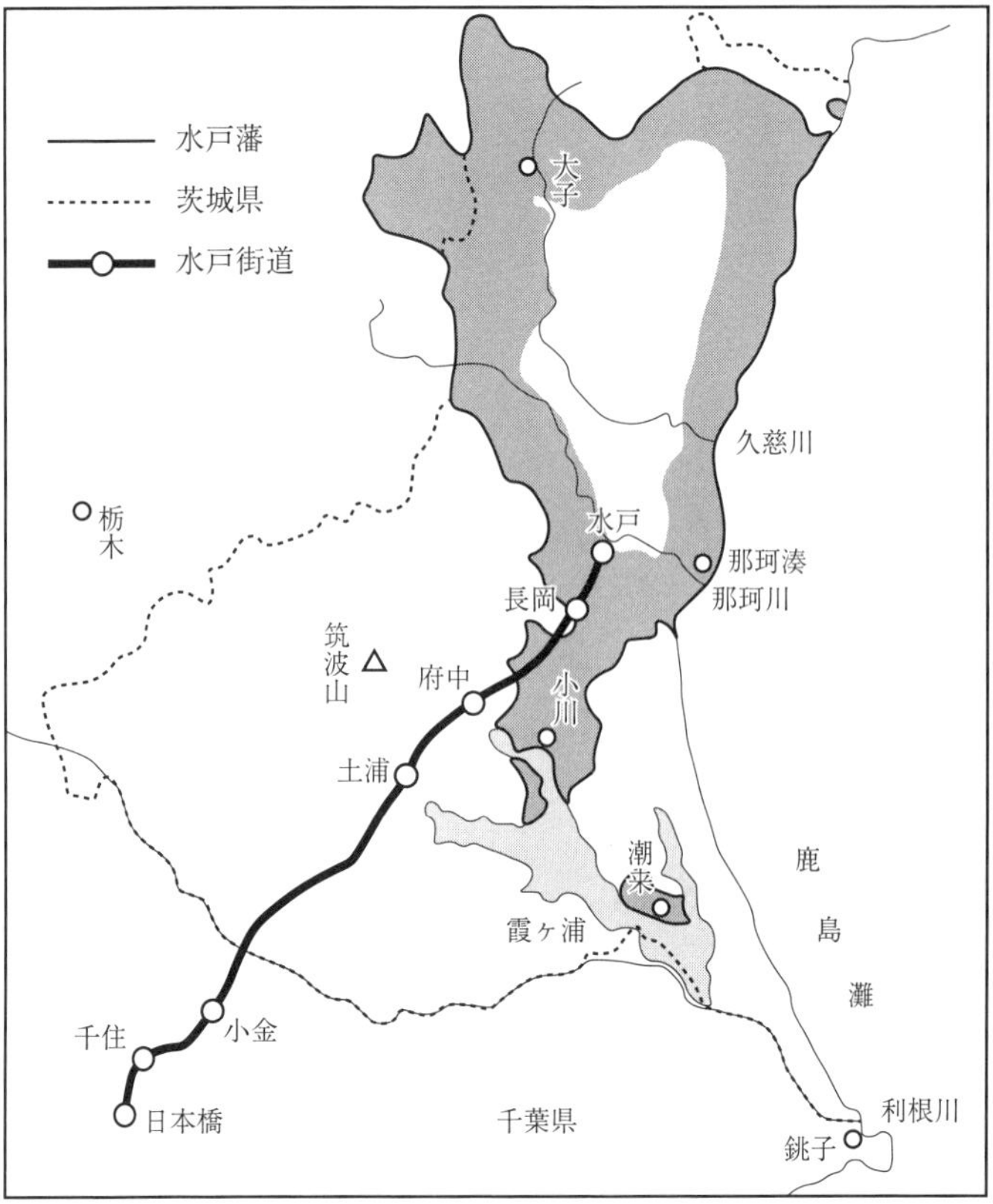
水戸藩
茨城県
水戸街道
大子
久慈川
栃木
水戸
那珂湊
那珂川
長岡
筑波山
府中
小川
土浦
潮来
霞ヶ浦
鹿島灘
小金
千住
日本橋
千葉県
利根川
銚子

ま行

や行

ら行

な行

は行

さ行

た行

事項索引（五十音順）

あ行

か行

や行

ら行

な行

は行

ま行

さ行

た行

人名索引（五十音順）

あ行

か行

［著者紹介］

長崎浩（ながさき　ひろし）

1937年生まれ。東京大学理学部卒。東京大学物性研究所、東北大学医学部、東京都老人総合研究所、東北文化学園大学に勤務。
現在は、政治思想・科学技術・身体運動論を論じる。一九六〇年代末、全共闘運動高揚期に『叛乱論』にて登場。以後、八〇年代にいたるまで、政治思想情況にコミットしつづけた。九〇年代以降は、環境問題やリハビリテーションの分野でも著作活動を続ける。

［主要著作］

・『叛乱論』（合同出版、1969年；彩流社、1999年）
・『結社と技術』（情況出版、1971年）
・『政治の現象学あるいはアジテーターの遍歴史』（田畑書店、1977年）
・『超国家主義の政治倫理』（田畑書店、1977年）
・『革命の問いとマルクス主義』（エスエル出版会、1984年）
・『1960年代――ひとつの精神史』（作品社、1988年）
・『日本の過激派』（海燕書房、1988年）
・『世紀末の社会主義』（筑摩書房、1990年）
・『からだの自由と不自由』（中公新書、1997年）
・『思想としての地球』（太田出版、2001年）
・『動作の意味論』（雲母書房、2004年）
・『叛乱の60年代――安保闘争と全共闘運動』（論創社、2010年）
・『共同体の救済と病理』（作品社、2011年）
・『革命の哲学』（作品社、2012年）
・『リアルの行方』（海鳥社、2014年）
・『乱世の政治論　　愚管抄を読む』（平凡社新書、2016年）
・『摂政九条兼実の乱世　　『玉葉』をよむ』（平凡社、2018年）、など。
・西部邁との共著に、『ビジネス文明批判』（作品社、1986年）

幕末未完の革命
水戸藩の叛乱と内戦

2019年7月20日初版第1刷印刷
2019年7月30日初版第1刷発行

著　者　長崎浩

発行者　和田肇
発行所　株式会社作品社
〒102-0072　東京都千代田区飯田橋 2-7-4
Tel 03-3262-9753 Fax 03-3262-9757
http://www.sakuhinsha.com
振替口座 00160-3-27183

装　幀　鈴木正道
本文組版　有限会社閏月社
印刷・製本　シナノ印刷(株)

Printed in Japan
落丁・乱丁本はお取替えいたします
定価はカバーに表示してあります
ISBN978-4-86182-763-1 C0021

新版

テロルの現象学

観念批判論序説

笠井 潔

刊行時大反響を呼んだ作家の原点。連合赤軍事件とパリへの“亡命”という自らの《68年》体験を綴りながら、21世紀以降の未来に向けた新たなる書き下ろしとともに、復活!

虚構内存在

筒井康隆と〈新しい《生》の次元〉

藤田直哉

貧困にあえぐロスジェネ世代…、絶望の淵に立たされる今、高度電脳化世界の〈人間〉とは何かを根源から問う。10年代本格批評の誕生! 巽孝之氏推薦!

シン・ゴジラ論

藤田直哉

破壊、SIN、享楽、WAR、神。 ぼくらは、なぜ、〈ゴジラ〉を求めるのか? その無意識に潜む“何か”を析出し、あらゆるゴジラという可能性を語り尽くす、新しい「ゴジラ論」。

テロルとゴジラ

笠井潔

半世紀を経て、ゴジラは、なぜ、東京を破壊しに戻ってきたのか? 世界戦争、群集の救世主、トランプ……「シン・ゴジラ」を問う表題作をはじめ、小説、映画、アニメなどの21世紀的文化表層の思想と政治を論じる著者最新論集。

創造元年1968

笠井潔×押井守

文学、メシ、暴力、エロ、SF、赤軍、ゴジラ、神、ルーザー、攻殻、最終戦争…。“創造”の原風景、1968年から逆照射される〈今〉とは?半世紀を経たこの国とTOKYOの姿を徹底的に語り尽くす。

戦争と虚構

杉田俊介

いかにフィクションは戦争に抗するのか?災厄に満ちる2010年代。『シン・ゴジラ』、『君の名は。』。押井守、宮崎駿、リティ・パン、安倍晋三、東浩紀……、それらをつなぎ、見える世界とは。新たなる時評=批評の形。

ジョジョ論

杉田俊介

荒木飛呂彦『ジョジョの奇妙な冒険』の天才的な芸術世界は、連載30周年を迎えてますます加熱する!苛烈な闘争の只中においてなお、あらゆる人間の“潜在能力”を絶対的に信じぬく、その思想を気鋭の批評家が明らかにする!